Le terrorisme intellectuel
de 1945 à nos jours

Du même auteur

Le Chouan du Tyrol, Andreas Hofer contre Napoléon, Perrin, 1991.
Zita, impératrice courage, Perrin, 1997.

Jean Sévillia

Le terrorisme intellectuel
de 1945 à nos jours

Perrin

© Librairie Académique Perrin, 2000.
ISBN : 2-262-01343-8

A mes amis.

Avant-propos

LES MOTS QUI TUENT

Cela fait cinquante ans que ça dure. A Paris, quelques dizaines d'hommes donnent le ton. Ils discourent à l'antenne. Ils publient des articles. Ils écrivent des livres. Ils enseignent en chaire. Ils interviennent dans les colloques. Ils signent des pétitions. Ils déjeunent ensemble. Ce n'est pas comme dans la chanson de Brel : chez ces gens-là, monsieur, on pense. On pense pour les autres.

Ils auront épousé toutes les idéologies. En 1945, ils professaient que l'URSS était un paradis, et rédigaient des poèmes à la gloire de Staline. En 1960, ils prétendaient que la décolonisation résoudrait miraculeusement les problèmes des peuples d'outre-mer. En 1965, ils saluaient la juste lutte de Fidel Castro, Hô Chi Minh et Mao. En 1968, ils proclamaient que le bonheur naîtrait de la suppression de toute contrainte. En 1975, ils se réjouissaient de la prise du pouvoir par Pol Pot, au Cambodge. En 1981, ils croyaient quitter la nuit pour entrer dans la lumière. En 1985, ils soutenaient que la France se devait d'abaisser ses frontières afin d'accueillir les malheureux de la terre entière. En 1992, ils assuraient que l'Etat-nation était fini, et que l'Europe du traité de Maastricht ouvrait une ère nouvelle dans l'histoire de l'humanité. En 1999, ils affirmaient que la famille et la morale étaient des concepts dépassés.

D'autres esprits, au même moment, savaient que

Staline, Mao ou Pol Pot dirigeaient un régime criminel. Ces esprits soulignaient que le mythe de la rupture révolutionnaire n'avait jamais engendré que des catastrophes. Ils rappelaient que les nations, les traditions, les cultures et les religions ne peuvent s'effacer d'un trait de plume. Mais contre les réfractaires, cinquante années durant, le microcosme parisien a mis en branle un mécanisme. Ce mécanisme, c'est le terrorisme intellectuel.

C'est un système totalitaire. Mais d'un totalitarisme patelin, hypocrite, insidieux. Il vise à ôter la parole au contradicteur, devenu une bête à abattre. A abattre sans que coule le sang : uniquement en laissant fuser des mots. Les mots de la bonne conscience. Les mots des grandes consciences. Les mots qui tuent.

Les circonstances varient, mais le procédé reste le même. Il consiste d'abord à imprimer dans l'imaginaire du pays un archétype du mal. Depuis la guerre, cette funeste figure a été incarnée par le fasciste, le capitaliste, l'impérialiste, le colonialiste, le xénophobe, le raciste, le partisan de l'ordre moral. Ces étiquettes, au minimum, déforment la réalité ; au pire, elles mentent. Collées par des mains expertes, elles revêtent un sens indéfini, dont l'élasticité permet d'englober tout ce que les idéologues vouent aux gémonies. Ensuite, la technique habituelle conduit à assimiler l'adversaire à l'archétype du mal. L'effet de cet amalgame est radicalement dissuasif : qui prendrait le risque, par exemple, d'être traité de fasciste ou de raciste ? L'accusation peut être explicite, ou s'effectuer par insinuation, ouvrant la porte au procès d'intention : tout opposant peut être attaqué non sur ce qu'il pense, mais sur les pensées qu'on lui prête. Manichéisme oblige, une autre logique s'enclenche en dernier lieu : la diabolisation. Pas question de discuter pour convaincre : il s'agit d'intimider, de culpabiliser, de disqualifier.

Le terrorisme intellectuel, on l'a dit, constitue un système. Mais un système diffus, multiforme, insaisissable. Il n'y a pas à chercher un complot derrière lui, ni un chef d'orchestre clandestin. D'ailleurs, il ne défend pas un thème unique, et ne représente pas des intérêts nécessairement concordants. C'est une machine appuyée sur des connivences doctrinaires et des réseaux de génération, mais une machine aveugle.

Aujourd'hui, vitupérer la pensée unique ou le politiquement correct tend à devenir un lieu commun : chacun met ce qu'il veut sous ces expressions. Pour y voir clair, il fallait recourir à l'examen des faits, aux réactions qu'ils ont provoquées. Cette chronique, la voici. Entre histoire événementielle et histoire des idées, ce livre veut retracer l'itinéraire du terrorisme intellectuel depuis 1945, en le replaçant dans son contexte. Priorité a été donnée à la politique — au sens classique — c'est-à-dire aux enjeux et débats concernant l'homme en tant qu'animal social. Cela ne signifie pas que l'histoire politique de la France, depuis cinquante ans, s'explique dans sa totalité par le terrorisme intellectuel : l'objectif est de montrer quelles questions vitales pour la société ont été ou sont encore bloquées par ce phénomène.

Etre exhaustif était impossible. Période par période ont été retenus les moments essentiels, les phases aiguës où se sont entrechoquées les passions françaises. L'histoire, l'art, la littérature, la science ou l'écologie forment des terrains de chasse pour le terrorisme intellectuel, mais ils constitueraient des sujets d'étude à eux seuls.

Ce travail s'appuie sur des citations référencées : un élu, un écrivain ou un journaliste doivent assumer la responsabilité de leurs propos publics. Mais les personnes importent peu. Ce qui compte, ce sont les idées, car ce sont elles qui mènent le monde. Au demeurant, dans ce domaine, la chronologie est capitale : bien des figures rencontrées au fil de cette histoire ont changé d'opinion dix ou vingt ans plus tard. Dans la mesure où ce mouvement est continu, il est probable que d'aucuns, vers 2010 ou 2020, regretteront certaines de leurs déclarations des années 1990.

Parce qu'elle domine le pouvoir intellectuel, la gauche se trouve le plus souvent sur la sellette. Mais en l'affaire, on le verra, la droite n'est pas innocente.

1

STALINE A TOUJOURS RAISON

Saint-Germain-des-Prés, 1947. Juliette Gréco fredonne *Si tu t'imagines*, Mouloudji chante *les Petits Pavés*, Prévert dresse ses inventaires. Au cinéma du carrefour de l'Odéon se joue *le Diable au corps*, le dernier film d'Autant-Lara. Rue Saint-André-des-Arts, Elsa Triolet marche au bras d'Aragon. Sartre et Camus philosophent sur une banquette des Deux-Magots. Rue de Buci, le rhum noue des connivences. Fureur de vivre et goût de la provocation : oubliant la grisaille de l'Occupation, une jeunesse goûte les plaisirs de la nuit. Dans les caves, le jazz rythme le pouls des noctambules. Boris Vian relève que Maurice Merleau-Ponty est le seul philosophe qui invite les dames à danser. Un reportage, mi-fasciné, mi-réprobateur, est consacré par *Samedi-Soir*, le 3 mai 1947, aux « troglodytes de Saint-Germain-des-Prés ».

Jean-Paul Sartre et la Grande Sartreuse, Simone de Beauvoir, sont amis avec la bande du Tabou — une boîte de nuit enfumée de la rue Dauphine. Mais ils ne dansent pas. Avec eux, l'esprit de sérieux s'annonce.

Dès le numéro 1 des *Temps modernes*, en octobre 1945, Sartre a appelé les intellectuels à l'engagement : « Pour nous, l'écrivain est " dans le coup ", quoi qu'il fasse, marqué, compromis, jusque dans sa plus lointaine retraite. » Il faut que l'intellectuel « embrasse étroitement son époque », car il y est « en situation ».

Une menace plane dans cet éditorial : « Chaque parole a des retentissements. Chaque silence aussi. » En 1947, l'épuration n'est pas terminée. « La haine est un devoir national », proclame *l'Humanité*.

Avant-guerre, professeur de philosophie au Havre, Sartre ne se souciait guère de politique. Mobilisé en 1939, prisonnier en 1940, libéré en 1941, il a repris l'enseignement : lycée Pasteur à Neuilly, lycée Condorcet à Paris. Amant-ami de Simone de Beauvoir, il s'est consacré à l'écriture. Sa pièce, *les Mouches*, a été représentée en 1943 ; *l'Etre et le Néant* a paru la même année. La première de *Huis clos* a eu lieu quelques jours avant le débarquement de Normandie. Les Allemands chassés, Sartre a fait état d'activités de résistance. Il est admis que, dès 1943, il a pris part aux réunions du Conseil national des écrivains, instance signalée par son zèle à établir l'index des écrivains décrétés collaborateurs.

En 1946, Sartre publie *L'existentialisme est un humanisme*. Selon sa théorie, l'existence précède l'essence. Il n'y a pas de nature humaine : l'homme se fait lui-même, et se définit par un projet. S'il précise les divergences de l'existentialisme et du marxisme, le philosophe insiste sur leurs convergences : ennemi commun (la morale bourgeoise), langage commun (le vocabulaire de la libération permanente), psychologie commune (le refus du présent au profit de l'avenir). Sa première passion, c'est la haine des « salauds ». Dans *la Nausée*, ils sont partout : hommes d'affaires, notables, industriels, médecins. Sartre n'en finira jamais avec la haine de soi : issu de la bourgeoisie, il sera toujours le salaud de quelqu'un. Pour le faire oublier, il lui reste à travailler avec les communistes. Parce qu'ils représentent les ouvriers : les purs.

*

Le Parti communiste est auréolé de sa participation à la Résistance. N'est-il pas le « parti des 75 000 fusillés » ?

Le chiffre est gonflé, mais qu'importe. Un trou de mémoire collectif engloutit le passé le plus récent. En août 1939, les communistes avaient approuvé le pacte germano-soviétique ; dans les arsenaux français, ils sabotaient le matériel militaire ; pendant la "drôle de guerre", le Parti et *l'Humanité* avaient été interdits par le gouvernement Daladier, et Maurice Thorez avait déserté son régiment pour rejoindre l'URSS ; le 20 juin 1940, six jours après l'entrée des Allemands dans Paris, les communistes avaient sollicité de la *Propaganda-staffel* l'autorisation de faire reparaître *l'Humanité* ; ils étaient entrés dans la Résistance en 1941 seulement, parce que Hitler avait attaqué l'URSS.

Ces faits, personne n'ose les rappeler à la Libération. Thorez amnistié, le Parti campe au cœur de la scène politique. Aux élections d'octobre 1945, il remporte 26 % des suffrages, devançant les démocrates-chrétiens du MRP et les socialistes de la SFIO. En 1946, ce score monte à 28 % des voix. De 1945 à 1947, les communistes siègent au gouvernement.

En ces années-là, le prestige de l'URSS atteint son apogée. Occultée, l'entente Hitler-Staline. Oubliés, les 4 500 officiers polonais assassinés par les Russes à Katyn : officiellement, ce sont les nazis qui les ont tués. En septembre 1944, un sondage Ifop révèle que pour 61 % des Français, l'URSS est la puissance qui a le plus contribué à la défaite allemande, 29 % attribuant ce mérite aux Etats-Unis. L'URSS est un pays ami. Les Russes sont ce peuple frère qui a vaincu l'ennemi à Stalingrad.

En entrant au Parti, les intellectuels manifestent plus qu'une adhésion politique. Ils découvrent une fraternité d'armes, une famille d'esprit, une communauté soudée par sa foi et ses rites. Le communisme, vérité révélée par Marx, Lénine et Staline, professe une religion séculière : le prolétariat, authentique messie, donne son sens à l'Histoire. Les militants sont des apôtres, chargés d'œuvrer au salut de tous. La charité est totale pour ceux qui souffrent du joug bourgeois. Mais elle est refusée à ceux que la dialectique a condamnés : la foi communiste justifie tous les moyens. « Psychologie de secte, plutôt que d'Eglise universelle », diagnostique Raymond Aron [1]. Plus tard, beaucoup plus tard, quand les yeux se seront ouverts, les anciens communistes mesureront l'embrigadement qui fut le leur. Dominique Desanti : « Seuls nos faits et notre vérité avaient droit de cité parmi les humains [2]. » Annie Kriegel : « Je tenais que le communisme était une étape historique qui marquerait dans l'évolution des civilisations humaines un tournant aussi important que l'avait été le christianisme [3]. »

L'éducation communiste est là pour éliminer toute trace d'individualité. Le culte rendu aux chefs montre des cerveaux ayant abdiqué toute faculté critique. Eluard écrit des poèmes à la gloire de Staline, dictateur en qui le philosophe Jean Desanti voit « le modèle même du savant nouveau [4] ». Un militant ne pense pas par lui-même, c'est le Parti qui s'exprime à travers lui. Evoquant sa jeunesse communiste, Alain Besançon sourit du commentaire de l'actualité auquel, à chaque réunion de cellule, devait se livrer un volontaire : « Il n'y avait, de la part de celui qui était chargé du rapport, aucune réflexion personnelle [5]. »

En 1947, au XIᵉ congrès du Parti, Laurent Casanova lance un appel à la mobilisation des intellectuels. Louis Aragon, Elsa Triolet, Paul Eluard, Julien Benda, Vercors, Francis Carco, Raymond Queneau, André Chamson, Armand Salacrou et Emmanuel Roblès collaborent à la presse communiste. En 1949, Casanova leur fixe la ligne : « Rallier toutes les positions idéologiques et politiques de la classe ouvrière, défendre en

---

1. Raymond Aron, *l'Opium des intellectuels*, Calmann-Lévy, 1955.
2. Dominique Desanti, *les Staliniens*, Fayard, 1975.
3. Annie Kriegel, *Ce que j'ai cru comprendre*, Robert Laffont, 1991.
4. Jean Desanti, « Staline, savant d'un type nouveau », La Nouvelle Critique, décembre 1949.
5. Alain Besançon, *Une génération*, Julliard, 1987.

toutes circonstances, et avec la plus extrême résolution, toutes les positions du Parti ». Les écrivains ne sont pas là pour concevoir ou discuter la politique du Parti, mais pour l'appliquer. Cette sujétion conduit André Stil à l'extase : « Lorsque nous parvenons à écrire de bonnes choses, c'est à notre parti que nous le devons [6]. »

En Union soviétique, Andrei Jdanov vient de déclencher une offensive contre les artistes et écrivains coupables de « cosmopolitisme » : ceux-ci doivent servir le socialisme et sa patrie, l'URSS, et non l'art pour l'art. Les communistes français, de même, sont incités à admirer André Fougeron, peintre dont les tableaux, exaltant la noblesse du prolétariat, glorifient les hauts-fourneaux et les sorties d'usine. A la mort de Staline, en 1953, Aragon commandera à Picasso un portrait du grand homme pour la une des *Lettres françaises*. Par malheur, la physionomie du petit père des peuples, revue et corrigée par Picasso, déplaira aux ouvriers communistes : crime de lèse-majesté. L'imprudent Aragon, qui fera son autocritique, avait oublié ce qu'il avait enseigné dans son propre journal : « Le Parti communiste a une esthétique, le réalisme » (*les Lettres françaises*, 22 novembre 1946).

Ecrivains, peintres, comédiens, metteurs en scène, cinéastes, chanteurs, musiciens : vingt ans durant, ceux qui donnent le ton dans le monde de la culture votent communiste. Associations, maisons de la culture et ciné-clubs relaient un marxisme diffus. Contre la culture classique, « bourgeoise », ce réseau pratique un jdanovisme à la française. Tout film, toute pièce de théâtre, toute œuvre d'art, tout livre doit faire passer un message social à base de lutte des classes.

Dans l'enseignement, les communistes sont puissamment implantés. Au ministère de l'Education nationale, ils se transmettent certains postes clés. A l'Ena, à l'Ecole de la France d'outre-mer (qui forme les admi-

6. Cité par Bernard Legendre, *le Stalinisme français*, Seuil, 1980.

nistrateurs des colonies), leur influence est sensible. Elle est très forte à l'Ecole normale, chez les professeurs comme chez les élèves. Le CNRS est un fief communiste, tout comme l'Ecole des hautes études ou le département de géographie de la Sorbonne. A Sciences-Po, Jean Baby enseigne le marxisme, Pierre Georges la géographie de l'URSS et Jean Bruhat l'histoire de l'URSS : tous trois sont communistes. Bruhat, cependant, ne parle pas russe et n'est jamais allé en Union soviétique. En 1945, cela ne l'empêche pas d'écrire un « Que Sais-je ? » sur l'*Histoire de l'URSS*, manuel constamment réédité jusqu'aux années 1970.

En réalité, les intellectuels de premier plan ne sont pas si nombreux à adhérer au Parti. Certains deviendront célèbres quand ils ne seront plus communistes (Maurice Agulhon, François Furet, Emmanuel Le Roy Ladurie). Mais le marxisme dispose d'un quasi-monopole idéologique. Toute légitimité est contestée à la droite, accusée d'avoir fourni les rangs de la Collaboration. Vision simplificatrice : les premiers résistants n'étaient-ils pas de droite ? Laval, Doriot ou Déat n'étaient-ils pas de gauche ? Cependant, cette vérité n'est pas bonne à dire. L'époque est au manichéisme : il est admis que seule la gauche est pure. Et devant le communisme, la gauche intellectuelle est courbée de respect, paralysée par la soumission.

*

Rebelles, intrépides et minoritaires, des esprits libres font entendre une autre musique. Ils subissent cependant un ostracisme impitoyable, orchestré par la machine du Parti.

Fondateur des *Lettres françaises*, Jean Paulhan était, à la Libération, membre du Conseil national des écrivains. Très vite il en démissionna, effrayé par la tournure prise par l'épuration, rappelant qu'il appartenait aux magistrats de rendre la justice, non aux hommes de lettres. Dès février 1945, le journal communiste *le*

Patriote avait tranché : « Monsieur Jean Paulhan, trahissant *les Lettres françaises* qu'il avait servies durant l'occupation nazie, se met au service de la pensée fascisante. »

En 1946, Paulhan fonde *les Cahiers de la Pléiade*, une revue littéraire où il publie Gide et Malraux, mais aussi Céline et Giono. *L'Humanité* rebaptise cette publication « les cahiers du fascisme ». Refusant la doctrine sartrienne de l'engagement, Paulhan quitte *les Temps modernes*. En 1952, dans une *Lettre aux directeurs de la Résistance*, il accuse ces derniers de s'être « crus résistants une fois pour toutes, purs, sauvés ». Verdict de la presse communiste : Paulhan est un transfuge, un renégat.

Au Rassemblement du peuple français, fondé par de Gaulle en 1947, Malraux croise Claudel, Soustelle et Raymond Aron. Normalien, ancien condisciple de Sartre, Aron abandonne vite *les Temps modernes*. Chez Calmann-Lévy, il dirige « Liberté de l'Esprit », une collection où sont publiés les penseurs libéraux. Dans *l'Opium des intellectuels*, en 1955, il dénonce l'hypnose exercée par le mythe révolutionnaire sur l'intelligentsia occidentale. Mais Saint-Germain-des-Prés préfère avoir tort avec Sartre que raison avec Aron.

D'autres livres, au même moment, dissèquent l'idéologie communiste : en 1949, la somme de Jules Monnerot, *Sociologie du communisme* ; en 1951, l'essai de Thierry Maulnier, *la Face de méduse du commu-nisme*. Mais à l'Université, qui lit Monnerot ou Maulnier ? Le RPF s'est doté d'une publication, *Liberté de l'esprit*, dont le rédacteur en chef est Claude Mauriac. En 1951 est lancé *Preuves*, mensuel où se côtoient libéraux et antistaliniens de gauche. Mais au Quartier latin, qui consulte ces revues ?

A l'existentialisme, les écrivains les plus brillants ne doivent rien : Montherlant, Morand, Malraux — Camus lui-même, dont les rapports avec Sartre sont conflictuels. Des talents littéraires s'affirment à droite : Jean Anouilh, Marcel Aymé, Jacques Perret, le groupe des Hussards — Michel Déon, Jacques Laurent, Roger Nimier, Antoine Blondin — ou encore Pierre Boutang. Mais les intellectuels réfractaires au communisme sont discrédités, leurs idées entachées d'illégitimité. Libéraux, gaullistes, monarchistes ou tout simplement esprits indépendants, ils sont catalogués : ils sont « fascistes ».

Avant-guerre, sous le mot fascisme, la propagande communiste englobait le nazisme, le régime mussolinien, les Etats nationaux-catholiques (Dollfuss, Salazar, Franco) ou la droite nationaliste des pays libéraux. Cette dialectique amalgamait en réalité des courants politiques, des philosophies et des situations historiques radicalement différentes. Elle enjambait les frontières, source d'antagonismes que les communistes ne veulent pas connaître, puisque « les prolétaires n'ont pas de patrie ». Quel rapport entre un hitlérien et un patriote français de droite ? Aucun. Pour un marxiste, il y en a un : tous deux sont anticommunistes. Cet argument est mensonger, mais ce n'est pas cela qui gêne les bonzes du Parti.

Après-guerre, les communistes resservent à l'envi cette thématique antifasciste. Le communisme incarne le bien absolu, et le nazisme le mal absolu. Cette nomenclature n'est pas innocente. Son manichéisme vise à enclencher un double effet de chaîne, l'un jouant sur l'attirance, l'autre sur la répulsion. Premier mouvement, marqué du signe positif : à gauche, ceux qui veulent servir la « classe ouvrière » doivent suivre les communistes (le Bien). Second enchaînement, marqué du signe négatif : à droite, l'hostilité à l'encontre du Bien (le communisme) trahit une connivence implicite avec le Mal (le nazisme). La droite libérale et la droite nationale sont complices dans l'anticommunisme ; la droite nationale est en réalité fasciste ; or le paradigme du fascisme est le nazisme. Donc, un libéral peut glisser vers le fascisme, car l'anticommunisme conduit au nazisme. CQFD.

Immense sophisme, mais d'une puissance d'attraction considérable : qui ne serait pas révulsé par Hitler ?

Cette haine rétrospective jette abusivement des milliers de braves gens dans les bras du Parti communiste. « L'antifascisme : avec ce mot, constate François Furet, tout est dit de ce qui va faire le rayonnement du communisme dans l'après-guerre [7]. » Le nazisme, toutefois, a été enterré sous les bombes, et plus personne ne se réclame du fascisme. Afin de donner consistance à l'indispensable danger fasciste, il faut inventer des fascistes. Est ainsi présumé ou déclaré fasciste celui qui se met en travers de la route du communisme. De Gaulle fonde le Rassemblement du peuple français ? C'est un fasciste. Certains prétendent que l'URSS abrite des camps de concentration ? Ce sont des fascistes. Le terme « fascisme » ne correspond plus à un contenu objectif. Il n'est plus qu'une insulte, une arme pour disqualifier l'adversaire.

*

« L'anticommunisme est la force de cristallisation nécessaire et suffisante d'une reprise du fascisme », soutient Emmanuel Mounier dans *Esprit* (février 1946). Cette revue, lieu de rencontre de la gauche personnaliste et chrétienne, a repris l'utopie de Lamennais : réconcilier christianisme et révolution. Elle est une des tribunes où s'expriment ceux qu'on appelle les compagnons de route. Ces hommes se sont rangés à un postulat : le Parti communiste est le parti du peuple. Se rapprocher du Parti, c'est se rapprocher du peuple. Aux yeux des compagnons de route, défendre la paix implique une solidarité totale avec l'URSS. Non que Mounier soit un inconditionnel de Staline. Avec prudence, il lui arrive même de déplorer « les excès de sa police et les durcissements de son socialisme » (*Esprit*, novembre 1948). Mais le directeur d'*Esprit* est hanté

---

7. François Furet, *le Passé d'une illusion*, Robert Laffont/Calmann-Lévy, 1995.

par la crainte d'une troisième guerre mondiale : toute sévérité à l'égard de l'Union soviétique lui paraît une folle provocation. Pour ce chrétien, le péché des péchés reste l'anticommunisme. A *Esprit*, on n'est certes pas communiste. Nuance : on est anti-anticommuniste.

Anciens résistants et socialistes, des esprits de sensibilité laïque sont également engagés aux côtés des communistes. En 1947, dans *l'Heure du choix*, Vercors, André Chamson, Jean Cassou, Louis Martin-Chauffier et Claude Aveline soulignent que l'URSS est un modèle imparfait, mais qui exige d'être défendu contre « l'agression impérialiste ».

De quelle agression s'agit-il ? A Yalta, en 1945, les accords conclus entre Churchill, Roosevelt et Staline prévoyaient l'organisation d'élections libres en Europe de l'Est. Objectif resté lettre morte. Dans la zone occupée par l'Armée rouge, les communistes se sont arrogé un pouvoir sans partage. « De Stettin, sur la Baltique, à Trieste, sur l'Adriatique, un rideau de fer est descendu sur le continent », constate Churchill, le 5 mars 1946. Rideau de fer : la formule est consacrée. Afin de permettre à Staline de digérer ses conquêtes, l'URSS monte une vaste opération de propagande. Son but : détourner l'attention sur un péril fictif. En septembre 1947, Jdanov assigne une ligne « anti-impérialiste » au mouvement communiste. Derrière les Etats-Unis se terre le parti belliciste ; derrière l'URSS se range le camp de la paix. Un bureau d'information, le Kominform, est chargé de relayer ces mots d'ordre. Le physicien Frédéric Joliot-Curie, prix Nobel et membre de l'Académie des sciences, actif militant communiste, explique que la bombe A soviétique constitue un facteur de paix. L'arme nucléaire américaine, elle, incite à la guerre. 1948 — année du coup de Prague, du blocus de Berlin, de l'affrontement Tito-Staline — inaugure un état de « paix belliqueuse » (Raymond Aron). L'épaisse nuit du stalinisme tombe sur les « démocraties populaires », glacis de l'Empire soviétique.

En France, les communistes viennent d'être chassés

du gouvernement. Fin 1947, ils provoquent une série de grèves extrêmement dures, qui reviennent par vagues en 1948. Une véritable agitation de caractère insurrectionnel. Dans la logique des blocs, le Parti et ses alliés sont enrôlés dans la défense inconditionnelle des pays de l'Est. En 1948 sont fondés les Combattants de la paix. Ils constituent une courroie de transmission du Parti, mêlant communistes endurcis (Charles Tillon), militants affiliés (Yves Farge, prix Staline de la Paix) et compagnons de route (Vercors, Emmanuel d'Astier de la Vigerie, Jean Cassou, Louis Martin-Chauffier). En août, l'association est absorbée par le Mouvement de la paix, lancé lors du congrès mondial des intellectuels pour la paix, à Wroclaw, en Pologne. Là se retrouve la fine fleur du progressisme international, venue applaudir le pacifisme soviétique et vouer aux gémonies le bellicisme américain. Parmi les Français, Irène Joliot-Curie, Vercors, Picasso, Eluard, Fernand Léger, Aimé Césaire, Dominique Desanti, André Mandouze. Et l'abbé Boulier. Professeur à l'Institut catholique de Paris, celui-ci explique la raison de sa présence à l'envoyé spécial du *Monde* : « Les chrétiens doivent combattre l'ordre social brutal, où l'argent est roi » (28 août 1948).

Si l'appel de Stockholm, en 1950, ne recueille sûrement pas les quatorze millions de signatures claironnés par ses initiateurs, le pacifisme n'est pas sans rencontrer d'écho. Qui pourrait ne pas redouter une conflagration nucléaire ? Ce neutralisme constitue néanmoins une fausse fenêtre. C'est Staline, à cette époque, qui rêve de faire rouler ses blindés jusqu'à Brest. Mais le pacifisme des compagnons de route est aveugle.

En août 1948, au congrès de Wroclaw, Alexandre Fadeiev, un romancier russe protégé de Jdanov, s'est livré à une violente attaque contre Sartre, « cette hyène dactylographe, ce chacal muni d'un stylo ». Pourquoi cette diatribe ? C'est que Sartre hésite à franchir le pas. Entre capitalisme et communisme, *les Temps modernes*, comme *Esprit*, sont à la recherche d'une troisième voie. En 1948, Sartre adhère au Rassemblement démocratique révolutionnaire. Fondée par David Rousset, cette formation réunit trotskistes, anciens communistes, socialistes et chrétiens de gauche. Assemblage hétéroclite : dès 1949, l'échec est au rendez-vous. Sartre ne veut cependant pas « désespérer Billancourt ». Dès lors, il se résout à soutenir le « parti des ouvriers ». Car, pour lui, l'anticommuniste est « un rat visqueux [8] », et « le révolutionnaire doit associer indissolublement la cause de l'URSS et celle du prolétariat [9] ». Même persévérance chez Simone de Beauvoir : « Dieu sait que personnellement j'ai reçu des rebuffades de la part du Parti communiste ; je ne me laisserai pas décourager. Ils peuvent m'insulter, me calomnier ; ils ne réussiront pas à me faire sombrer dans l'anticommunisme [10]. » Etranges victimes, heureuses de se faire insulter.

*

Le 24 janvier 1949, devant la 17ᵉ chambre du tribunal correctionnel de la Seine, s'ouvre un procès qui durera deux mois. Deux mois qui, de la façon la plus éclatante, illustrent le terrorisme intellectuel exercé par un Parti communiste au faîte de sa puissance. L'affaire oppose *les Lettres françaises* à Victor Kravchenko.

Pendant la guerre, ce dernier était citoyen soviétique. Membre de la commission d'achat aux Etats-Unis, il y a demandé l'asile politique, le 4 avril 1944. En 1946, en Amérique, le réfugié a publié *I Choose Freedom*. Traduire l'ouvrage en français n'a pas été facile : les grands éditeurs se sont dérobés. L'agent de

---

8. Jean-Paul Sartre, *Situations VI*, Gallimard, 1964.
9. Jean-Paul Sartre, *ibid*.
10. Simone de Beauvoir, *les Mandarins*, Gallimard, 1954.

Kravchenko n'a trouvé qu'une petite maison, Self, qui essuiera de nombreuses menaces. Le volume est sorti en 1947. Titre, *J'ai choisi la liberté* ; sous-titre, *la Vie publique et privée d'un haut fonctionnaire soviétique*. En dix ans, il s'en vendra 500 000 exemplaires. C'est un brûlot : ce gros volume dresse un réquisitoire contre la réalité communiste. La terreur, les purges, la famine, la misère généralisée, les camps, tout est là. « Voilà enfin une description exacte du régime soviétique, écrit Kravchenko. Il suffit d'y changer quelques mots. Que l'on écrive " soviets " au lieu de " nazis ", et l'on aura un tableau véridique de ce que le Kremlin a fait de la Russie. »

Dès la mise en librairie de *J'ai choisi la liberté*, la critique de gauche s'est déchaînée. *Le Monde*, sous la signature d'André Pierre, a ouvert le feu (25 juillet 1947) : « J'avoue que je n'aime pas la race des apostats et des renégats. » Le 13 novembre 1947, *les Lettres françaises* ont titré sur toute leur une : « Comment fut fabriqué Kravchenko ». Jusqu'au printemps 1948, dans l'hebdomadaire communiste, une série d'articles virulents ont allégué que Kravchenko était un faussaire : « Un pantin dont les grosses ficelles sont made in USA », éructait André Wurmser (*les Lettres françaises*, 15 avril 1948). Kravchenko a riposté en poursuivant pour diffamation *les Lettres françaises*.

Au tribunal, les communistes ont mobilisé anciens ministres (d'Astier, Cot), savants (Joliot-Curie), universitaires (Bruhat, Bayet, Baby, Garaudy), écrivains-résistants (Cassou, Vercors). Face à cette pléiade de personnalités, pour cautionner Kravchenko, des inconnus : russes, ukrainiens, humbles rescapés du goulag.

« *Les Lettres françaises*, assène leur directeur, Claude Morgan, défendent la pensée française contre l'invasion massive de ces publications américaines qui répandent une propagande beaucoup plus habile que ne l'était la grossière propagande d'Hitler. » Tactique de la défense : esquiver le débat sur le fond, en déconsidérant le plaignant et ses témoins. Aborder la réalité soviétique ? A aucun prix. Le but des communistes est de prouver que Kravchenko a trahi la cause antifasciste, et qu'il n'a pas écrit lui-même son livre. Ce dernier point est avéré, mais banal : un journaliste américain a rédigé l'ouvrage sur les indications du signataire. Cela ne prouve rien quant à la véracité des faits qu'il contient.

En avril 1944, dans une interview au *New York Times*, Kravchenko avait déjà certifié qu'en URSS, les libertés fondamentales étaient bafouées. Or l'URSS, à cette date, était en guerre contre l'Allemagne nazie. Louis Martin-Chauffier accuse en conséquence le Russe d'avoir trahi « non seulement son pays, mais tous les alliés ensemble ». Emmanuel d'Astier de la Vigerie use du même argument : si Kravchenko avait été à Alger au moment où lui, d'Astier, était commissaire à l'Intérieur, il l'aurait fait arrêter, « pour propagande à l'avantage de l'ennemi ». Là est le grand tabou. Reconnaître la nature totalitaire de l'Union soviétique, ce serait remettre en cause la légitimité acquise par le communisme à l'occasion de la victoire sur Hitler. Il faut donc écarter tout soupçon. « Il n'y a jamais eu de persécutions en URSS », proteste Jean Baby — l'homme qui enseigne le marxisme à Sciences-Po.

Réfugiés de l'Est, les témoins de Kravchenko parlent. Ils évoquent leur arrestation au petit matin, la sentence arbitraire, l'envoi dans un camp, l'inhumanité des geôliers, la souffrance, le froid, la faim. « La propagande nazie continue », rétorque Me Nordmann, avocat des *Lettres françaises*. Roger Garaudy invite Kravchenko à chercher des adeptes « dans l'arrière-garde du nazisme ». Mais le pire est à venir. Une Allemande, Margarete Buber-Neumann — belle-fille du philosophe Martin Buber, et veuve de Heinz Neumann, un dirigeant communiste — est citée à comparaître. Avec pudeur, elle expose comment son mari fut arrêté en URSS (où ils vivaient depuis 1933, ayant fui le nazisme), et dans quelles conditions elle fut envoyée en Sibérie, puis, à l'occasion du pacte germano-soviétique, livrée aux Allemands. Déportée à Ravensbrück, elle put s'échapper avant l'arrivée de l'Armée rouge. Elle décrit l'atroce condition des camps soviétiques, sur lesquels elle s'apprête à publier un livre [11]. Là où elle était détenue, réplique un avocat communiste, il ne s'agissait pas d'un camp : ni murailles ni clôture ne se dressaient autour des baraques où dormaient les détenus. Certes : qui pourrait s'enfuir à pied de la steppe sibérienne ?

La justice finira par donner raison à Victor Kravchenko, en condamnant *les Lettres françaises*. Mais moralement, l'URSS sort victorieuse de l'affaire.

Quelques mois plus tard, la même mécanique se met en branle avec l'affaire David Rousset. Celui-ci, ancien trotskiste et ancien déporté, s'adresse aux rescapés des camps nazis. Il leur propose de former une commission d'enquête sur le système concentrationnaire soviétique : « Les camps ne se présentent plus comme une excroissance pathologique, mais comme le développement naturel d'une société nouvelle. » Le texte est accompagné d'une carte des régions de déportation en URSS (le mot « goulag » y figure), et d'un extrait du code du travail correctif de la Russie. Circonstance aggravante, l'appel est publié dans *le Figaro littéraire* (12 novembre 1949) : aux yeux des communistes, le choix d'une telle tribune dénote une trahison de classe. Un journaliste du *Monde*, Rémy Roure, qui a été déporté à Buchenwald et dont la femme est morte à Ravensbrück, soutient Rousset. Le 15 novembre, il préside une conférence de presse au cours de laquelle l'initiative est présentée.

Dès le 16 novembre, sous la plume de Pierre Daix, *l'Humanité* contre-attaque. L'article, titré « Les travaux forcés de l'antisoviétisme », accuse Rousset et ses partenaires de préparer les esprits à un conflit contre l'Union soviétique : « C'est en 1936 que cette campagne

11. Margarete Buber-Neumann, *Déportée en Sibérie*, Seuil, 1949.

sur les camps en URSS a commencé, exactement au congrès du parti nazi à Nuremberg ». Le 17 novembre, dans *les Lettres françaises*, le journaliste va plus loin : « Pierre Daix, matricule 59807 à Mauthausen, répond à David Rousset ». Il existerait des camps de concentration en URSS ? C'est un mensonge : « Les camps de rééducation en Union soviétique sont le parachèvement de la suppression complète de l'exploitation de l'homme par l'homme. » Ces camps, conclut Daix, sont une « magnifique entreprise ».

La propagande du Parti est mobilisée. Une brochure, rédigée par Pierre Daix, est diffusée à 200 000 exemplaires : *Pourquoi David Rousset a-t-il inventé les camps soviétiques ?* En URSS, prétend ce libelle, il n'est nullement question de camps : il s'agit de « centres de rééducation », qui forment « un des plus beaux titres de gloire de l'Union soviétique ». En 1949, l'univers concentrationnaire ne règne donc nulle part ? Si, rétorque *l'Humanité* : dans les banlieues ouvrières, « à Aubervilliers ».

Devant cette charge, David Rousset assigne Claude Morgan et Pierre Daix en diffamation. Le procès s'ouvre un an plus tard, le 27 novembre 1950. Devant le tribunal de la Seine, Jules Margoline et Joseph Czapski, dont les livres ont relaté l'expérience du goulag [12], viennent attester de ce qu'ils ont vu. Margarete Buber-Neumann également. L'Espagnol El Campesino — ancien des Brigades internationales, réfugié en URSS après la victoire de Franco, et interné par Staline — livre cet aveu : « Le contact avec la Russie soviétique devait être pour moi la plus grande désillusion de mon existence. » Jerzy Glicksman, un juif polonais déporté par les Soviétiques, est pris à partie par Mᵉ Nordmann, qui plaide de nouveau pour *les Lettres françaises* : le témoin, rugit l'avocat, répète « la propagande de Goebbels ».

---

12. Jules Margoline, *la Condition inhumaine*, Calmann-Lévy, 1949 ; Joseph Czapski, *Terre inhumaine*, Iles d'Or, 1949.

Au fil des dépositions, c'est un univers de cauchemar qui est dépeint. Il en faut plus pour impressionner la députée communiste Marie-Claude Vaillant-Couturier : « Je considère le système pénitentiaire soviétique comme indiscutablement le plus souhaitable dans le monde entier. » Claude Morgan et Pierre Daix seront condamnés pour diffamation — sentence confirmée en appel.

Au début de l'année, Sartre et Merleau-Ponty avaient cosigné un article où ils expliquaient pourquoi l'entreprise de David Rousset était répréhensible : « L'URSS se trouve grosso modo située, dans l'équilibre des forces, du côté de celles qui luttent contre les formes d'exploitation de nous connues » (*les Temps modernes*, janvier 1950). En Sibérie, les déportés ont de la chance : ils meurent du bon côté.

Dans leur quête désespérée d'un communisme à visage humain, les compagnons de route élisent un nouveau porte-drapeau : Tito. En juin 1948, celui-ci rompt avec Staline, et la Yougoslavie est exclue du Kominform. Marquant sa différence, le maréchal yougoslave inaugure sa propre voie : le « socialisme autogestionnaire ». Il prendra ensuite la tête des pays non alignés. Jusque dans les années 1970, du PSU au *Nouvel Observateur*, le modèle yougoslave constituera un mythe pour la gauche française, décidée à ignorer que Tito restait un dictateur communiste.

En 1949, *Esprit* envoie une délégation en Yougoslavie. Dans le numéro de décembre, Cassou et Vercors prennent le parti de Tito contre Staline. Les communistes répliquent aussitôt. Dans un pamphlet, *l'Internationale des traîtres* (1949), Renaud de Jouvenel, un collaborateur des *Lettres françaises*, dénonce comme fascistes, pêle-mêle, Tito, de Gaulle, le cardinal Mindszenty (symbole de la résistance des catholiques hongrois au communisme) et les Américains. Dès janvier 1950, *Esprit* lui répond en défendant la voie yougoslave. Toutefois, Mounier insiste : l'anticommunisme est une faute mortelle à laquelle il ne succombera pas. Quelques semaines plus tard, pour complicités titistes, Jean-Marie Domenach et Jean Cassou sont néanmoins chassés des Combattants de la paix. Comment concilier l'inconciliable : c'est le drame intime des compagnons de route. Exclu des Combattants de la paix, Domenach s'engage quatre années encore aux côtés des communistes, contre la guerre d'Indochine. Pourquoi ? Il analysera un jour cet attachement : « Comme beaucoup, je ne pouvais oublier mes amis fusillés à côté des communistes. Nous avons cru pouvoir prolonger l'union des morts dans une fraternité de vivants : c'était un rêve [13]. » A son instar, pour des motifs sentimentaux, une génération entière se sera volontairement aveuglée sur le communisme.

L'affaire Tito entraîne cependant un premier reflux. En proie au doute, certains intellectuels prennent leurs distances. Ainsi le groupe de la rue Saint-Benoît : Marguerite Duras, Robert Antelme, Dionys Mascolo, Claude Roy, Edgar Morin. Ce dernier, en 1951, est définitivement radié de sa cellule de Saint-Germain-des-Prés : « J'avais perdu la communion, la fraternité. Exclu de tout, de tous, de la vie, de la chaleur, du parti. Je me mis à sangloter [14]. »

Sartre effectue le chemin inverse : à l'époque, il se rapproche du Parti. C'est lui qui, en 1952, dirige la campagne menée afin d'obtenir la libération d'Henri Martin, un marin communiste condamné à cinq ans de prison, en Indochine, pour atteinte au moral de l'armée.

Le 28 mai 1952, à Paris, le Parti convoque une manifestation contre la venue en France du général Ridgway, successeur d'Eisenhower à la tête des troupes de l'OTAN. *L'Humanité* surnomme l'Américain « Ridgway la peste » : il serait responsable de l'emploi

---

13. Jean-Marie Domenach, *Commentaire*, n° 62, été 1993.
14. Edgar Morin, *Autocritique*, Seuil, 1959.

d'armes bactériologiques en Corée — imputation fausse. Le rassemblement est interdit. Entre les forces de l'ordre et les militants armés de barres de fer, l'affrontement est d'une rare violence. Bilan : un manifestant tué par balle, et 718 arrestations. Jacques Duclos, secrétaire général du Parti, est inculpé d'atteinte à la sûreté de l'Etat.

Sartre est à Rome. C'est par les journaux qu'il apprend les événements de Paris. Il le rapportera en 1961, à l'occasion d'un hommage funèbre à Merleau-Ponty : « Les derniers liens furent brisés, ma vision fut transformée : un anticommuniste est un chien, je ne sors pas de là, je n'en sortirai plus jamais [15]. »

De 1952 à 1956, *les Temps modernes* n'émettent plus que des réserves mineures à l'encontre des communistes. Sartre se multiplie dans leurs meetings. En 1953, après l'exécution des époux Rosenberg (condamnés à mort, aux Etats-Unis, pour espionnage en faveur de l'URSS), Moscou téléguide une campagne d'opinion mondiale. Compagnon de route discipliné, Sartre hurle avec les loups : « Attention, l'Amérique a la rage » (*Libération*, 22 juin 1953). Au retour d'un voyage en URSS, il accorde une interview à *Libération*, publiée sur plusieurs numéros (15 au 20 juillet 1954) : « Le citoyen soviétique possède à mon avis une entière liberté de critique. [...] Vers 1960, avant 1965, si la France continue à stagner, le niveau de vie moyen en URSS sera de 30 à 40 % supérieur au nôtre. » Même à gauche, certains sont choqués par le prosélytisme acharné de ce nouveau converti.

*

En juin 1956, onze numéros du *Monde* publient le rapport secret prononcé par Nikita Khrouchtchev, au mois de février précédent, à l'occasion du XXᵉ congrès du Parti communiste de l'URSS. A Moscou, dans un

---

15. Jean-Paul Sartre, *Situations IV*, Gallimard, 1961.

discours de sept heures, le premier secrétaire a exposé les méthodes de Staline : purges, terreur, culte de la personnalité. Lui-même avoue avoir eu peur pour sa vie, chaque fois qu'il lui rendait visite. A Paris, Maurice Thorez et Jacques Duclos crient au faux grossier. Chez les intellectuels, ces dénégations n'abusent plus grand monde. La révélation des crimes staliniens est un choc : les accusations des pires anticommunistes étaient donc fondées ? Mais l'espoir subsiste. Puisque Khrouchtchev, au nom du régime, a pris l'initiative d'une autocritique, les défauts du système peuvent être amendés : l'idéal soviétique doit survivre à Staline.

En Hongrie, cependant, la déstalinisation révèle une profonde aspiration à l'indépendance. L'opinion exige le départ des troupes soviétiques, la suppression de la censure, l'élargissement des prisonniers politiques, la tenue d'élections libres. Le 23 octobre 1956, à Budapest, 100 000 personnes sont rassemblées place Bem. L'atmosphère est électrique. Subitement, les manifestants abattent une statue géante de Staline, installée par les Russes en 1945. Puis ils tentent de prendre d'assaut le bâtiment de la radio. La milice tire. Mais l'armée se solidarise avec la foule. Face à la révolte qui éclate, les chars soviétiques entrent en ville. L'insurrection s'étend : 15 000 blessés s'entassent dans les hôpitaux. Le 28 octobre, en échange d'un cessez-le-feu, Imre Nagy, le nouveau chef de gouvernement, négocie le retrait des troupes soviétiques. Celui-ci se faisant attendre, Nagy dénonce l'adhésion de la Hongrie au pacte de Varsovie, le 1er novembre, et proclame la neutralité du pays. Le 4 novembre, 1 000 chars soviétiques, soutenus par l'aviation, investissent à nouveau Budapest. Nagy arrêté par les Russes, la révolution hongroise est noyée dans le sang.

Dans le monde entier, c'est l'indignation. A Paris, le 7 novembre, des manifestants mettent le feu au siège du Parti communiste. La répression de l'insurrection de Budapest est condamnée par Jean-Paul Sartre,

Vercors, Simone de Beauvoir, Claude Roy, Roger Vailland, Claude Lanzmann, Claude Morgan, Albert Béguin, Jean-Marie Domenach, Pierre Emmanuel (*France-Observateur*, 8 novembre 1956). Le 9 novembre 1956, dans *l'Express*, Sartre annonce sa rupture avec le Parti communiste : « On ne peut plus avoir d'amitié pour la fraction dirigeante de la bureaucratie soviétique : c'est l'horreur qui domine. » Pour découvrir l'évidence, dix ans lui auront été nécessaires.

De cette période sombre pour l'intelligence française, demeure la mélancolique interrogation de Pierre Emmanuel (*Esprit*, décembre 1956) : « Par quel aveuglement avons-nous fait comme si le communisme n'était pas une névrose ? »

2

LES COLONIAUX, CES CRIMINELS

1945. Le drapeau tricolore flotte sur Alger, Brazzaville et Saigon. Les méharistes patrouillent dans le Sahara, les marsouins dans les rizières. Dans les bureaux des administrateurs coloniaux, les ventilateurs brassent de l'air chaud. A l'école, les petits Noirs récitent leur leçon : « Nos ancêtres les Gaulois ». Le dimanche, au kiosque à musique, il y a concert. De métropole, les quotidiens parviennent avec plusieurs jours de décalage. Dans les atlas, des taches roses symbolisent la souveraineté française. Huit années suffiront à les effacer. Naguère titre de gloire, l'idée coloniale va devenir, entre 1954 et 1962, une infamie. Quel mécanisme a broyé le rêve impérial ?

Aux colonies, la IIIe République avait bonne conscience. A relire les textes du XIXe siècle, on est surpris. Ernest Renan, révéré par les libres penseurs, s'exprimait en termes aujourd'hui interdits : « La conquête d'un pays de race inférieure par une race supérieure qui s'y établit pour le gouverner n'a rien de choquant [1]. » Jules Ferry, père fondateur de la gauche laïque et républicaine, pensait de même : « Il faut dire ouvertement que les races supérieures ont un droit vis-à-vis des races inférieures. Je répète qu'il y a pour les

---

1. Ernest Renan, *la Réforme intellectuelle et morale*, 1871.

races supérieures un droit, parce qu'il y a un devoir pour elles. Elles ont le devoir de civiliser les races inférieures [2]. »

Race inférieure, race supérieure : ces notions scandalisent rétrospectivement, en raison de l'usage qu'en ont fait les nazis. Mais chez Renan et Ferry, le mot race — loin d'un concept prétendument scientifique – désignait simplement les communautés humaines conçues dans la continuité des générations. Pour les chantres de la colonisation, un progrès avait été apporté aux peuples d'au-delà des mers par les soldats, fonctionnaires, médecins, commerçants ou missionnaires français. En rougir ne venait à l'esprit de quiconque. Lors de l'Exposition coloniale de 1931, cette fierté triompha. En 1945, cinq années de conflit ont anéanti la suprématie planétaire des vieilles nations d'Europe. Les Etats-Unis sont une puissance mondiale. Or les Américains, non sans arrière-pensées pour leurs propres intérêts, sont hostiles à la colonisation européenne. Adoptée à la conférence de San Francisco, la charte des Nations unies, en évoquant les « populations qui ne s'administrent pas encore elles-mêmes », incite les puissances dominantes à « tenir compte des aspirations politiques de ces populations ».

L'Union soviétique est, elle aussi, une puissance mondiale. Le nationalisme en gestation des peuples pauvres, Moscou en mesure le potentiel explosif. Au nom de la révolution internationale, l'URSS soutient les mouvements d'indépendance.

Le temps des colonies est terminé.

*

La Constitution de 1946 définit les principes de l'Union française : « La France forme avec les peuples d'outre-mer une union fondée sur l'égalité des droits et

---

2. Jules Ferry, allocution devant la Chambre des députés, 28 juillet 1885.

des devoirs, sans distinction de race ni de religion. » Dans la classe politique, des socialistes aux gaullistes, tous approuvent cette ambition : « Perdre l'Union française, déclare de Gaulle en 1947, ce serait un abaissement qui pourrait nous coûter jusqu'à notre indépendance ». Au même moment, le statut de l'Algérie élargit les droits politiques des musulmans : les départements d'Afrique du Nord s'orientent vers un modèle attribuant la citoyenneté française à tous ses habitants. Un an plus tôt, néanmoins, le sultan du Maroc s'est fait le porte-parole des revendications nationalistes. Et l'Indochine est entrée en guerre. Bientôt éclate l'insurrection de Madagascar. Le vent de l'émancipation s'est levé : il ne cessera plus de souffler.

Ce sont des intellectuels qui, les premiers, ont cessé de croire à l'empire. Hérauts de la décolonisation, ils se sentent investis d'une mission : préparer l'opinion à l'abandon des territoires d'outre-mer. Ils se recrutent d'abord dans la gauche marxiste. Communiste, député-maire de Fort-de-France, Aimé Césaire se récrie : « Nul ne colonise impunément : le très humaniste, très chrétien bourgeois du XXᵉ siècle porte en lui un Hitler qui s'ignore [3]. » Des chrétiens s'engagent aussi, taraudés par la mauvaise conscience. Ainsi François Mauriac, qui se lamente dans son *Bloc-Notes* : « La responsabilité des fellagha n'atténue en rien celle qui, depuis cent vingt ans, pèse sur nous, d'un poids accru de génération en génération » (2 novembre 1954). Mais l'anticolonialisme a des adeptes à droite. Version noble, c'est la position de Raymond Aron, aux yeux de qui l'héritage colonial pénalise économiquement la France, en retardant l'intégration européenne. Version populiste, c'est le réflexe du journaliste Raymond Cartier : « La Corrèze plutôt que le Zambèze. »

---

3. Aimé Césaire, *Discours sur le colonialisme*, Présence africaine, 1955.

*

Eté 1946. A Fontainebleau, Marius Moutet, ministre socialiste de l'Outre-mer, conduit des entretiens avec Hô Chi Minh. L'année précédente, ce dernier a proclamé l'indépendance de la république du Viêtnam. Leclerc débarqué à Saigon à la tête d'un corps expéditionnaire, un compromis a été trouvé : le Viêtnam du Nord fait partie de l'Union française. Ce statut, Paris aspire à le conforter. « L'Indochine, pour la France, estime *le Figaro*, n'est pas seulement un débouché et un marché. C'est une des plus belles réussites de ses entreprises d'outre-mer » (8 juillet 1946). « Il n'est pas question pour la France, renchérit *le Monde*, de renoncer à son influence culturelle, morale, scientifique, économique, d'abandonner ce qui est son œuvre, de renier sa mission civilisatrice » (2 août 1946).

Hô Chi Minh, lui, n'est venu en France que pour aboutir à l'indépendance : depuis dix ans, ce communiste joue habilement la carte du nationalisme annamite et tonkinois. La conférence de Fontainebleau est un échec. Peu après, Hô Chi Minh entre dans la clandestinité. Le 19 décembre 1946, le Viêt-minh déclenche l'offensive contre les troupes françaises.

A Paris, il faut voter des crédits militaires pour l'Indochine : les communistes ne s'y opposent pas. « Les colonies, a écrit *l'Humanité* en 1945, sont absolument incapables d'exister économiquement, et par conséquent politiquement, comme nations indépendantes. » L'attitude du Parti vire à 180 degrés, en mai 1947, lorsque ses ministres sont expulsés du gouvernement. Les opérations françaises au Viêtnam deviennent, du jour au lendemain, une « guerre de reconquête coloniale au profit de l'impérialisme américain ». *Action*, le 30 juin 1949, lance un appel : « Ouvrons le dossier des crimes commis au Viêtnam. » Ces crimes, ce ne sont pas ceux des communistes vietnamiens, ce sont ceux des Français.

L'affaire mobilise le Parti : campagnes contre la

« sale guerre », transmission d'informations au Viêt-minh, provocations à la désobéissance, sabotage de fabrications militaires (40 % du matériel, au moment le plus intense).

Les compagnons de route ne sont pas en reste. *Les Temps modernes*, en 1946, publient un article de Tran Duc Tho, arrêté à Paris pour avoir distribué des tracts antifrançais. Dans son éditorial de décembre 1946, la revue de Sartre accuse : « Il est inimaginable qu'après quatre années d'occupation, les Français ne reconnaissent pas le visage qui est aujourd'hui le leur en Indochine, ne voient pas que c'est le visage des Allemands en France. »

Pour l'Asie, les années 1949 et 1950 représentent un tournant. Entrés à Pékin en janvier 1949, les communistes sont maîtres de la Chine. En mars 1949, après l'accord conclu avec l'empereur Bao Dai, le Viêtnam devient indépendant — tout en restant associé à l'Union française, comme le sont le Cambodge et le Laos. Le 30 décembre 1949, la France transmet ses pouvoirs au nouvel Etat vietnamien, mais conserve ses bases militaires dans le pays. Dans la réalité, toutefois, les régions du nord sont contrôlées par le Viêt-minh. En janvier 1950, la Chine populaire et l'URSS reconnaissent Hô Chi Minh ; les Etats-Unis et la Grande-Bretagne en font autant avec les trois Etats associés à la France. En juin 1950, la guerre éclate en Corée.

En Indochine, logique des blocs, la France affronte le communisme. Les Français le savent. Aux yeux de 44 % d'entre eux (sondage d'octobre 1950), ce conflit constitue un « épisode de la lutte générale du capitalisme et du communisme ». 27 % des sondés se prononcent pour la poursuite des opérations militaires : c'est peu.

Les mois passent. L'effort se prolonge. Bataille lointaine, où se débattent des soldats professionnels. Peu à peu, ces légionnaires et ces parachutistes du bout du monde dérangent une société qui, en métropole, réapprend à goûter la paix et la prospérité. L'enjeu n'étant plus compris, l'opinion décroche. A gauche, les opposants gagnent en nombre et en virulence. Le 29 juillet 1949, *Témoignage chrétien* annonce un dossier sur la torture en Indochine : en fait de torture, c'est l'armée française qui est clouée au pilori, non l'humaniste Viêt-minh. A leur tour, *les Temps modernes*, *Esprit*, *l'Observateur* demandent l'arrêt des hostilités.

L'Express, le 16 mai 1953, rapporte les propos de Pierre Mendès France : « Les faits nous ont conduits à admettre depuis longtemps qu'une victoire militaire n'était pas possible. La seule issue réside donc dans une négociation. »

Le président du Conseil, Joseph Laniel, s'insurgeant contre les « entreprises de démoralisation de l'armée », François Mauriac qualifie son gouvernement de « dictature à tête de bœuf ». A sa suite, des intellectuels catholiques rédigent un manifeste pour le retrait d'Indochine de l'armée française. Il porte les signatures de Jean Delumeau, Jean Lacroix, Henri Marrou, René Rémond, Pierre-Henri Simon (*le Monde*, 23 décembre 1955). Au même moment, au Viêtnam, les milices catholiques se défendent contre l'insurrection communiste : fusil à la main.

Le 13 mars 1954, le général Giap lâche 35 000 *bodoïs* sur la cuvette de Diên Biên Phu. L'artillerie viet neutralise les canons français, et détruit la piste d'atterrissage. Les blessés ne sont plus évacués, le ravitaillement ne parvient plus. Sous un déluge de feu, dans la boue, képis blancs, bérets rouges et combattants indigènes repoussent les limites de l'héroïsme. Béatrice, Gabrielle, Anne-Marie, Eliane ou Dominique, leurs points d'apppui tombent un à un. Le 7 mai, après cinquante-six jours de siège, le camp retranché succombe. Sur les 12 000 hommes de la garnison, 4 000 ont été tués ou blessés. Les 8 000 prisonniers (dont 2 000 blessés) ont six cents kilomètres à parcourir à pied jusqu'aux camps de rééducation : plusieurs centaines meurent en route.

Pour l'opinion, c'est un traumatisme. Le 17 juin, Mendès est investi président du Conseil. Il s'est fixé un délai très court pour dégager la France de ce conflit. Le 21 juillet, à la conférence de Genève, le cessez-le-feu est proclamé. Le Viêtnam est désormais partagé par le 17ᵉ parallèle.

Aux Tonkinois qui refusent la dictature rouge, il ne reste qu'à fuir, en abandonnant tout derrière eux : 900 000 Vietnamiens du Nord se réfugient au Sud. Français, légionnaires, Africains, autochtones du corps expéditionnaire ou des Etats associés, 39 888 hommes sont détenus par le Viêt-minh. 29 954 prisonniers ne seront jamais rendus : les trois quarts meurent, victimes de mauvais traitements. Mais à Saint-Germain-des-Prés, on continue à boire du rhum.

Le rideau de bambou est tombé. En 1965, les Américains seront embarqués dans une autre campagne. Plus de vingt ans après la chute de Diên Biên Phu, quand les *boat people* parleront, on saura ce que le communisme a coûté aux peuples d'Indochine.

*

Evoquer un partisan de l'Algérie française, de nos jours, c'est faire surgir de l'ombre la silhouette d'un manieur de plastic, traçant sur les murs le sigle de l'OAS. Mais c'est regarder l'histoire dans un rétroviseur cassé : aux yeux de la majorité des Français, y compris de la gauche politique et intellectuelle, l'indépendance de l'Algérie resta longtemps inconcevable.

Au début de l'insurrection, lors de la « Toussaint rouge » de 1954, le ministre de l'Intérieur, François Mitterrand, est inflexible : « L'Algérie, c'est la France ». Tout comme Pierre Mendès France : « On ne transige pas lorsqu'il s'agit de défendre la paix intérieure de la nation, l'unité, l'intégrité de la République. Les départements d'Algérie constituent une partie de la République française. »

Des départements français en Algérie ? Sans doute. Mais l'héritage de la IIIe République est difficile à gérer. Plusieurs décennies d'incurie ont légué une situation trop contrastée. Les 900 000 citoyens d'origine européenne sont en majorité des citadins, souvent rétifs aux mesures visant à accorder des droits supplémentaires aux 8 millions de musulmans, qui sont essentiellement des ruraux. En matière d'équipement routier, sanitaire ou scolaire, certaines zones accusent un sous-développement patent. Tous les ingrédients sont réunis pour nourrir le séparatisme. Instaurer un équilibre en Algérie ne nécessiterait pas seulement des solutions militaires, mais de pressantes réformes politiques et sociales. Là est le drame : après le début de la rébellion, la France place des hommes de qualité au poste de gouverneur (Jacques Soustelle, Robert Lacoste), mais il est probablement trop tard pour une réelle intégration.

Idéologiquement divisé, l'indépendantisme est cependant unifié, pendant l'hiver 1954, sous l'égide du Front de libération nationale. Afin de trancher les liens entre les Algériens et la France, le FLN applique une stratégie de guérilla et d'action terroriste. En ville comme à la campagne, les militaires sont visés, les colons, mais surtout les musulmans loyalistes — en premier lieu les anciens combattants. Le 20 août 1955, dans le Constantinois, 171 civils français et 100 musulmans sont assassinés par des tueurs du FLN. La répression fait 1 200 victimes. C'est un tournant : un fossé de sang est creusé entre les deux communautés. En Algérie s'enclenche une guerre qui ne dit pas son nom. Du côté français, contingent compris, 400 000 hommes seront sous les armes, et 210 000 musulmans. Face à eux, 46 000 maquisards de l'Armée de libération nationale.

« Arrêtons la guerre d'Algérie », vitupère *Esprit* en novembre 1955 : « La violence réside du côté français :

c'est le mépris racial de l'Arabe, le truquage des élections, la misère des bidonvilles et l'émigration de la faim. »

Contre leur pays, ceux que le ministre Bourgès-Maunoury surnomme « les chers professeurs » ont choisi de donner raison au FLN. Un Comité d'action des intellectuels contre la poursuite de la guerre en Afrique du Nord est créé, exigeant la « cessation de la répression » et l'« ouverture de négociations ». Le 27 janvier 1956, ce comité organise un meeting salle Wagram. André Mandouze apporte aux participants le « salut de la résistance algérienne », et Jean-Paul Sartre invite à « lutter aux côtés du peuple algérien pour délivrer à la fois les Algériens et les Français de la tyrannie coloniale ».

Dans les douars et le djebel, néanmoins, l'armée mène à bien la tâche qui lui est assignée : la pacification. Elle réduit les maquis, garde les routes, veille sur les récoltes, construit des écoles, soigne les malades.

Sa mission consiste également à éradiquer le terrorisme. A Alger, en 1957, la 10ᵉ division parachutiste du général Massu est chargée du maintien de l'ordre : identifier les auteurs d'attentats, démanteler leurs réseaux. Un travail de police, mais les militaires s'exécutent. En quelques mois, le FLN est éliminé de la ville. Gagner la bataille d'Alger a requis un labeur patient : enquêtes, filatures, perquisitions. Dans l'urgence, avant qu'une machine infernale déjà amorcée ne tue des innocents, il a parfois fallu arracher des aveux.

Pour lutter contre le terrorisme, les interrogatoires de second degré sont-ils légitimes ? L'aumônier de la 10ᵉ division parachutiste le pensait, arguant qu'on ne peut lutter contre la guerre révolutionnaire qu'avec des méthodes d'action clandestines. Grave sujet de réflexion, auquel nul officier ayant servi en Algérie n'a prétendu apporter une réponse simple : c'est à contre-cœur que certains d'entre eux se sont trouvés dans l'obligation de faire ce « sale boulot ».

Pour d'aucuns, la cause est entendue : les forces de l'ordre sont coupables, parce qu'elles maintiennent un ordre injuste. Par un étrange retournement de situation, l'armée est condamnée, tandis que les terroristes sont absous. Le criminel n'est plus le poseur de bombe, mais celui qui traque les poseurs de bombe. Le 15 janvier 1955, dans *France-Observateur*, Claude Bourdet interpelle Mendès France et Mitterrand : « Votre Gestapo d'Algérie ». En 1957, *l'Humanité*, *Esprit*, *les Temps modernes*, *Témoignage chrétien* dénoncent les méthodes des militaires. Pierre-Henri Simon, au nom de la morale, élève une protestation : *Contre la torture*. Comités et pétitions se multiplient. Un assistant de la faculté des sciences d'Alger, Maurice Audin, militant communiste enrôlé dans les rangs du FLN, est appréhendé, et disparaît mystérieusement. L'affaire est exploitée contre toute l'armée. Henri Alleg, membre du Parti communiste algérien, est lui aussi arrêté par les paras de Massu. Le livre qu'il publie ensuite, *la Question*, est saisi. Mauriac et Sartre se solidarisent avec Alleg. Dans *le Monde*, Henri Marrou fait paraître une tribune indignée : « France, ma patrie... »

Elle est pourtant longue, la liste des crimes imputables au FLN. Il est pourtant atroce, le sort des hommes, des femmes ou des enfants déchiquetés par un explosif dissimulé à un arrêt d'autobus, dans un café, ou sous les gradins d'un stade. Tous les matins sont découverts les cadavres mutilés de musulmans ayant subi les abominables sévices infligés aux fidèles de la France. A Melouza, en 1957, 315 musulmans sont massacrés par les fellagha parce que leur village obéit à Messali Hadj, un indépendantiste modéré. Au sein du FLN, les règlements de comptes sont sanglants : en 1959, le colonel Amirouche, chef de la wilaya III, décime ses maquis parce qu'il les croit infestés de traîtres. En Algérie ou parmi les Algériens émigrés en métropole, l'organisation séparatiste recourt au chantage, au racket, aux menaces physiques suivies d'exécution.

Parmi les pétitionnaires habituels, qui se rebiffe ? Il faut croire que certaines indignations sont sélectives.

Jusqu'en 1958, personne ou presque ne songe à l'indépendance. Même parmi les adversaires de la guerre, du Parti communiste à Raymond Aron, la tendance est à réclamer des négociations avec le FLN. A partir du retour au pouvoir de De Gaulle, la donne change. Le Général, lui aussi, veut traiter. Il y est décidé, car sa religion est faite : « L'Algérie est perdue. L'Algérie sera indépendante », a-t-il déclaré à Guy Mollet, dès 1955. Mais il ne peut afficher ses intentions tout de suite. « Je vous ai compris », a-t-il lancé aux Algérois, euphoriques depuis la fraternisation franco-musulmane du 13 mai 1958. Face aux pieds-noirs et aux militaires (qui sont maîtres du terrain), de Gaulle temporise. "Moi vivant, jamais le drapeau FLN ne flottera sur l'Algérie", assure-t-il le 28 août 1959. Cette promesse ne fera qu'exacerber la violence finale du drame.

Quinze jours plus tard (16 septembre 1959), le président de la République proclame le droit des Algériens à l'autodétermination. Date-charnière : depuis 1954, le discours officiel de l'Etat soutenait que l'Algérie était irrévocablement française. Cette perspective balayée, ceux qui se sont engagés à fond pour l'indépendance se sentent pousser des ailes.

Francis Jeanson, éditeur au Seuil, collaborateur d'*Esprit* et des *Lettres françaises*, est entré dans la clandestinité en 1957. Depuis cette date, il a constitué une filière qui édite le bulletin *Vérités pour*, « centrale d'information sur le fascisme et l'Algérie ». Anciens communistes ou chrétiens de gauche, les complices de Jeanson collectent des fonds pour la révolution algérienne, placent l'argent à l'étranger, fournissent des renseignements au FLN, lui procurent une aide humaine et matérielle.

Alors que l'armée française est en guerre, une telle activité s'apparente à une trahison.

En février 1960, son réseau intercepté par la police, Jeanson se réfugie en Suisse. Le 11 août suivant, en Tunisie, deux militaires français sont exécutés par le FLN. Dans une interview au quotidien communiste italien *l'Unità*, Jeanson se dit « porté à admirer que les tribunaux algériens n'aient encore condamné, pour crimes de guerre, que ces deux soldats français ». Le 5 septembre 1960, devant le Tribunal permanent des forces armées, s'ouvre le procès des « porteurs de valises » du FLN. La formule est de Sartre, qui, du Brésil, leur envoie une lettre de solidarité. Pierre Vidal-Naquet témoigne : « Je me suis beaucoup penché sur le problème des tortures. Il s'agissait bel et bien d'un système, d'un univers concentrationnaire comme celui dans lequel j'avais perdu mes parents. » En 1960, l'armée française était donc constituée de nazis ? Trente ans plus tard, l'historien rectifiera : « Je regrette la comparaison entre l'Algérie et la disparition dans les chambres à gaz. Pour le reste, j'ai eu totalement raison [4]. »

Francis Jeanson écopera de dix ans de prison par contumace.

Pendant le procès, *le Monde* (6 septembre 1960) révèle l'existence d'un manifeste revendiquant « le droit à l'insoumission dans la guerre d'Algérie ». Le texte a été publié dans un bulletin pro-FLN, *Vérité-Liberté*, qui est saisi et dont le directeur est inculpé de provocation de militaires à la désobéissance. Circulant sous le manteau, le contenu de cette déclaration est dévoilé peu après : « Nous respectons et jugeons justifié le refus de prendre les armes contre le peuple algérien ; nous respectons et jugeons justifiée la conduite des Français qui estiment de leur devoir d'apporter aide et protection aux Algériens opprimés au nom du peuple français ; la cause du peuple algérien, qui

---

4. Jean-François Sirinelli, *La Guerre d'Algérie et les intellectuels français*, Complexe, 1991.

contribue de façon décisive à ruiner le système colonial, est la cause de tous les hommes libres. »

L'appel est signé de 121 noms, parmi lesquels Simone de Beauvoir, André Breton, Marguerite Duras, Claude Lanzmann, Jérôme Lindon, André Mandouze, Théodore Monod, Alain Resnais, Alain Robbe-Grillet, Claude Roy, Françoise Sagan, Nathalie Sarraute, Jean-Paul Sartre, Claude Sautet, Simone Signoret, François Truffaut, Vercors, Pierre Vidal-Naquet.

Approuver le refus de servir dans l'armée et soutenir le FLN, de la part de Français, c'est justifier le meurtre d'autres Français. La passion idéologique, avec le manifeste des 121, arbore un air de guerre civile.

Dans les études consacrées à l'histoire des intellectuels, l'« appel des 121 » est érigé au rang de mythe. En octobre 1960, la réplique lui est néanmoins donnée par une pétition bénéficiant de soutiens bien plus nombreux : le *Manifeste des intellectuels français*. Un plaidoyer pour le maintien des trois départements français d'Afrique du Nord : « C'est une imposture de dire ou d'écrire que la France *combat le peuple algérien dressé pour son indépendance*. La guerre en Algérie est une lutte imposée à la France par une minorité de rebelles fanatiques, terroristes et racistes, armés et soutenus financièrement par l'étranger ».

Paru dans *le Figaro* et *le Monde* (7 octobre 1960), ce manifeste recueille 300 signatures : le maréchal Juin, Marie-Madeleine Fourcade, Pierre de Bénouville, le colonel Rémy, Pierre Nord, Daniel Halévy, André François-Poncet, Henry Bordeaux, Roland Dorgelès, Pierre Gaxotte, Henri Massis, Henry de Monfreid, Roland Mousnier, Jacques Perret, François Bluche, Pierre Chaunu, Raoul Girardet, Gabriel Marcel, Jules Romains, Jean Dutourd, Thierry Maulnier, Jules Monnerot, Michel de Saint Pierre, Louis Pauwels, Antoine Blondin, Michel Déon, Roger Nimier, Jacques Laurent, Roland Laudenbach, Pierre Boutang.

Cette liste regroupe des hommes ayant joué un rôle

de premier plan dans la libération de la France, et des écrivains, des historiens, des universitaires ou des journalistes. Eux aussi font fonctionner leur intelligence. Eux aussi ont une conscience morale. Eux aussi sont cultivés. Eux aussi ont écrit des livres. Eux aussi ont du talent. Eux aussi sont célèbres. Mais, quand il est question de l'Algérie, ces hommes n'ont pas droit au statut d'intellectuels : leur engagement est méprisé, ou passé sous silence.

En 1960, on l'a dit, un tournant politique a été pris au sommet de l'Etat. La route vers l'indépendance est ponctuée d'étapes, mais elle se déroule inexorablement. En mars 1960, de Gaulle évoque une « Algérie algérienne liée à la France ». En juin 1960 débutent les tractations avec le Gouvernement provisoire de la République algérienne (GPRA). En janvier 1961, par référendum, 79 % des Français disent oui à l'autodétermination. En mai 1961 reprennent les négociations avec le GPRA. En mars 1962 sont signés les accords d'Evian entre le gouvernement français et le GPRA, approuvés à 90 % des votants par un référendum organisé exclusivement en métropole. En juillet 1962, en Algérie, l'ultime référendum ratifie l'indépendance. En deux ans, rien n'a pu enrayer ce mécanisme : ni les barricades d'Alger (janvier 1960), ni le putsch des généraux (avril 1961), ni l'activisme tragique de l'OAS.

C'est à l'extrême fin, seulement, que l'Algérie française a été défendue par un carré d'irréductibles. Mais règne de nos jours une « hémiplégie du souvenir », constate Jean-François Sirinelli [5] : *a posteriori*, les prosélytes de la souveraineté française sont sans distinction assimilés aux commandos du désespoir. Et selon la technique éprouvée de l'amalgame antifasciste, l'opprobre est jeté sur tous.

Les adversaires de l'indépendance, pourtant, nourrissaient un dessein généreux : aboutir à la pleine égalité civique des musulmans, dans une perspective de

---

5. *Ibid.*

progrès économique et social de l'Algérie. Vision qui n'était pas seulement défensive (vaincre la rébellion), mais qui offrait un projet : mettre en route un chantier d'avenir, bâtir une communauté fraternelle en Afrique du Nord. Utopie, romantisme ? Avec le recul, il est aisé d'en juger ainsi. Mais c'est manquer à la probité que de caricaturer l'Algérie française en la réduisant aux soubresauts de son agonie.

Le 21 avril 1956, *le Monde* publie un manifeste « pour le salut et le renouveau de l'Algérie française ». Cet appel porte les signatures du cardinal Saliège (auteur, en 1942, d'une retentissante protestation contre les persécutions antisémites), d'Albert Bayet (anticlérical notoire, figure de la Ligue des droits de l'homme – Raoul Girardet raconte l'avoir vu, attablé chez Lipp, lever son verre aux parachutistes : « Au moins eux, ils défendent l'école publique »), et de l'ethnologue Paul Rivet (membre, en 1937, du Comité de vigilance des intellectuels antifascistes). De leur côté, des militants Algérie française comme Jacques Soustelle ou Georges Bidault ont exercé d'importantes responsabilités dans la Résistance. Guy Mollet et Robert Lacoste, adeptes d'une politique de fermeté en Algérie, sont socialistes. Il faudrait également citer le Michel Debré du *Courrier de la colère* (« l'insurrection pour l'Algérie française est l'insurrection légale », écrit-il le 2 décembre 1957). Et aussi évoquer Albert Camus, déchiré entre ses racines algériennes et sa sensibilité de gauche, mis en quarantaine par ses amis pour avoir confessé, en 1957 : « Je crois à la justice, mais je défendrai ma mère avant la justice ». En juin 1960 encore, est créé un Comité de la gauche pour le maintien de l'Algérie dans la République française. La presse quotidienne hostile jusqu'au bout à l'indépendance est représentée par *Combat*, *l'Aurore* ou *le Parisien libéré*, journaux de tradition socialisante, radicale ou démocrate-chrétienne. Même du côté des « soldats perdus », une figure comme Hélie de Saint Marc (qui ne ralliera pas l'OAS), ancien déporté à Buchenwald, symbolise la trajectoire de ces officiers qui puisent leur inspiration dans les seules valeurs patriotiques.

Parmi ces hommes, où sont les fascistes ?

Jusqu'en 1960, les partisans de l'indépendance mènent un combat minoritaire. Non sans courage : saisies, poursuites, prison, ils encaissent les coups. Après cette date, la position de l'Etat ayant viré de bord, ce sont eux qui se trouvent du côté du plus fort. Les professionnels de la pétition auraient cent motifs de se mobiliser : les garanties illusoires accordées aux pieds-noirs par les accords d'Evian ; les civils tués rue d'Isly par des balles françaises ; l'exode déchirant de ces familles à qui le choix n'est laissé qu'entre « la valise ou le cercueil » ; en juillet 1962, après l'indépendance, la communauté européenne livrée sans défense à la vengeance du FLN (6 500 personnes assassinées) ; le massacre de 150 000 harkis, désarmés et abandonnés aux tortionnaires. Rive gauche, nulle fulmination ne se fit entendre. Rive droite non plus, d'ailleurs.

*

Aujourd'hui, l'aventure coloniale commence à être réévaluée. Jacques Marseille a apporté les preuves que l'empire, sur le plan économique, a plus coûté à la France qu'il ne lui a rapporté. Aucune des matières premières consommées par les principaux secteurs de l'industrie nationale ne venait des colonies ; la France achetait dans son empire des produits qu'elle pouvait trouver meilleur marché ailleurs ; mieux, l'Etat soutenait des productions coloniales qui concurrençaient certains secteurs métropolitains [6]. Daniel Lefeuvre a démontré que la France n'a pas exploité l'Algérie : elle l'a secourue. Des années 1930 aux années 1960, l'Algérie ne pouvait subvenir à ses

---

6. Jacques Marseille, *Empire colonial et capitalisme français*, Albin Michel, 1984.

propres besoins : c'est elle qui avait besoin de la France, non l'inverse [7].

Le leçon qu'en tirent ces historiens, c'est que la France n'a pas pillé ses possessions d'outre-mer. Au contraire, elle les a soutenues. Par choix politique. L'indépendance de l'Algérie était-elle inéluctable ? En tout cas, elle aurait dû s'effectuer autrement. En témoigne cet aveu du mathématicien Laurent Schwartz, qui fut très engagé pour le FLN : « J'ai espéré qu'ils ne seraient pas musulmans à ce point-là, qu'ils garderaient les Français en Algérie, mais sans privilèges. Nous avons sous-estimé les questions nationales, les crimes commis par les Algériens sur les Français [8]. »

La sociologue Dominique Schnapper, fille de Raymond Aron, a de même compris, grâce aux travaux d'un de ses étudiants, l'engagement des musulmans loyalistes : « Le choix en faveur de la France au cours de la guerre d'indépendance, qui fut aussi une guerre civile, fut souvent lié à l'adhésion à la France et aux droits de l'homme, parfois au hasard de la guerre et des liens familiaux, parfois au refus du terrorisme du FLN » (*Le Monde*, 4 novembre 1999). Et de poursuivre : « La France s'est mal conduite. La réconciliation entre l'Algérie et la France ne sera jamais complète si elle s'établit sur un déni de justice. C'est l'histoire qui a constitué les harkis et leurs familles en tant que collectivité historique, c'est en tant que collectivité historique qu'ils réclament la vérité. »

Le terrorisme intellectuel, quarante ans après, s'opposera-t-il à ce travail de mémoire ?

---

7. Daniel Lefeuvre, *Chère Algérie*, Société française d'Outre–mer, 1997.
8. *La Guerre d'Algérie et les intellectuels français, op. cit.*

3

ÉCONOMIQUE D'ABORD

Année 1967. Alphonse Juin meurt le 27 janvier. Il était le dernier maréchal de France : la guerre est finie. Le général de Gaulle est installé à l'Elysée depuis neuf ans. Le 5 mars, aux élections législatives, la gauche exerce une forte poussée. A l'Assemblée, la majorité ne dispose que d'une voix d'avance. Les Républicains indépendants de Valéry Giscard d'Estaing sont en position d'arbitre. A de Gaulle, Giscard a dit « oui mais » ; en août, il ira plus loin en dénonçant « l'exercice solitaire du pouvoir ». Le 18 mars, le *Torrey Canyon* fait naufrage au large de l'Angleterre : le vent pousse sa cargaison de pétrole sur les côtes bretonnes et normandes. La France découvre la marée noire, mais ce n'est que le début d'une triste série (*Amoco Cadiz*, 1978 ; *Erika*, 1999) où le développement industriel et les intérêts financiers des grandes compagnies se liguent contre la nature. A Paris, une centrale d'achat pour les cadres se développe ; dans son unique magasin à l'enseigne Fnac, les acheteurs se ruent sur un nouveau magnétophone où l'on glisse des bandes d'enregistrement toutes prêtes, les musicassettes. Le 16 juin, Georges Séguy est élu secrétaire général de la CGT. Le 26 juillet, devant 150 000 habitants de Montréal, de Gaulle proclame : « Vive le Québec ! Vive le Québec libre ! Vive le Canada français ! Vive la France ! » Au festival de Venise, le 10 septembre, le

Lion d'or est attribué à Luis Buñuel pour son film *Belle de jour*, avec Catherine Deneuve. Le 1ᵉʳ octobre, le premier programme en couleurs est diffusé sur la deuxième chaîne de télévision. Le 17 décembre, la loi Neuwirth légalise l'usage de la contraception.

Depuis la guerre, la France connaît une croissance sans précédent : de l'ordre de 5 % par an. C'est l'époque fastueuse des Trente Glorieuses [1]. Elle prendra fin en 1973, avec le premier choc pétrolier.

A la Libération, la reconstruction stimule la production. En 1946, Jean Monnet, premier commissaire au Plan, indique la voie : « Le choix est simple : modernisation ou décadence. » Alors que, dans les années 1930, le tissu industriel du pays reposait sur un réseau de petites et moyennes entreprises, parfois archaïques, une nouvelle génération de hauts fonctionnaires et de patrons se préoccupe d'améliorer les performances de l'économie française. Après le départ des communistes du gouvernement, en 1947, le dirigisme d'Etat se fait plus souple. D'Amérique, des missions d'études rapportent des recettes.

S'amorce alors le bouleversement que le sociologue Henri Mendras nommera « la Seconde Révolution française [2] ». Au début de la IVᵉ République, les classes moyennes sont peu nombreuses. La France est peuplée majoritairement de paysans, de commerçants, d'artisans, d'ouvriers. Cette structure va se modifier radicalement, la répartition des actifs s'inversant entre 1946 et 1994. Le pourcentage des ouvriers reste stable (autour de 30 %), mais le nombre des agriculteurs est divisé par cinq (de 37 % à 7 %), et celui des artisans et commerçants de moitié (de 15 % à 8 %). En revanche, la proportion des employés est doublée (de 10 % à

---

1. Jean Fourastié, *les Trente Glorieuses*, Fayard, 1979.
2. Henri Mendras, *la Seconde Révolution française (1965-1984)*, Gallimard, 1988.

20 %), et celle des cadres moyens et supérieurs multi-
pliée par trois (de 10 % à 34 %).

Ce qui disparaît, c'est la France rurale. Celle qui,
pendant des siècles, a assuré la continuité de la nation,
et lui a fourni ses forces vives et une partie de son imaginaire. Chaque hiver, au cours de la décennie 1960,
150 000 cultivateurs abandonnent leur ferme. Ils s'installent à la ville, dans une HLM, et s'embauchent en
usine. En 1967, Mendras rédige un livre choc : *la Fin
des paysans*. C'est en 1967 aussi que Jean Ferrat chante
la Montagne : « Ils quittent un à un le pays, pour s'en
aller gagner leur vie, loin de la terre où ils sont nés... »

Villages inhabités, écoles fermées, commerces aux
rideaux tirés, églises désertées : ce qui meurt, ce n'est
pas seulement un paysage, c'est une culture. La
France devient un pays urbain, où domine le secteur
« tertiaire » : les activités de service, l'administration,
les loisirs. La scolarité s'allonge, les femmes sont de
plus en plus nombreuses au travail. Le *baby boom* a
rajeuni la population, accrue de 13 millions d'individus
entre 1945 et 1973. Cette vague suscite des besoins nouveaux, qui à leur tour dopent la croissance. Voitures,
réfrigérateurs, machines à laver, résidences secondaires :
les Français achètent. Les autoroutes se construisent,
les banlieues résidentielles s'étendent, les premiers
hypermarchés ont ouvert leurs portes. La gauche, dans
un discours immuable, peut bien dénoncer les inégali-
tés, l'échelle sociale se resserre. L'éventail des revenus
se situait dans un rapport de 50 à 1 en 1910, et de 18 à
1 en 1939 : en 1980, il sera de 5 à 1. La France s'enrichit.

La croissance est un absolu, mais nul n'en prévoit les
effets pervers. Pendant que la campagne se désertifie,
la périphérie des villes se peuple soit d'ex-paysans, soit
d'immigrés qui commencent à arriver en nombre.
Dans ces banlieues ou ces zones mi-urbaines mi-
rurales, les futurs problèmes éclosent en silence. Pour
l'instant, c'est l'euphorie : il y a du travail pour tout le
monde, le niveau de vie s'élève. Mais vingt ans plus
tard, ces bombes à retardement éclateront. Urbanisme

médiocre, tissu social s'effilochant, perte des références communes, mode de vie disloquant la famille, goût effréné de la consommation, non-assimilation des immigrés : les fractures des années 1980 germent au cours des années 1960.

*

La Seconde Guerre mondiale est loin, la décolonisation est achevée. La paix règne : la saison n'est plus à l'héroïsme, mais aux affaires. Place aux courbes, aux graphiques, à la rationalité. Prospective est le mot à la mode. Les cercles de réflexion fleurissent. Dans ces cénacles, les élites spéculent sur les transformations à long terme de la société française.

Fondé en 1958, le club Jean-Moulin a le cœur à gauche. Il réunit des hauts fonctionnaires, des universitaires : officiellement, 500 adhérents. Parmi eux, Georges Vedel, Maurice Duverger, Michel Crozier, Olivier Chevrillon, Simon Nora. L'objectif prôné par le club Jean-Moulin est de rendre caduc l'antagonisme entre socialisme et capitalisme. Au sein des grandes entreprises, publiques ou privées, il faut hâter l'avènement d'une nouvelle classe dirigeante : les managers.

Cette ambition correspond d'ailleurs à l'évolution enregistrée depuis trente ans. Le capitalisme de papa, en effet, est mort en 1929, quand la crise a amené l'Etat, par le biais du contrôle du crédit, à intervenir directement dans le circuit économique. Phénomène amplifié sous Vichy et confirmé, après-guerre, avec les nationalisations et la création de l'Ena. Depuis 1946, l'Ecole nationale d'administration forme des élèves capables de passer du public au privé, et vice versa. Ces techniciens, experts interchangeables, se défendent d'intentions politiques. Ils se veulent des arbitres, des gestionnaires agissant au nom de la seule rentabilité. A leurs yeux, l'économie est une sphère qui possède sa logique propre, dépassant les réalités nationales, les conflits idéologiques, les clivages politiques.

Après l'affaire des missiles soviétiques de Cuba (1962), le monde de la guerre froide s'efface peu à peu devant l'équilibre de la détente : le thème de la convergence entre l'Est et l'Ouest est dans l'air du temps. Maurice Duverger, dans son *Introduction à la politique*, juge « irrésistible » le double mouvement qui doit rapprocher les deux systèmes. Raymond Aron prêche ses *Dix-Huit leçons sur la société industrielle*, dont les vues recouvrent les pays libéraux comme les démocraties populaires. La liste des titres qu'il édite dans sa collection « Liberté de l'esprit » traduit l'optimisme de l'époque, la foi des contemporains en la vertu technocratique (le mot n'est pas encore péjoratif) : *l'Ere des organisateurs*, de James Burnham ; *l'Ere de l'opulence*, de John Kenneth Galbraith ; *Eloge de la société de consommation*, de Raymond Ruyer.

A Sciences Po, les livres du club Jean-Moulin font partie de la panoplie de l'étudiant. *Pour une réforme de l'entreprise*, publié en 1963 par François Bloch-Lainé, constitue un manifeste en faveur de la concentration des entreprises, du management, de la planification. Le Plan, en ces années-là, est une véritable mystique. De Gaulle, en 1961, le salue comme une « ardente obligation », et Pierre Massé, en 1965, lui consacre un essai à l'énoncé suggestif : *Le Plan ou l'anti-hasard*.

Préparant l'élection de 1965, le club Jean-Moulin s'attelle à la promotion d'une mystérieuse candidature présidentielle : celle de « Monsieur X ». Cet anonymat dissimule un homme qui incarnerait une gauche moderne, efficace, capable de séduire les Français. (Il s'agit de Pierre Mendès France, remplacé après son refus par Gaston Defferre, opération qui échouera puisque Mitterrand représentera la gauche contre de Gaulle.)

L'affaire est montée avec le concours de *l'Express*. Fondé par Jean-Jacques Servan-Schreiber, en 1953, comme une tribune d'opinion très impliquée dans l'anticolonialisme, ce journal perd son aile gauche en 1964 : Jean Daniel rejoint *France-Observateur*, qui devient *le Nouvel Observateur*. Une nouvelle formule de *l'Express* est conçue, inspirée des *newsmagazines* d'outre-Atlantique. Cible : les cadres, les chefs d'entreprise, les professions libérales. En analysant l'actualité, le but est d'illustrer les mérites d'une société ouverte, à l'américaine, débarrassée de l'héritage du passé et des archaïsmes idéologiques. « Le temps des croisades est terminé, celui de l'intelligence arrive », prophétise JJSS.

En 1967, Jean-Louis Servan-Schreiber et Jean Boissonnat, issus de *l'Express*, lancent *l'Expansion*. Ce magazine est destiné aux cadres et managers à la française, vecteurs de la révolution en cours. L'éditorial du premier numéro expose la philosophie de ses animateurs. Au-delà de la multiplication des biens, l'expansion économique doit assurer « une modification qualitative du genre de vie. Cette nécessité d'améliorer l'éducation, les relations humaines, le cadre dans lequel nous vivons et les occasions de culture et de loisirs, devient un objectif prioritaire. »

Derrière ce propos perce un aveu. C'est tout une conception de la vie qui est véhiculée par l'économisme triomphant de la décennie 1960 : il s'agit de transformer la société. En imitant quel modèle ? Le modèle américain.

*

En 1967, la sortie de De Gaulle sur le « Québec libre » heurte l'opinion. Chacun comprend que cette incartade jette une pierre supplémentaire dans le jardin des Américains, dont le Canada est un partenaire obligé. Depuis le premier essai atomique français dans le Sahara, en 1960, le Général poursuit une ligne d'indépendance vis-à-vis des Etats-Unis : voyages au Mexique et en Amérique latine (chasses gardées de Washington), reconnaissance de la Chine populaire, retrait du commandement intégré de l'Otan, accords de coopération avec l'URSS, politique arabe. Mais les Français admirent l'Amérique. L'image dominante de l'URSS, de son côté, n'est plus celle du pays qui a combattu Hitler, mais celle d'une morne dictature qui, aujourd'hui, opprime les pays de l'Est. Dans l'opinion, les Américains en recueillent tout le bénéfice, d'autant plus que, vingt ans auparavant, ils ont supporté l'essentiel de l'effort militaire pour libérer le territoire français.

D'après un sondage de janvier 1968, 42 % des Français (contre 28 %) ne croient pas, pour leur pays, à une politique indépendante sur le plan militaire, et 47 % (contre 26 %) sur le plan économique. Cofondatrice du Marché commun, la France participe au mouvement d'internationalisation qui s'enclenche entre les pays développés. L'antiaméricanisme de De Gaulle n'est pas compris. Le peuple, désormais, est plus soucieux de croissance que de prestige. On daube sur les rêves de grandeur du Général, on brocarde la « bombinette » française.

Les communistes, par principe, considèrent toujours les Etats-Unis comme l'enfer capitaliste. Dans les milieux culturels, l'antiaméricanisme reste un sentiment dominant. Mais il y a une gauche atlantiste. Ainsi Mitterrand qui entreprend, après sa candidature de 1965, le chemin qui le mènera à la tête du Parti socialiste.

Chez les intellectuels, des hommes naguère très engagés à gauche découvrent l'Amérique — au sens propre. Michel Crozier fut trotskiste, puis a rompu avec le marxisme. Membre du club Jean-Moulin et collaborateur d'*Esprit*, il fait paraître en 1963 un essai remarqué, *le Phénomène bureaucratique*, dans lequel il dénonce la « société bloquée ». L'expression fera fortune. Le livre a été rédigé en anglais, en 1959, alors que Crozier était invité par l'université de Stanford, puis traduit par ses soins. C'est un plaidoyer pour une société de transparence, inspirée de l'exemple américain.

En 1967 paraît *le Défi américain*. Ce sera un best-seller. Jean-Jacques Servan-Schreiber a rédigé ce livre avec Olivier Chevrillon, Michel Albert et quelques journalistes de *l'Express*. Nourri des travaux du Hudson Institute, c'est une réflexion sur le modèle américain, sur la guerre économique, sur le caractère décisif de la recherche technologique, sur les investissements américains à l'étranger. Ses conclusions ne sont guère favorables à la France : « La troisième puissance industrielle mondiale, après les Etats-Unis et l'URSS, pourrait bien être dans quinze ans non pas l'Europe, mais l'industrie américaine en Europe » ; « Feront partie des sociétés postindustrielles les nations suivantes. Dans l'ordre : Etats-Unis, Japon, Canada, Suède. C'est tout [3]. »

Un autre retentissant succès de librairie est *Ni Marx, ni Jésus*, publié en 1970 par Jean-François Revel. « La révolution du XXᵉ siècle aura lieu aux Etats-Unis », prévoit l'auteur : « A part l'Angleterre, aucun pays européen n'est capable d'une initiative de poids planétaire en technologie de pointe. » La première révolution, explique Revel, c'était la démocratie. La seconde doit instaurer un gouvernement mondial, afin d'écarter le danger atomique. Ce qui postule « l'élimination des Etats et de la notion de souveraineté nationale » [4] Cette vaste synthèse géostratégique se poursuit par une revue des atouts américains : prospérité, croissance, technologie, recherche, futurisme culturel, révolution dans les mœurs, liberté et égalité des individus, rejet des contrôles autoritaires. L'avenir, pronostique Revel, confirmera le *leadership* des Etats-Unis.

*

En 1969, Georges Pompidou est élu président de la République. Le 11 juillet, lors de sa première conférence de presse, il annonce son programme : « Nous

3. Jean-Jacques Servan-Schreiber, *le Défi américain*, Denoël, 1967.
4. Jean-François Revel, *Ni Marx, ni Jésus*, Robert Laffont, 1970.

avons un objectif qui doit dominer tous les autres, faire de la France une grande nation industrielle.» Jacques Chaban-Delmas, Premier ministre, divulgue en 1970 son projet de Nouvelle Société. Valéry Giscard d'Estaing, élu en 1974, se fait l'apôtre du libéralisme avancé. En 1965, *Newsweek* l'a surnommé le « Kennedy gaulois ».

La réussite en affaires : c'est maintenant le seul credo. De Gaulle, sous le règne de qui le pays avait pourtant prospéré, prétendait restaurer l'Etat. A la nation, il parlait de la grandeur de son destin. A l'orée des années 1970, ce souci n'intéresse plus. La gauche est tiers-mondiste, internationaliste ou atlantiste. Et la droite rêve de copier les Etats-Unis. Le rapprochement est encore inconscient, et les clivages partisans sont encore très forts, mais s'amorce insidieusement, à cette époque, ce qui unira droite et gauche vingt ans plus tard : la logique du tout-économique. L'art politique s'efface, remplacé par le culte du marché. L'idée France n'est plus à la mode.

4

SOUS LES TROPIQUES,
LA RÉVOLUTION EST SI BELLE

Chez les révolutionnaires, l'astre stalinien s'est éteint. L'Union soviétique n'a pas instauré le socialisme attendu. Si la Ve République semble installée, l'espérance doit s'incarner quelque part. Les peuples aux mains nues, la décolonisation l'a prouvé, sont capables de vaincre la bourgeoisie : leur expérience montre la voie.

Pour étancher leur soif d'utopie, les intellectuels ont trouvé une nouvelle source : le tiers monde. L'expression a été inventée par Alfred Sauvy, dans un article de l'*Observateur* (14 août 1952) : « Car enfin, ce tiers monde ignoré, exploité, méprisé comme le tiers état, veut, lui aussi, être quelque chose.» D'Asie, d'Afrique ou d'Amérique latine, des nations émergent, aspirant à secouer la tutelle occidentale. Désormais, la Rive gauche guette l'aube vers cet horizon.

Pays pauvres contre pays riches : c'est toujours la dialectique de l'opprimé et de l'oppresseur. Le rôle de levain, naguère dévolu à la classe ouvrière, appartient aux masses indigènes. A l'échelle de la planète, c'est une gigantesque lutte des classes. Marx reste le système de référence. Et Lénine, pour qui l'impérialisme était le « stade suprême du capitalisme ». Mais la sémantique et la géographie déplacent le lieu du combat. Le messie, ce n'est plus le prolétaire d'Aubervilliers, c'est le guérillero des Andes ou le paysan du fleuve Jaune. Le marxisme revisite le mythe du bon sauvage. Le tiers-mondisme est une idéologie. Or les idéologies écartent les faits. Peu importe que la « géopolitique de la faim » (titre d'un livre paru en 1952) ne recouvre pas les situations de type colonial. Peu importe que le tiers monde, englobant des peuples trop divers, ne possède pas d'unité. Peu importe que le tiers monde traîne dans son propre passé maintes histoires de conquêtes cruelles : ainsi l'expansion de l'Islam, ou l'esclavage des Noirs au sein de l'aire musulmane. Problèmes contrariants, sur lesquels il vaut mieux faire silence. Par principe, il est posé que le tiers monde est pur, parce qu'il a subi le joug des Blancs. Sa révolte sera leur rédemption.

Au cours des années 1960 et 1970, une litanie de héros hante les rêves de Saint-Germain-des-Prés. Tour à tour Tito, Hô Chi Minh, Sékou Touré, Castro, Che Guevara, Mao Tsé-toung, Kadhafi, Arafat ou Allende sont portés sur les autels. Merveilleux saints patrons : ils sont lointains.

Au moment où éclate l'insurrection en Algérie, Frantz Fanon est médecin-psychiatre à Blida. Né à Fort-de-France, il a été l'élève d'Aimé Césaire. Fixé dans le Maghreb, il prend parti pour l'indépendance, et représente le FLN dans les pays africains. Atteint d'une leucémie, il meurt en 1961. Il a eu le temps d'achever un livre, *les Damnés de la terre*. Dix-neuf traductions, édition française tirée à 160 000 exemplaires. Un bréviaire vendu jusqu'à l'orée des années 1980 : une génération a été baignée par ses imprécations.

C'est en clinicien que Fanon prétend juger des rapports entre les Européens et les peuples du tiers monde. A ses yeux, la colonisation est un traumatisme : le colonisé est un malade, qui doit guérir son aliénation par l'usage de la force. « Pendant des siècles, assène-t-il, les capitalistes se sont comportés dans le monde sous-développé comme de véritables criminels de guerre. Les massacres, le travail forcé, l'esclavagisme ont été les principaux moyens utilisés par le capitalisme pour établir sa puissance. Quand nous entendons un chef d'État européen déclarer, la main sur le cœur, qu'il faut venir en aide aux malheureux peuples sous-développés, nous ne tremblons pas de reconnaissance. Bien au contraire, nous disons " c'est une juste réparation qui va nous être faite " [1]. »

Le volume a paru avec une préface. Elle est évidemment de Jean-Paul Sartre. Le philosophe s'est surpassé : c'est une apologie de la violence pure, accoucheuse de l'Histoire : « Abattre un Européen, c'est faire d'une pierre deux coups, supprimer en même temps un oppresseur et un opprimé ; restent un homme mort et un homme libre. »

François Maspero, l'éditeur de Fanon, tient librairie rue Saint-Séverin, à deux pas de la fontaine Saint-Michel. Ouverte jusqu'à dix heures du soir, « La Joie de lire » est le point de rendez-vous bouillonnant de tout ce qui s'agite à gauche du Parti communiste. S'y retrouvent ceux dont les songes naviguent entre Paris, Alger et La Havane.

Fondées en 1959, les éditions Maspero publient la revue *Partisans*. Son premier éditorial énonce un postulat : « Nous pensons que notre époque, et probablement toute la seconde moitié du XXᵉ siècle, sera dominée par ce phénomène gigantesque, brusquement inauguré en Chine : l'émergence du tiers monde. » Signé Vercors, ce texte joue sur les symboles, en convoquant un ancien de la Résistance au service des peuples du Sahel ou de la pampa. L'antifascisme, chez Maspero, lie les camps nazis, les camps de réfugiés espagnols de 1939, les camps français en Algérie ou les camps palestiniens. Un seul oubli : les camps soviétiques.

En 1968, *Partisans* (tirage 3 500 exemplaires, 450 abonnés) est remplacé par *Tricontinental*. La revue relaie les

---

1. Frantz Fanon, *les Damnés de la terre*, Maspero, 1961.

thèmes de l'Organisation tricontinentale de solidarité des peuples d'Afrique, d'Asie, d'Amérique latine, créée à Cuba en 1966. Entre 1959 et 1968, Maspero édite cent vingt livres sur le tiers monde [2]. Dans la collection « Cahiers libres », le Quartier latin lit Fidel Castro et Che Guevara. En 1965, le livre de Pierre Jalée, *le Pillage du tiers monde*, est salué comme une œuvre de référence : dans les lycées, les professeurs de géographie préparent leurs cours avec ce précis de la mauvaise conscience.

*

Le 26 juillet 1953, à La Havane, Fidel Castro et son frère Raul conduisent une attaque contre la caserne de la Moncada. L'opération est un échec. Emprisonnés, amnistiés un an plus tard, les deux frères s'exilent à Mexico. Là, ils révisent Marx et Lénine. Le 5 décembre 1956, à la tête d'une troupe armée, ils débarquent à Cuba. L'expédition est décimée. Dans la sierra Maestra, douze survivants prennent le maquis. Parmi eux, les frères Castro et un jeune médecin argentin : Ernesto Guevara.

Fidel Castro, Che Guevara : le couple mythique est formé.

Peu à peu la guérilla se renforce, alimentée par l'insatisfaction populaire. En 1959, la révolte des gueux est victorieuse. Le chef de l'Etat, Fulgencio Batista, prend la fuite. Castro s'intronise Premier ministre. Les opposants supprimés, les cohortes révolutionnaires sont unifiées au sein du Parti communiste. Le 1er mai 1961, Castro proclame Cuba « première république socialiste d'Amérique ». Une république dont il est le dictateur impitoyable. Impitoyable, mais d'une incompétence ubuesque. A la suite d'une série de plans conçus sur le modèle soviétique, quelques années

2. Claude Liauzu, *Intellectuels du tiers monde et intellectuels français*, in *la Guerre d'Algérie et les intellectuels français*, Complexe, 1991.

suffisent à ruiner l'économie de l'île. Bureaucratie, terreur politique, suppression des libertés civiques : Cuba devient un goulag tropical. En vingt ans, presque 10 % de la population seront contraints à l'exil.

A Paris, le *Lider maximo* a vite suscité des thuriféraires. Dès son accession au pouvoir, *Combat* dresse son panégyrique : « Il s'est fait le champion des pauvres et des opprimés. Le parallèle serait facile entre l'action de Fidel Castro et celle, au début du siècle, du Mexicain Pancho Villa. Cet homme au cœur pur n'a pas d'ambition personnelle. Il ne réclame rien pour lui-même. Il veut mettre en place un président honnête et il a choisi pour ce poste un homme intègre » (3 janvier 1959).

« Soyez cubains », recommande Sartre aux jeunes qui l'interrogent. Sa revue, *les Temps modernes*, fait beaucoup pour l'image de Castro en France. Généreusement accueillis à La Havane (jolies filles, cigares et rhum), journalistes et écrivains se bousculent. Défilent Jacques Lanzmann (*Viva Castro*, 1959), Jean-Paul Sartre et Simone de Beauvoir (en mars 1960, dans *France-Soir*, ils publient un reportage débordant de complaisance), Françoise Sagan (*l'Express*, août 1960), Claude Julien (*la Révolution cubaine*, 1961), Henri Alleg (*Victorieuse Cuba*, 1963), Robert Merle (*Moncada, premier combat de Fidel Castro*, 1965).

Pour les jeunes communistes, se rendre à La Havane constitue une récompense : le socialisme plus le soleil. Régis Debray, Roland Castro ou Bernard Kouchner ont cet honneur. Ce dernier, en 1963, rencontre Castro pour *Clarté*, le journal des étudiants communistes. Après les questions officielles, la discussion roule sans protocole. Dans l'interview imprimée à Paris, ce passage a malheureusement été omis :

« — Pourquoi n'organises-tu pas d'élections libres ?

— Ah, les élections ; ça a trop servi, c'est une saloperie [3] ! »

---

3. Cité par Hervé Hamon et Patrick Rotman, *Génération, 1. Les Années de rêve*, Seuil, 1987.

A vingt-trois ans, Régis Debray entreprend un long voyage à travers l'Amérique latine. En 1965, il s'installe à Cuba. Il y rédige *Révolution dans la révolution*, une théorie de la guérilla [4]. De la théorie à la pratique, il rallie la Bolivie : sur les hauts plateaux, Che Guevara organise des maquis. En avril 1967, Debray est capturé. Jugé à Camiri, il est condamné à trente ans de prison.

Le 9 octobre, pris avec ses dix-sept derniers compagnons, le Che a été exécuté par les forces de l'ordre. Mort, il entre dans la légende. Guevara est désormais cet apôtre laïc dont s'empare le romantisme révolutionnaire. Sa barbe et son béret, format poster, décorent la chambre de milliers d'adolescents. La nuit, fiévreux, ils dévorent les manuels de la collection « Combats » : *le Journal d'un guérillero*, *la Voix du maquis d'Amérique latine*, les *Ecrits et paroles* de Camilo Torrès, fondateur du Front uni du peuple colombien — tué comme Guevara.

A La Havane, Jean-Paul Sartre, Alain Robbe-Grillet et Jean-Jacques Pauvert participent, en janvier 1968, à un congrès international d'intellectuels. Thème : « Colonialisme et néo-colonialisme dans le développement culturel des peuples ». La résolution finale retentit comme une note triomphale : « C'est à Cuba et par le mouvement de la révolution cubaine que l'exigence communiste a retrouvé, en même temps qu'un centre vivant, sa puissance d'avenir » (*le Monde*, 7 janvier 1968).

Il n'y a pas que les ex-communistes à s'émerveiller du miracle cubain. Certains chrétiens se sentent une âme de *barbudos*. Par exemple *la Croix* : « Fidel Castro, depuis qu'il est à la tête du pays, n'a pas perdu cette passion d'écouter : on peut l'interrompre, le critiquer. Quand il parcourt le pays, ses ministres doivent l'attendre alors qu'il discute de l'élevage des porcs dans une ferme ou qu'il aide à la coupe de la canne à sucre »

---

4. Régis Debray, *Révolution dans la révolution*, Maspero, 1969.

(29 juillet 1970). Miracle : Fidel Castro est devenu un saint de vitrail.

« Libérez Régis Debray » : le slogan fleurit sur les murs de la Sorbonne. Depuis trois ans, intellectuels et militants font campagne pour obtenir l'élargissement du guérillero français. Amnistié en décembre 1970, il est libéré.

Avant de regagner Paris, Debray rend visite au nouveau président chilien, Salvador Allende. Pendant trois ans, ce socialiste mène une politique inspirée par le marxisme le plus dogmatique. Fraudes électorales, contrôle de l'information par l'Etat, afflux de milliers de guérilleros étrangers, échec économique (200 % d'inflation annuelle). Même si le blocus financier organisé par les Américains n'arrange rien, le pays est au bord du gouffre. Les camionneurs font grève, et les femmes manifestent en tapant sur des casseroles vides. En septembre 1973, dérogeant à sa tradition légaliste, l'armée chilienne se résigne au *golpe*.

Vingt ans durant, aux grandes consciences (« Santiago-sur-Seine », écrit *le Monde*), le général Pinochet fournira une belle figure de monstre. L'antifascisme, en l'occurrence, dispensera de toute réflexion sur la responsabilité portée par l'exemple cubain dans le maximalisme révolutionnaire pratiqué par Allende. « Le bouleversement émotif (et idéologique) causé en Amérique latine par la Révolution cubaine, remarque Carlos Rangel, fut sans aucun doute l'une des causes fondamentales de l'échec de l'expérience chilienne de Front populaire. S'il ne s'était pas senti obligé de " se montrer à la hauteur " de Fidel Castro et du Che, et surtout s'il n'avait pas eu sur sa gauche la pression des castristes et des guévaristes, il est probable que Salvador Allende serait encore vivant [5]. »

---

5. Carlos Rangel, *Du bon sauvage au bon révolutionnaire*, Robert Laffont, 1976.

En 1971, l'arrestation à La Havane de l'écrivain Heberto Padilla, la rétractation publique de ses crimes, autocritique digne de *l'Aveu*, commencent à ouvrir des yeux. Pour admettre que le paradis cubain cache un enfer, il faudra cependant du temps. En 1986, sorti des geôles de Castro, le poète Armando Valladares vient à Paris raconter son martyre : Saint-Germain-des-Prés lui manifeste une vague animosité. En 1989, l'essai de Jeannine Verdès-Leroux, *la Lune et le Caudillo* [6] — un bêtisier du castrisme français — est accueilli avec réprobation. En juillet 1999, cinq numéros du *Monde* contiennent un long reportage sur Cuba. C'est François Maspero, personnalité historique du tiers-mondisme, qui est retourné chez Fidel Castro. Ce qu'il a vu ? Misère, inertie, Etat policier, dollar-roi. Sa conclusion : « La Havane a pris toutes les apparences d'une ville du tiers monde. » Mais il y a quarante ans, La Havane était déjà une ville du tiers monde. Avec le communisme, Cuba a fait du sur-place. Néanmoins, Castro continue de bénéficier d'une étrange indulgence.

*

Août 1964. Dans le golfe du Tonkin, la flotte nord-vietnamienne attaque deux destroyers de l'US Navy. En représailles, les Américains lancent leur première opération aérienne. A partir de février 1965, les raids deviennent systématiques ; dès juin 1966, Hanoi est bombardé.

Depuis 1954, le 17e parallèle marque la frontière entre deux mondes. Au Viêtnam du Nord, Hô Chi Minh édifie une société communiste, puritaine et travailleuse. Au Sud, pays de la douceur de vivre, les pouvoirs se succèdent, plus ou moins corrompus :

---

6. Jeannine Verdès-Leroux, *la Lune et le Caudillo. Le rêve des intellectuels et le régime cubain*, l'Arpenteur, 1989.

l'empereur Bao Dai, Ngô Dinh Diêm (1955), le général Thieu (1965).

En 1960, les communistes ont fondé le Front national de libération du Viêtnam du Sud (FNL). Soutenu par le Nord, ce mouvement rebelle a déclenché une véritable guerre. Appelés en renfort, les Américains se sont engagés. Au printemps 1965, 23 000 Marines débarquent à Da-Nang. En 1969, 500 000 GI's se battront au Viêtnam.

Pour Washington, il s'agit de lutter contre le communisme autant que de défendre les intérêts américains en Asie du Sud-Est. A Phnom Penh, le 31 août 1966, le général de Gaulle prononce un discours resté célèbre : il y critique la politique américaine au Viêtnam. Affirmant qu'il ne peut y avoir de solution militaire, le président français appelle de ses vœux une paix sous contrôle international, garantissant l'indépendance des peuples indochinois.

Le Viêtnam du Sud était-il viable ? Le Viêtnam du Nord était-il invincible ? Les Américains avaient-ils la capacité matérielle et psychologique de gagner ce conflit ? Inépuisable débat. Mais pour certains intellectuels, il n'y a jamais eu matière à débat. Par principe, l'affaire était jugée : parce qu'il était communiste, le régime de Hanoi était seul légitime.

Pendant dix ans, la cause de l'Oncle Hô a tenu lieu de croisade à la Rive gauche.

A Paris, les premiers manifestes contre « l'impérialisme américain » récoltent les signatures de Jean-Paul Sartre, Simone de Beauvoir, Claude Autant-Lara, Pierre Cot, Laurent Schwartz, François Mauriac, Théodore Monod, Roger Garaudy, Picasso, Aragon, Elsa Triolet, Vercors, Jean Vilar : les pétitionnaires de la guerre d'Algérie...

A la tribune de la Mutualité, le 30 novembre 1966, Sartre prend la parole aux côtés d'Alfred Kastler — récent prix Nobel de physique —, de Laurent Schwartz, de Pierre Vidal-Naquet. Ces « Six heures pour le Viêtnam » ont été organisées par les dissidents de l'Union des étudiants communistes : Jean Schalit, Alain Krivine, Bernard Kouchner, Michel-Antoine Burnier. Infiltré par les trotskistes, leur comité Viêtnam national rivalise avec les comités Viêtnam de base, animés par les maoïstes. « US go home » : l'activisme contre l'engagement américain fouette l'énergie des groupes gauchistes.

Depuis la Première Guerre mondiale, lord Bertrand Russell, philosophe et mathématicien, se signalait aussi par ses proclamations pacifistes et antimilitaristes. En 1967, avec la flamme de ses quatre-vingt-quinze ans, l'aristocrate britannique réunit un « tribunal » inspiré de celui de Nuremberg. But : juger les « crimes de guerre » américains. Sartre en accepte la présidence. Il siège aux côtés de Simone de Beauvoir, Laurent Schwartz, Gisèle Halimi. Les séances ont lieu à Stockholm puis à Copenhague, de Gaulle ayant refusé qu'elles se tiennent à Paris. Les conclusions du tribunal Russell sont un réquisitoire contre les Américains : au Viêtnam, ils perpètrent un génocide.

Porte de Versailles, le 23 mars 1968, une Journée des intellectuels pour le Viêtnam se déroule en présence du ministre de la Culture du Viêtnam du Nord. On y exige « que soit reconnu au peuple vietnamien le droit de disposer de lui-même ». De meeting en manifestation, de pétition en manifeste, les mêmes noms reviennent (Sartre, Beauvoir, Kastler, etc.), les mêmes arguments : les Américains agressent un peuple innocent.

A la mort de Hô Chi Minh (1969), beaucoup prennent le deuil. Lors de l'offensive du Têt, en 1968, les régiments de Saigon ont lutté pied à pied, les milices catholiques ont pris leurs fusils. Mais ils ne sont pas le vrai peuple : ils ne sont que les valets de l'impérialisme américain. Les Vietnamiens, ce sont ceux du Nord : « Les Vietnamiens se battent pour tous les hommes, et les forces américaines contre tous », certifie Sartre [7].

---

7. Jean-Paul Sartre, *Situations VIII*, Gallimard, 1971.

Le Mal, ce sont les B-52, ce sont « les Bérets verts » — titre d'un film de John Wayne dont la sortie, en 1968, donne lieu à d'innombrables incidents. En ces années où la télévision et le photo-journalisme se développent, la force de l'image est mise au service de la propagande : témoin ce cliché poignant d'une enfant vietnamienne, brûlée par le napalm, courant nue sur une piste. Emotion unilatérale : les *bodoïs*, eux, ne prennent pas de photos de leurs victimes. Le 16 mars 1968, 120 GI's de la brigade d'infanterie légère tuent 500 paysans du village de My Lai : ce drame déchaîne une tempête mondiale, mais le lieutenant responsable de ce massacre est condamné par la justice américaine. Un mois auparavant, le Viêt-cong s'est emparé de l'ancienne capitale impériale, Hué. Il en est reparti en laissant 3 000 cadavres de civils, fusillés ou enterrés vivants. Leur crime, c'était l'anticommunisme : dans les rédactions occidentales, ce carnage laisse indifférent.

Le conflit se prolonge. Aux Etats-Unis, il suscite une contestation acharnée. Le président Johnson cherche une solution négociée. Ouverts à Paris en mai 1968, les pourparlers traînent cinq ans. Nixon, élu en 1969, retire les troupes américaines en renforçant l'armée sud-vietnamienne. Mais les communistes poursuivent leur offensive, forçant Washington à intervenir au Cambodge (1970) et à reprendre les raids aériens (1972).

Dans *le Monde* (9-10 juillet 1972) paraît un « appel contre les bombardements des digues du Viêtnam par l'aviation US » : « Si les digues se rompent cet été au Nord-Viêtnam, la responsabilité de ce génocide doit peser sur le président Nixon, de la même façon que s'il avait ordonné un bombardement atomique. » La liste des pétitionnaires habituels (Sartre, Beauvoir, Kastler, etc.) s'enrichit de signatures du monde du spectacle : Guy Bedos, César, Sami Frey, Yves Montand, Delphine Seyrig, Simone Signoret.

Début 1973, une manifestation est convoquée devant

l'ambassade américaine, à Paris, pour protester contre « le plus grand criminel de guerre de tous les temps » (*le Monde*, 9 janvier 1973). Ce criminel ramenant Hitler au rang d'amateur, c'est Richard Nixon. Une dizaine de jours plus tard, un télégramme collectif est envoyé au président américain : « Les Français soussignés désirent reprendre à leur compte la déclaration du Premier ministre Palme de Suède, comparant votre action à celle des nazis pendant la Deuxième Guerre mondiale » (*le Monde*, 21-22 janvier 1973). Pour avaliser une analyse aussi pondérée, outre les inévitables Sartre, Beauvoir et Kastler, on trouve Stéphane Audran, Jean-Louis Barrault, André Cayatte, Claude Chabrol, Jacques Demy, Marguerite Duras, Françoise Fabian, Juliette Gréco, Annie Girardot, Claude Lelouch, Michel Piccoli, Alain Resnais, Roger Vadim.

Un accord de paix est finalement signé à Paris, le 27 janvier 1973. Il est censé garantir l'indépendance du Viêtnam du Sud. Les Américains se retirent, laissant Saigon face à son sort.

Deux années s'écoulent. Au mépris de ses garanties, le Nord, appuyé par l'URSS et par la Chine, envoie constamment des renforts, par unités entières, au Gouvernement révolutionnaire provisoire (GRP), successeur du FNL. Fin 1974, Hanoi déclenche l'offensive finale contre le Sud. Le rouleau compresseur broie tout sur son passage. Confondant l'agresseur et l'agressé, 446 écrivains, journalistes, éditeurs, acteurs, artistes, chercheurs et universitaires signent une pétition, le 26 janvier 1975, réclamant « le respect des accords de Paris par les autorités de Saigon et de Washington » !

Trois mois plus tard, les chars communistes pénètrent dans Saigon. Le GRP, émanation théorique du peuple sud-vietnamien, se dissout sur place : il n'était que le fantoche de Hanoi. Au terme d'une campagne militaire toute classique, le Nord a envahi le Sud.

Ex-gauchiste, le journaliste Jacques Broyelle se souvient : « Sur la question du Viêtnam, nous ne nous somme jamais trompés (au sens classique de l'expression). Nous savions que c'était le communisme dont le FNL était porteur. Qu'il marchait la main dans la main avec le Nord. Et qu'on allait voir tout cela accoucher d'une dictature populaire [8]. »

Une dictature populaire : c'est donc cela, la liberté.

*

Le 1er octobre 1949, victorieux de Tchang Kai-chek qui fonde un gouvernement nationaliste dans l'île de Taiwan, Mao Tsé-toung proclame la République populaire de Chine. La vie politique et sociale passe sous le contrôle du Parti communiste : information, enseignement, économie. Des millions de « contre-révolutionnaires » sont internés — les uns exécutés, les autres envoyés en camps de rééducation. Le confucianisme est prohibé, le catholicisme décimé ou réduit à l'esclavage. Dans un discours de 1957, Mao reconnaîtra la liquidation de 840 000 personnes entre 1949 et 1954.

En 1950, les terres sont collectivisées : cette réforme agraire provoque une famine dont le bilan s'établit entre 2 et 5 millions de victimes. Mao inaugure ensuite la « campagne des Cent Fleurs ». Si massives sont les critiques à l'encontre du régime que le gouvernement donne un brusque coup d'arrêt à cette illusion de liberté. Par milliers, intellectuels, fonctionnaires ou cadres de l'industrie sont arrêtés. En 1958, le VIIIe congrès du Parti communiste fixe à la Chine l'objectif suivant : « Rattraper et dépasser la Grande-Bretagne en quinze ans ». Ce « Grand Bond en avant » se traduit par une collectivisation totale. Propriété, travail, vie privée, tout appartient à l'Etat. Sur le plan économique, c'est une catastrophe : entre 1959 et 1962, la famine entraîne la mort de 20 à 43 millions de Chinois.

En 1958, devant l'opposition suscitée par ses directives,

---

8. Hervé Hamon et Patrick Rotman, *Génération, 2. Les années de poudre*, Seuil, 1988.

Mao Tsé-toung doit céder à Liu Shaoqi le poste de chef de l'Etat. En 1966, après plusieurs années de traversée du désert, il reprend le pouvoir. Derrière lui, l'armée et la jeunesse, totalement embrigadée.

Le 18 août 1966, Mao décrète la « Révolution culturelle » : une Chine nouvelle est à construire. Les gardes rouges — des adolescents fanatisés — sont lâchés par bandes, à Pékin et dans tout le pays. Ils ont pour consigne de faire table rase. Tout ce qui vient d'Occident constitue leur première cible : maisons bourgeoises, vêtements européens. Puis leur fureur barbare se déchaîne contre l'antique civilisation chinoise : lettrés torturés à mort, bibliothèques brûlées, monuments pillés, temples détruits. Tous ceux qui manifestent la moindre résistance sont assassinés. Cette guerre civile qui ne dit pas son nom se solde par 5 millions de morts.

Mao est maître de la Chine. Sur la place Tienanmen, des dizaines de milliers de jeunes, uniformément habillés, défilent en chantant *l'Orient est rouge*. Ils brandissent un recueil qu'ils débitent par cœur : les *Citations du président Mao Tsé-toung*.

A Paris, ce Petit Livre rouge est traduit en mars 1967. Des milliers d'illuminés se plongent dans ce tissu de niaiseries, emblème d'un des systèmes les plus criminels de l'histoire. La farce sinistre du maoïsme français entre en scène.

Août 1967. Robert Linhart, Jacques Broyelle, Jean-Pierre Le Dantec et Christian Riss sont les hôtes du Parti communiste chinois. On leur fait visiter des usines, où ils s'extasient devant les machines-outils. Des quatre Français, trois sont normaliens, l'autre est centralien. Des garçons brillants, mais hypnotisés.

Pékin, en 1960, a rompu avec Moscou. A Paris, c'est dans les cercles gauchistes, nés de la dissidence avec le Parti communiste, que s'est épanouie la fascination pour la Chine populaire. Cet envoûtement durera quinze ans.

Sur le plan vestimentaire, Cardin crée la mode Mao. Sur le plan intellectuel, pour préparer la révolution, le dernier chic est de s'inspirer du modèle pékinois. De 1971 à 1976, *Tel Quel*, créé en 1960 par Philippe Sollers, offre une tribune à la pensée Mao Tsé-toung. En 1971, la revue fait paraître un épais volume de la députée communiste italienne Maria-Antonietta Macciocchi : *De la Chine*. Six cents pages d'exaltation de la Révolution culturelle : « Mao Tsé-toung est essentiellement antidogmatique et antiautoritaire. Il donne à l'initiative des masses la primauté sur les appareils, il insiste sur les principes d'égalité, il répète que le Parti ne peut se substituer aux masses et que les masses doivent se libérer elles-mêmes [9]. » Le livre est accueilli avec ferveur : en Chine, Sollers voit « espoir et confirmation pour les révolutionnaires du monde entier » (*Tel Quel*, printemps 1972).

De même que les staliniens se rendaient en URSS, les maoïstes pèlerinent en Chine. En 1974, l'équipe de *Tel Quel* prend l'avion. Roland Barthes, Philippe Sollers, Marcelin Pleynet, François Wahl et Julia Kristeva sont du voyage. Ils en reviennent enthousiasmés : « Chez Mao Tsé-toung, jure Sollers, matérialisme et dialectique arrivent à un degré jamais constaté de précision, d'efficacité, de clarté » (*Art Press*, n°2, 1974). Et de conclure : « La vision du monde religieuse et idéaliste qui a toujours été celle de tous les exploiteurs a un seul ennemi sérieux actuellement : la Chine » (*Tel Quel*, automne 1974).

Roland Barthes, lui aussi, est bouleversé : « la Chine est paisible », a-t-il constaté (*le Monde*, 24 mai 1974). Quelques mois plus tard, il tire un ouvrage de ses souvenirs : « De temps en temps quelques gorgées de thé, une cigarette légère, la parole prend ainsi quelque chose de silencieux, de pacifié (comme il nous a semblé que l'était le travail dans les ateliers que nous avons visités) [10]. »

---

9. Maria-Antonietta Macciocchi, *De la Chine*, Seuil, 1971.
10. Roland Barthes, *Alors la Chine ?* Christian Bourgois, 1975.

Pas une seule fois ces panégyristes ne se demandent si les Chinois — comme naguère les Soviétiques — ne leur ont pas montré que ce qu'ils veulent bien leur montrer. En 1974, dans *Ombres chinoises*, Simon Leys livre un tableau grinçant des « commis voyageurs du maoïsme », raillant le « théâtre d'ombres mis en scène pour eux par les autorités maoïstes [11] ». Mais la voix de cet éminent sinologue est noyée dans le concert d'éloges qui ne cesse de retentir sur le régime de Pékin.

La Chine réelle, c'est une société transformée en fourmilière, encadrée par le Parti, l'armée et la police, tout rebelle étant promptement exécuté ou expédié au *laogai* — le goulag chinois. Corse de mère chinoise, Jean Pasqualini a passé sept années dans les prisons de Mao. En 1975, dans un document qui glace le sang [12], il a beau décrire cet univers concentrationnaire, les rêveurs occidentaux reviennent de Pékin avec des clichés idylliques : leur Chine est imaginaire.

Témoin cet article du correspondant du *Monde* à Pékin, Alain Bouc : « Notre Occident a jeté les bases bibliques de la libération de l'homme. Moyennant l'idéologie marxiste-léniniste revue et corrigée, Mao Tsé-toung a, à sa façon, libéré son peuple socialement et politiquement. On ne peut certes que regretter que cette libération spectaculaire n'ait pas su faire sa place au levain chrétien et que les messagers de l'Evangile — même autochtones — aient été bâillonnés. Mais on ne saurait oublier ni les erreurs et les fautes des chrétiens dans les pays de mission, ni que la Chine ne fut jamais, à proprement parler, une terre religieuse. Au reste, le marxisme est en quelque sorte un surgeon de souche chrétienne » (*le Monde*, 16-17 novembre 1975). Les chrétiens de Chine, s'ils avaient pu le lire, auraient sans doute été réjouis par cet apologue. A l'exception,

---

11. Simon Leys, *Ombres chinoises*, 10/18, 1974.
12. Jean Pasqualini, *Prisonnier de Mao*, Gallimard, 1975.

peut-être, des quelques milliers d'entre eux qui ont été assassinés.

Ces dithyrambes recevront une consécration venue de haut. A la mort de Mao, le 9 septembre 1976, le Grand Timonier est qualifié de « phare de la pensée humaine ». L'éloge vient de Valéry Giscard d'Estaing, président de la République française.

Jacques Broyelle et sa femme Claudie, qui ont cru à l'éden maoïste, ont confessé leur erreur : « Nous sommes si nombreux, gauchistes, gaullistes, giscardiens, socialistes, chrétiens de toutes chapelles — et la liste n'est pas close — à nous être trompés sur la Chine [13]. »

*

En 1976, un universitaire français, Gérard Chaliand, dresse le premier bilan critique, vu de gauche, de l'idéologie tiers-mondiste [14] : dix ans plus tôt, chez Maspero, il publiait des brûlots anticolonialistes. Dans les années 1980, Médecins sans frontières ou Médecins du monde volent au secours du tiers monde livré à lui-même : quinze ans plus tôt, leurs fondateurs étaient gauchistes. En 1985, le géographe Yves Lacoste appelle à sauver le tiers monde du tiers-mondisme [15] : vingt ans plus tôt, lui aussi croyait au salut par le tiers monde.

Pascal Bruckner est un ancien de Mai 68. En 1983, il bouscule ses amis dans un essai où il brocarde les intellectuels qui, constatant la révolution impossible en

---

13. Jacques et Claudie Broyelle, « Lettre ouverte de deux anciens maoïstes à Monsieur le Président de la République », *Le Quotidien de Paris*, 2 mai 1983.

14. Gérard Chaliand, *Mythes révolutionnaires du tiers monde*, Seuil, 1976.

15. Yves Lacoste, *Contre les anti-tiers-mondistes et contre certains tiers-mondistes*, La Découverte, 1985.

Occident, la vivaient par procuration dans le tiers monde. Dénonçant notre prétendue culpabilité collective, il pose une question. Une question restée sans réponse : « Quand l'ONU inscrira-t-elle l'antioccidentalisme et le racisme antiblanc au rang des crimes contre l'humanité [16] ? »

---

16. Pascal Bruckner, *le Sanglot de l'homme blanc*, Seuil, 1983.

5

IL EST INTERDIT D'INTERDIRE

L'air est tiède en ce 22 juin 1963. C'est l'été. Daniel Filipacchi fête le premier anniversaire de *Salut les copains*. Le succès de ce journal, lancé à l'intention des *teenagers*, l'a surpris lui-même. Tirage : un million d'exemplaires. Tous les jours, sur Europe n° 1, Filipacchi anime une émission qui porte le même nom que son magazine : « SLC, Salut les copains ». Allumant leurs transistors en rentrant du lycée, des milliers d'adolescents écoutent Johnny Hallyday, Sylvie Vartan, Richard Anthony. « Tous les garçons et les filles de mon âge savent bien ce que c'est d'être heureux », chante Françoise Hardy.

Ils sont nombreux, les garçons et les filles, en cette nuit du 22 juin 1963. « SLC » les a invités à un concert gratuit, place de la Nation. Filipacchi en attendait 20 000, 30 000 au plus. Quand Johnny monte sur le podium, ils sont 150 000 à hurler leur joie. En se déhanchant sur des rythmes venus d'Amérique, ils se repassent *la Fureur de vivre*.

Avec la « génération yé-yé » (Edgar Morin), la France découvre avec surprise l'étrange tribu qu'elle abrite en son sein : la jeunesse. Les enfants du *baby boom* ont quitté le berceau. Ils ont grandi. Aux portes de la cité, ils se pressent, nombreux, avides, impatients.

En 1954, 140 000 étudiants fréquentaient l'Université et les grandes écoles. En 1962, ils sont 250 000. En 1968,

500 000. Cette explosion des effectifs s'accompagne d'un redéploiement social. Avant-guerre, l'Université formait les fils de la bonne bourgeoisie, qui devenaient médecins ou notaires. Aujourd'hui, les enfants d'ouvriers ou d'agriculteurs restent rares, mais la classe moyenne accède massivement à l'enseignement supérieur. Et la population étudiante se féminise. 30 % des inscrits à l'université de Paris sont boursiers. Presque un sur deux pratique un job afin de payer ses études. Le recrutement s'est élargi, les filières se sont diversifiées : en 1956, le total des étudiants en lettres ou en sciences a dépassé le nombre des juristes ou des carabins.

L'Union nationale des étudiants de France (Unef) a été constituée en 1946. A l'origine, cette confédération possède un monopole syndical, mais représente un éventail politique complet. Même si sa charte fondatrice marque une rupture avec le style « corpo », en définissant l'étudiant comme un « jeune travailleur intellectuel », le bureau national est contrôlé par la droite (les « majos »). La guerre d'Algérie provoque le virage de l'Unef. La réquisition du contingent bénéficie à la gauche, en faisant de la question des sursis un objet de discorde. En 1956, les « minos » deviennent majoritaires. Bastion de droite avant-guerre, le Quartier latin a basculé à gauche.

L'Unef s'arrime aux combats idéologiques du moment. Lors de son congrès de 1960, elle réclame des négociations avec le FLN. A la Mutualité, elle tient un retentissant meeting contre l'action de l'armée en Algérie. En 1961, refusant cette dérive, la minorité de droite fonde une association concurrente, la Fédération nationale des étudiants de France.

En 1962, plus d'un étudiant sur deux est néanmoins adhérent de l'Unef. C'est à cette date que les chrétiens de gauche sont évincés du bureau national : une frange plus radicale encore y prend le pouvoir.

Parmi ses membres, ceux qui ont milité très jeunes

ont porté les valises du FLN. Tous ont lu Marx et Lénine. Ils communient dans le culte de Fidel Castro et de Che Guevara, de Mao et de Hô Chi Minh. Vers 1963-1965, membres du Parti, ils militent à l'Union des étudiants communistes, écrivent dans *Clarté*. Pendant trente ans, ils vont jouer un rôle. Citons leurs noms : Serge July, Jean-Louis Péninou, Marc Kravetz, Frédéric Bon, Michel-Antoine Burnier, Bernard Kouchner, Roland Castro, Régis Debray, Alain Krivine, Henri Weber.

Une génération bouillante, nerveuse. Trop bouillante pour se satisfaire de la terne discipline des communistes français, trop nerveuse pour être tolérée par la monolithique direction du Parti. Entre 1965 et 1966, ils conservent la haute main sur l'Unef, mais sont exclus de l'Union des étudiants communistes. Certains s'engagent derrière Krivine, déjà trotskiste, qui lance la Jeunesse communiste révolutionnaire. D'aucuns participent à la fondation de l'Union des jeunesses communistes marxistes-léninistes, un groupement maoïste. D'autres encore observent une pause, dans l'attente d'ils ne savent quoi.

Ils n'attendront pas longtemps.

Novembre 1966. Une brochure tirée dans le local de l'Unef de Strasbourg fait le tour de la France : *De la misère en milieu étudiant, considérée sous ses aspects économiques, politiques, psychologiques, sexuels et notamment intellectuels et de quelques moyens pour y remédier*. Le texte émane des « situs ». A la fois revue et mouvement, l'Internationale situationniste offre un cocktail de surréalisme, de marxisme et d'anarchisme. Peu nombreux sont ceux qui comprennent l'hermétique Guy Debord, fondateur du situationnisme. Il faudra vingt ans pour que son décryptage de « la société du spectacle » prenne son sens [1]. Raoul Vaneigem est un autre gourou des situationnistes. Son *Traité de*

---

1. Guy Debord, *La société du spectacle*, Buchet-Chastel, 1967.

savoir-vivre à l'usage des jeunes générations, publié en 1967, contient cette profession de foi : « Le parti pris de la vie est un parti pris politique. Nous ne voulons pas d'un monde où la garantie de ne pas mourir de faim s'échange contre le risque de mourir d'ennui. »

Peut-être le situationnisme, un peu farce, n'est-il alors qu'une école pour amateurs de formules, comme celles qui émaillent la brochure de Strasbourg : « L'humanité ne sera vraiment heureuse que le jour où le dernier bureaucrate aura été pendu avec les tripes du dernier capitaliste » ; « Vivre sans temps morts et jouir sans entraves » ; « Changer la vie ». Mais dans ces trouvailles verbales, entre provocation individuelle et révolution sociale, on trouve déjà les idées de Mai.

« Ce qui caractérise actuellement notre vie publique, c'est que la France s'ennuie. » Ce diagnostic est porté par Pierre Viansson-Ponté, dans *le Monde* du 15 mars 1968.

La France s'ennuie, sa jeunesse aussi. Un malaise étudiant se fait jour, qui procède de causes réelles : sur-effectifs, installations inadaptées, système mandarinal caduc, absence de débouchés. L'Université forme des étudiants en vase clos, selon un mode de fonctionnement qui n'a guère varié depuis Napoléon. Un formalisme abusif et un centralisme jacobin corsètent trop souvent la société française. Jetés dans cet univers, les jeunes, à qui les Trente Glorieuses n'offrent qu'un idéal économique, ont le sentiment d'étouffer. Chercher un sens à la vie, à quinze ou vingt ans, ce n'est pas seulement du romantisme : c'est un besoin profond. « On ne tombe pas amoureux d'un taux de croissance », lira-t-on bientôt sur les murs du Quartier latin. Qui oserait aller contre une telle protestation ?

Par malheur, cette jeunesse va être prise en otage. La génération yé-yé, noyant dans le rock les dures nécessités de la trilogie métro-boulot-dodo, ne s'occupe pas de politique. Mais la politique va la rejoindre. Anarchistes, trotskistes et maoïstes fourbissent leurs armes pour le Grand Soir. Il n'aura pas lieu. Mais un mois de fête folle va procurer au gauchisme une masse de manœuvre, et pour des années une emprise sur les esprits.

*

Tout commence à Nanterre. Cette faculté a été ouverte en 1964, afin de faire face à la croissance des effectifs dans la capitale. L'héroïne de *la Chinoise* est inscrite ici : tourné en 1967, le film de Godard raconte l'histoire d'une jeune bourgeoise qui se convertit au maoïsme. Nanterre, à l'époque, c'est loin. C'est aussi le plus vaste bidonville de la région parisienne. Un lieu de fermentation.

Le 8 janvier 1968, le ministre de la Jeunesse et des Sports, François Missoffe, inaugure la piscine du campus. Un étudiant l'apostrophe : « J'ai lu votre Livre blanc sur la jeunesse. Six cents pages d'inepties ! Vous ne parlez pas des problèmes sexuels des jeunes. » Ce rouquin fera parler de lui : il s'appelle Daniel Cohn-Bendit. Il s'est imposé comme un leader parmi la bande qui entretient une agitation incessante à Nanterre. Dernière revendication en date : le droit pour les garçons de pénétrer dans la résidence des filles.

A la suite d'un raid contre le siège de l'American Express, des militants trotskistes sont arrêtés. Pour réclamer leur libération, les locaux administratifs de Nanterre sont occupés le 22 mars. Cohn-Bendit prend la tête des opérations. La faculté paralysée, les contestataires créent un symbolique Mouvement du 22 mars. Le 2 mai, Nanterre est fermée. Le lendemain, en signe de solidarité avec les huit Nanterrois convoqués devant le conseil de discipline (dont Cohn-Bendit), un rassemblement se tient dans la cour de la Sorbonne. Réquisitionnée par le doyen, la police évacue le bâtiment. Subitement, le feu prend aux poudres. Le Quartier latin grouille de manifestants, et la soirée vire à l'émeute. Les meneurs étudiants et le président du Sne-Sup, Alain Geismar, décrètent la grève générale.

Le mouvement est parti. Le 6 mai, le 7 mai, le 10 mai, nouvelles émeutes. Les insurgés se croient en 1848 : ils érigent des barricades. Afin de calmer le jeu, le Premier ministre, Georges Pompidou, décide la réouverture de la Sorbonne. Pendant deux semaines, un *happening* permanent se déroule dans l'antique bâtiment. Dans les amphithéâtres bondés, sales et enfumés, s'éternisent des débats confus. A deux pas du tombeau de Richelieu, chaque confrérie marxiste diffuse ses tracts et ses brochures, à l'enseigne de Lénine, Trotski ou Mao. C'est l'ère des slogans, et des affiches dessinées aux Beaux-Arts : « Sous les pavés, la plage » ; « Il est interdit d'interdire » ; « Soyons réalistes, demandons l'impossible ». Investi à son tour, l'Odéon offre lui aussi un défouloir au délire du moment. Jean-Louis Barrault, le maître des lieux, tonitrue devant son parterre : « Barrault n'est plus le directeur de ce théâtre, mais un comédien comme les autres. Barrault est mort. »

Le Parti communiste et la CGT ont vite compris le bénéfice à tirer de ce gigantesque monôme. Non point une révolution à laquelle ils ne croient pas, mais des avantages très concrets : des sous. Ils organisent un immense défilé le 13 mai, puis plongent la France dans la grève. Plus de métro, plus de train, plus de télévision, plus de journaux, plus d'essence, plus de sucre dans les épiceries. Six millions de grévistes. Si les étudiants singent 1848, les ouvriers, drapeaux rouges sur le toit des usines, rejouent 1936. En deux jours (25-27 mai), la négociation de Grenelle abandonne aux syndicats les augmentations revendiquées — même si la base rechigne, car elle aurait voulu plus.

Les enragés, eux, ne baissent pas les bras. Le 24 mai, une nuit des barricades enflamme de nouveau Paris (au sens propre : une escouade conduite par Alain Geismar et Serge July tente de mettre le feu à la Bourse). Le dénouement approche cependant. Au stade

Charléty, Mitterrand se porte volontaire pour l'Elysée, mais de Gaulle, de retour de Baden-Baden, s'est ressaisi. Le 30 mai, à la radio, il prononce un discours sur le ton des grands jours, et dissout l'Assemblée. Sur les Champs-Elysées, la foule des conservateurs respire. Le 30 juin, au deuxième tour des élections législatives, la droite dispose d'une Chambre introuvable.

En apparence, la fête est finie.

*

Les masses populaires n'étaient pas au rendez-vous de la révolution. Les étudiants non plus : sur un demi-million d'inscrits, quelques milliers ont pris part aux événements. Mais les mythes ont la vie dure : « La question n'est plus de savoir si la révolution peut s'accomplir et si le plus grand nombre la souhaite, mais quand et sous quelle forme elle s'accomplira. » Cette prophétie est d'Hervé Bourges (le futur patron de TF1, puis du Conseil supérieur de l'audiovisuel), préfaçant la prose des leaders de Mai [2].

Le gauchisme n'est pas mort. Au contraire, son apogée est à venir. Jusqu'au milieu des années 1970, il domine la scène, s'essoufflant à prolonger l'atmosphère haletante du printemps 68. Inusable, le marxisme-léninisme reste la pensée de référence — jusqu'à la théorie de la dictature du prolétariat : « Au pouvoir spécial de répression de la majorité par la minorité, avertissent Alain Geismar et Serge July, s'oppose le pouvoir spécial de répression de la minorité par la majorité [3]. »

La littérature révolutionnaire fleurit aux étals des libraires. Pour quelques francs, on se procure Lénine, Trotski, Mao ou Fidel Castro. Les sociologues annoncent le grand chambardement : Serge Mallet, *la*

---

2. Jacques Sauvageot, Alain Geismar, Daniel Cohn-Bendit, Jean-Pierre Duteuil, *la Révolte étudiante. Les animateurs parlent*, Seuil, 1968.

3. Alain Geismar, Serge July et Erlyne Morane, *Vers la guerre civile*, Denoël, 1969.

Nouvelle Classe ouvrière ; Bernard Lambert, *les Paysans dans la lutte des classes* ; Frédéric Bon et Michel-Antoine Burnier, *Classe ouvrière et Révolution* ; Gilles Martinet, *les Cinq communismes*.

Le 12 juin 1968, onze formations gauchistes ont été dissoutes par le Conseil des ministres. Sous d'autres noms, elles ne tardent pas à se reconstituer. Un foisonnement de mouvements, où divergences idéologiques et rivalités personnelles provoquent scissions et sous-scissions. En 1969, qui se sent l'humeur trotskiste a l'embarras du choix : Ligue communiste, Organisation communiste internationale, Lutte ouvrière, Révolution, Alliance marxiste révolutionnaire, Tendance marxiste révolutionnaire, Parti communiste révolutionnaire. Mais qui se préfère maoïste n'est pas dépourvu : Gauche prolétarienne, l'Humanité rouge, Vive la Révolution, Ligne rouge, Cercles communistes, Groupes marxistes-léninistes, Union des communistes français, Front rouge. Sans oublier le Comité communiste Enver-Hoxha, le Comité communiste Joseph-Staline ou le Parti communiste international.

On sourit, mais la réalité ne prête pas à rire : rigides, violents et doctrinaires, ces groupes s'avèrent plus staliniens que Staline. Discipline de fer, réflexes de clandestinité, autocritiques, vie privée soumise à l'organisation : un syndrome de secte.

Le service d'ordre de la Ligue communiste est une milice à qui ne manquent que les armes. Le 1er mai, tenus à l'écart, les gauchistes défilent sous leurs propres bannières. Et des milliers de jeunes, derrière Krivine, bondissent sur le pavé de la capitale en scandant « Hô, Hô, Hô Chi Minh ! Che, Che Guevara ! ». En mars 1973, la Ligue encadre 80 000 manifestants mobilisés, entonnoir sur la tête, contre la loi Debré sur les sursis militaires — le porte-parole des lycéens parisiens, membre de la Ligue, est un certain Michel Field.

Le 4 mars 1972, 400 000 personnes (selon les organisateurs) accompagnent au Père-Lachaise la dépouille de Pierre Overney. Ce militant maoïste de vingt-trois ans a été abattu d'un coup de feu, à Billancourt, par un vigile de chez Renault. Les nerfs du gardien ont craqué, mais la stratégie gauchiste a conduit à ce drame. Comme tous ses camarades, Overney ne désespérait pas d'arracher la classe ouvrière à la tutelle communiste. Le seul moyen dont ils disposaient, c'était la surenchère dans la violence et l'activisme.

Si le pillage de Fauchon, en 1970, relève du brigandage sans effusion de sang, les maos multiplient les actions criminelles : opérations commando, séquestrations, « tribunaux populaires ». Le groupe Nouvelle Résistance populaire, dirigé par Olivier Rolin, frôle la marge du terrorisme. Dans son hebdomadaire, *la Cause du peuple*, la Gauche prolétarienne tient un langage de guerre civile : « Sale classe de patrons, tu ferais bien de faire attention à toi ! Et quand nous le voudrons, tous unis, on vous séquestrera, on vous crachera dans la gueule et on vous pendra ; par les pieds d'abord ; et si vous n'avez pas compris, par le cou » (31 octobre 1969). En 1970, le mouvement est dissous. Les animateurs de *la Cause du peuple*, Jean-Pierre Le Dantec et Michel Le Bris, passent au tribunal pour « appel au meurtre, au vol et à l'incendie ». Incarcéré au même moment, Alain Geismar est jugé pour « provocation directe à la violence et voies de fait sur des agents de la force publique ».

Toujours prêt à partir en campagne, Jean-Paul Sartre prend la direction du brûlot maoïste. Sur les grands boulevards, il vend *la Cause du peuple* en compagnie de Madame de Beauvoir. A la porte de l'usine de Billancourt, il harangue les travailleurs, juché sur un tonneau. Ceux qui douteraient de sa sincérité sont rassurés en lisant l'interview qu'il accorde à *Actuel*, le 28 février 1973 : « Un régime révolutionnaire doit se débarrasser d'un certain nombre d'individus qui le menacent, et je ne vois pas d'autres moyen que la mort. On peut toujours sortir d'une prison. Les révolutionnaires de 1793 n'ont probablement pas assez tué. »

Au cours de ces années, l'ébullition est permanente,

au point que *le Monde* crée une rubrique « agitation ». A Paris, la police est omniprésente. Constamment sous pression, confrontées à une tenace haine antiflics, les forces de l'ordre ne font pas toujours preuve de délicatesse. C'est le moment où naît l'expression « bavure policière ». Les incidents de ce type existent, certes, et déchaînent les pétitionnaires (voir l'affaire Jaubert, ce journaliste tabassé dans un car de police, en 1971). En revanche, quand un gendarme mobile perd un œil après avoir reçu un pavé ou un boulon en plein visage, est-ce une « bavure » ? Non, c'est la juste lutte du peuple : son sort n'émeut personne. Dans son bureau de la place Beauvau, de 1968 à 1974, Raymond Marcellin est l'homme le plus exécré de France : « Le fascisme d'aujourd'hui ne signifie plus la prise du ministère de l'Intérieur par des groupes d'extrême droite, mais la prise de la France par le ministère de l'Intérieur », grince André Glucksmann, en 1971, dans un éditorial de *J'accuse*.

Ultra-minoritaires, les gauchistes n'en sont pas moins maîtres des lycées et facultés, où ils bénéficient de l'indulgence ou de la complicité d'une bonne partie du corps enseignant. De 1968 à 1975, c'est là que s'étend leur empire — les tentatives maoïstes d'implantation en usine ayant échoué. Dans des lycées où les élèves ne s'alignent plus en rang, où on ne se lève plus à l'arrivée du professeur, où les punitions ne tombent plus ; dans des facultés où des assemblées générales sont convoquées sous n'importe quel prétexte, où la grève des cours se décrète pour rien, où affiches et graffitis recouvrent les couloirs, une génération est prisonnière des hallucinations de l'époque.

« Avoir été gauchiste en 1970, soulignent Hervé Hamon et Patrick Rotman, c'est un peu l'équivalent d'avoir été communiste en 1950 [4]. » Mais quand la jeunesse tousse, la France éternue. Les gauchistes

---

4. Hervé Hamon et Patrick Rotman, *Les Intellocrates*, Ramsay, 1981.

prétendaient lever la chape de plomb du Parti communiste. Illusion. Appliquant un mode de fonctionnement similaire, c'est à leur tour d'exercer leur hégémonie idéologique.

*

L'après-Mai, en premier lieu, consiste en la remise en cause systématique des fondements de la société. Nation, Etat, famille, école, entreprise, armée, Eglises, tout est matière à démolition.

Chez les intellectuels, cet exercice s'effectue au moyen d'un instrument conceptuel : le structuralisme. Louis Althusser loue le « noyau scientifique irrécusable » du marxisme, Jacques Derrida « déconstruit », Roland Barthes accuse la langue d'être « fasciste », Jacques Lacan couche la Rive gauche sur son divan, Michel Foucault, Gilles Deleuze et Félix Guattari réhabilitent la folie. Appuyée sur la trinité des « philosophes du soupçon » (Marx, Nietzsche et Freud), pimentée de la grille psychanalytique de Herbert Marcuse, la pensée 68 pulvérise tout. Ce ne sont pas seulement les individus qui sont saisis par cette maladie, mais aussi les institutions. Particulièrement dans le domaine de la culture. Le ministre des Affaires culturelles, Maurice Druon, déclenche un beau tollé médiatique, en 1973, en plaçant les contestataires devant leurs contradictions : « Les gens qui viennent à la porte de ce ministère avec une sébille dans la main et un cocktail Molotov dans l'autre devront choisir. »

Le prurit n'épargne personne : on voit des fonctionnaires ennemis de l'Etat, des officiers antimilitaristes, des patrons partisans de l'autogestion, des professeurs qui cherchent à renverser l'école, des parents qui renoncent à élever leurs enfants, des peintres qui veulent détruire l'art. Et des prêtres qui veulent transformer l'Eglise.

En lançant Echanges et dialogue, en 1968, l'abbé Robert Davezies, un ancien porteur de valises,

revendique le droit de prendre « des engagements politiques, syndicaux ou autres ». A gauche, bien entendu.
Le R.P. Cardonnel, un dominicain, se donne pour mission de métamorphoser le christianisme en doctrine
révolutionnaire. En 1970, il dépose au procès de *la
Cause du peuple*, puis fait partie, avec Georges
Montaron, directeur de *Témoignage chrétien*, des fondateurs du Secours rouge, créé par la Gauche prolétarienne afin de venir en aide aux maoïstes emprisonnés.
En 1971, l'Action catholique universitaire déclare :
« Nous pensons aujourd'hui que l'Université et la
société ne sont pas réformables : toute lutte et tout
projet ne s'insérant pas dans une remise en cause globale du système capitaliste renforcent la logique de ce
système qui reste fondamentalement aliénant. » En
1972, le père Marc Oraison réussit un succès de librairie avec son essai sur *le Mystère humain de la sexualité*.
L'auteur s'était déjà signalé, en 1966, en protestant
contre l'interdiction du film de Jacques Rivette,
la Religieuse, œuvre dont le secrétariat d'Etat à
l'Information estimait qu'elle pouvait « heurter grave-
ment les sentiments et les consciences d'une très large
partie de la population ».

Inénarrable page d'histoire que celle des chrétiens
marxistes des années 1970 ! Il reste qu'elle n'est pas
seulement acecdotique : toute une génération du clergé
français a été imprégnée par leurs idées. Ce phénomène,
greffé sur une crise générale de l'Eglise, a bouleversé le
catholicisme en France, accélérant la déchristianisation
du pays. Les conséquences sociologiques apparaîtront
plus tard.

« Il est interdit d'interdire. » La célèbre devise
exprime l'essence philosophique de la pensée 68 : un
individualisme radical. Toute autorité est contestable.
Toute contrainte est suspecte. La morale, les structures
sociales, les traditions, la culture classique sont considérées comme asservissantes. Ce qui compte, c'est
d'assouvir les exigences de chacun. Un seul idéal : « se

réaliser », en ne reculant devant aucun tabou. Plus de normes objectives du bien et du mal : la notion de faute se vide de son contenu. Ce n'est pas le délinquant qui est coupable, c'est la société.

Mai 68 élargit la thématique antifasciste. Tout ce qui menace ou fait obstacle aux pulsions personnelles devient la marque du « fascisme » ou — on ressort le terme cher aux radicaux de la IIIe — de « la réaction ». « A bas la répression », tempête le soixante-huitard, persuadé que le fascisme, comme le loup, rôde au coin du bois. Fasciste l'Etat, fasciste le flic (« CRS, SS »), fasciste le gardien de prison, fasciste le chef d'entreprise, fasciste le professeur qui brave la grève, fasciste le père qui ne démissionne pas de son autorité, fasciste celui qui dénonce la drogue. L'antifascisme n'est plus qu'un fantasme convoqué en n'importe quelle occasion. En 1970, président du Groupe d'information sur les prisons, Michel Foucault lance un cri de bête traquée : « Nul de nous n'est sûr d'échapper à la prison. Aujourd'hui moins que jamais. Sur notre vie de tous les jours le quadrillage policier se resserre : dans la rue et sur les routes ; autour des étrangers et des jeunes ; le délit d'opinion est réapparu ; les mesures anti-drogues multiplient l'arbitraire. Nous sommes sous le signe de la garde à vue. »

La famille n'est pas là pour enseigner des règles de vie, mais pour acquiescer aux volontés de l'enfant : plus de censure. L'école n'a pas pour fonction de transmettre un savoir, mais d'assurer l'épanouissement de l'élève : plus de par-cœur, pas d'astreintes. Adulte ou jeune, maître ou disciple sont des concepts archaïques : pas de hiérarchie, il n'y a plus que des égaux. Ainsi Sartre prône-t-il l'élection des professeurs par les étudiants, et la participation des étudiants aux jurys d'examen : « Cela suppose que chaque enseignant accepte d'être jugé et contesté par ceux auxquels il enseigne » (*le Nouvel Observateur*, 19 juin 1968).

Dans la banlieue de Mexico, un prêtre défroqué, Ivan Illich, se fait le chantre d'une révolution pédagogique.

Il faut détruire l'école, affirme-t-il, car c'est l'opium du peuple : concourir pour un diplôme est aliénant. « J'espère que vos petits-enfants, dit-il un jour aux Portoricains, vivront dans une île où la majorité de la population attachera aussi peu d'importance à la fréquentation des classes qu'on en attache aujourd'hui à l'assistance à la messe ». Traduit en français, son livre-manifeste [5] se lit avec ferveur. Tout comme celui d'Alexander Sutherland Neill [6]. En 1921, cet instituteur britannique a fondé une école communautaire dans le Suffolk. Ni maître ni règlement à Summerhill : les élèves travaillent quand ils en ont envie et pratiquent l'autoadministration. Dans les lycées parisiens, cet exemple fait rêver.

« Professeurs, vous êtes vieux, votre culture aussi », clament les murs de Nanterre. L'après-68 sacralise l'affranchissement de tout héritage. Liberté semblable à un caprice d'enfant, adolescence prolongée à l'infini, le jeunisme est le mal du temps : la jeunesse n'est plus un passage, c'est un absolu — et même une catégorie sociale. Toute civilisation, pourtant, a toujours reposé sur la chaîne des générations.

*

Faut-il faire l'amour pour bien faire la révolution, ou faire la révolution pour mieux faire l'amour ? Cruel dilemme, qui hante l'œuvre de Wilhelm Reich, un psychanalyste freudo-marxiste. Le succès de ses écrits [7] traduit l'obsession de l'époque : « Jouissez sans entraves », recommande la façade de la Sorbonne.

Liberté sexuelle et culte du corps font partie des dix commandements de Mai. Fin 1968, la troupe de *Hair* se produit sur la scène du théâtre Saint-Martin : chevelue, mais nue. En 1969, la France est divisée par le sort

---

5. Ivan Illich, *Une société sans école*, Seuil, 1970.
6. A.S.Neill, *Libres enfants de Summerhill*, Maspero, 1970.
7. Wilhelm Reich, *la Révolution sexuelle*, Plon, 1968.

de Gabrielle Russier, un professeur de lettres de Marseille, condamnée pour détournement de mineur à la suite d'une aventure avec un de ses élèves. La jeune femme se suicide, et André Cayatte porte ce drame à l'écran (*Mourir d'aimer*). En 1970, le topless apparaît sur les plages de Saint-Tropez : « Sea, sex und sun », chante Serge Gainsbourg. En 1971 est créé le Front homosexuel d'action révolutionnaire : « Nous nous sommes fait enculer par des Arabes. Nous en sommes fiers et nous recommencerons » (*Tout !* avril 1971). En 1975, les mineures accèdent librement aux contraceptifs, désormais remboursés par la Sécurité sociale. En 1977, trois inculpés pour « attentat à la pudeur sans violence sur des mineurs de quinze ans » se trouvent depuis trois ans en préventive ; ils reçoivent le soutien de Jean-Louis Bory, Patrice Chéreau, Guy Hocquenghem, Bernard Kouchner, Jack Lang, Gabriel Matzneff et Philippe Sollers : « Trois ans de prison pour des caresses et des baisers, cela suffit » (*le Monde*, 26 janvier 1977). Paraît ensuite un manifeste réclamant la dépénalisation des relations sexuelles avec les mineurs ; le texte est signé par Louis Althusser, Roland Barthes, Simone de Beauvoir, Jean-Louis Bory, Patrice Chéreau, Jacques Derrida, Françoise Dolto, Gabriel Matzneff, Jean-Paul Sartre et Philippe Sollers (*le Monde*, 22-23 mai 1977). Vingt ans plus tard, l'opinion prendra la mesure des meurtrissures laissées par la pédophilie...

Le changement effectué dans les mentalités, au cours de la décennie 1970, s'observe par une anecdote. En 1972, le chanteur Michel Polnareff s'exhibe fesses nues sur six cents affiches où il annonce son récital à l'Olympia : il récolte cent cinquante mille francs d'amende. En 1981, quand une séduisante personne découvre ses avantages postérieurs en 4 × 3 mètres (« Demain j'enlève le bas »), cette campagne publicitaire fait rire, et « l'afficheur qui tient ses promesses » n'engrange que des bénéfices. En moins de dix ans, le regard de la société s'est renversé. Le corps est un objet dont chacun est libre de disposer comme il le désire. Cependant, la sagesse des siècles a toujours estimé que la sexualité doit obéir à des prescriptions : engager les sens, c'est engager l'âme.

Place de l'Etoile, 26 août 1970. Un groupe se rassemble sous l'Arc de triomphe. Autour de la dalle où brûle la flamme perpétuelle, les manifestantes déploient une banderole : « Il y a plus inconnu que le soldat inconnu : sa femme ». Le Mouvement de libération des femmes est né. Il se rend célèbre, en novembre, en perturbant les Etats généraux de la femme organisés par *Elle*. Comme *Marie-Claire*, ce magazine accompagne depuis vingt ans la transformation de la condition féminine. Mais les militantes du MLF récusent cette évolution lente, bourgeoise. Elles sont marxistes, et raisonnent en fonction d'un schéma : il y a toujours un exploitant et un exploité. Déplaçant l'analyse du social au sexuel, elles veulent s'affranchir du règne masculin. La lutte des sexes remplace la lutte des classes.

Livre-culte du féminisme, *le Deuxième Sexe* trouve son public et son sens vingt ans après sa parution. Dans cet essai, Simone de Beauvoir abordait tous les problèmes concernant les femmes, en ne s'offusquant de rien : physiologie, sexualité, saphisme, avortement, adultère, divorce. En 1949, François Mauriac n'avait pas aimé. Il l'avait écrit aux *Temps modernes* : « J'ai tout appris sur le vagin de votre patronne. » Beauvoir niait l'existence d'une nature féminine, considérant notamment le sentiment maternel comme une invention culturelle. Prônant l'égalité des sexes, elle appelait à dissocier maternité et sexualité : déjà le MLF perçait sous le Castor.

13 et 14 mai 1972. Le Mouvement de libération des femmes tient forum. Tendances et sous-tendances confondues, des centaines de « nanas » s'entassent dans le palais de la Mutualité. Cheveux courts ou tignasses rebelles, minijupes ou pantalons « pat' d'eph ».

Dans la salle, on ne fume pas que du tabac. Aux murs sont scotchées des affiches : « Vive l'hystérie, vive la défonce ! », « Sodome et Gomorrhe, le combat continue ». Ambiance électrique, fiévreuse. Parfois tendre. Dans leur manifeste, les Gouines rouges révèlent que « la jouissance homosexuelle n'est ni une masturbation à deux, ni une régression vers les rapports mère-enfant, ni une caricature des relations homme-femme. Nous construisons notre autonomie de femmes. » Libération, disent-elles.

Le 5 avril 1971, une bombe explose dans le ciel des idées. Dans *le Nouvel Observateur*, 343 signatures bravent le scandale : « Je déclare avoir avorté. De même que nous réclamons le libre accès aux moyens anticonceptionnels, nous réclamons l'avortement libre ». Parmi ces 343 femmes (*Charlie-Hebdo* les appelle les « 343 salopes », mais c'est un compliment), une immense majorité est inconnue. Des noms célèbres y figurent toutefois. Ce sont eux que l'opinion va retenir : Stéphane Audran, Simone de Beauvoir, Catherine Deneuve, Marguerite Duras, Gisèle Halimi, Ariane Mnouchkine, Jeanne Moreau, Bulle Ogier, Marie-France Pisier, Micheline Presle, Françoise Sagan, Nadine Trintignant, Agnès Varda, Marina Vlady. Le même jour, *le Monde* consacre son éditorial à l'événement, RTL organise une table ronde, et le Dr Simon commente l'appel des 343 à la télévision. La machine est lancée.

S'engage un des plus véhéments débats survenus en France depuis la guerre. Il est d'une extrême gravité, car il intéresse la définition de l'homme. Toutes les religions du Livre, considérant que l'embryon est un être humain, proscrivent l'avortement. Mais la République laïque l'interdit également. La loi du 31 juillet 1920 punit d'emprisonnement et d'amende la provocation à l'avortement. Celle du 27 mars 1923 a fait de cet acte, relevant auparavant de la cour d'assises, un délit justiciable du tribunal correctionnel : celui qui s'associe à un avortement encourt une peine de un à cinq ans de prison. Un médecin qui le pratique risque de un à dix ans de prison, et la radiation de l'Ordre.

Dans les faits, cette législation est inégalement appliquée. Chaque année ont lieu plusieurs milliers d'avortements clandestins, drame sanitaire et social qui appelle à l'évidence des réponses. Mais la pensée 68 s'empare de cette question en l'envisageant sous le seul angle de la valeur désormais dominante : la liberté de l'individu. Puisque la maternité doit être consentie, puisque le « droit à disposer de son corps » est un dogme, l'avortement est légitime. Au fond, il n'est qu'un ultime moyen contraceptif.

Des voix s'élèvent, donnant un autre point de vue. Des hommes, des femmes, des médecins, des juristes, des sociologues, des moralistes affirment que traiter l'avortement exclusivement du point de vue de la femme, c'est occulter la moitié du problème. Que la liberté de disposer de son corps dispose en fait d'une autre liberté, le droit de naître, détenu par celui qui repose dans le sein de sa mère. Que les grossesses non désirées et les cas de détresse nécessitent des solutions — éducatives, psychologiques, juridiques, financières. Qu'il ne faut juger personne, mais maintenir un principe : autoriser l'avortement, ce serait ouvrir la porte aux pires dérives éthiques et sociales, en déresponsabilisant l'être humain dans son rapport à la transmission de la vie.

Ces voix, on les fait taire. En leur coupant la parole, en les insultant, en les caricaturant, en déformant leurs propos, ou en les ensevelissant sous le silence. Leurs objections ne reçoivent pas même de réponses : la véritable controverse philosophique et scientifique n'a pas lieu. Ce qui est sacré, pour l'époque, c'est de « choisir » — Gisèle Halimi nomme ainsi l'association qu'elle crée en 1971. Refuser le droit à l'avortement, c'est mettre un frein à la liberté sexuelle : or la liberté sexuelle est intangible.

A un pays qui y est au départ hostile, l'action des

tenants de l'avortement « libre et gratuit » impose en quelques années un renversement radical : ce qui était un crime devient un geste légal.

En 1972, à Bobigny, une mineure qui a avorté avec la complicité de sa mère comparaît devant la justice. Gisèle Halimi, qui assure leur défense, obtient la relaxe de la jeune fille, et une condamnation limitée pour celle qui a opéré l'intervention. L'avocate transforme ce procès en tribune publique. A la barre, elle fait témoigner le professeur Paul Milliez, Jacques Monod, François Jacob, Jean Rostand. La presse en conclut que « les scientifiques » sont favorables à l'avortement. Certains savants tiennent néanmoins un autre discours. Jérôme Lejeune est un généticien de réputation mondiale, titulaire de multiples distinctions scientifiques. Découvreur de la trisomie 21, « nobélisable non nobélisé » selon l'expression de Pierre Chaunu, ce professeur s'engage contre la légalisation de l'avortement. Dans la presse, il ne rencontre que sarcasme ou mutisme. A Paris, sur un mur de la faculté de médecine, une main anonyme peint cet avertissement : « Il faut tuer Lejeune. »

Le 4 février 1973, dans *le Nouvel Observateur*, 331 médecins reconnaissent avoir violé la loi en pratiquant l'acte interdit : aucune sanction ne leur est infligée, et leur manifeste est répercuté par tous les médias. Le 5 juin suivant, 18 031 médecins déclarent leur refus de l'avortement : leur appel est à peine mentionné dans les journaux. Suivent des pétitions d'infirmières, de juristes, d'élus locaux : même black-out.

Le 17 janvier 1975, la loi présentée par Simone Veil est adoptée par l'Assemblée nationale : contre la majorité politique du moment, avec les voix des députés de gauche. Cette loi dépénalise ce qu'elle appelle, d'un euphémisme révélateur, l'interruption volontaire de grossesse. Françoise Giroud est alors secrétaire d'Etat à la Condition féminine. Plaidant pour la contraception, elle avait naguère qualifié l'avortement d'« assassinat clandestin » et de « plus morne des crimes ».

C'était dans *l'Express* du 23 octobre 1956. Moins de vingt ans avant. Sartre lui-même avait écrit un jour : « Un avortement n'est pas un infanticide, c'est un meurtre métaphysique. » Ce débat-là aura-t-il jamais lieu ?

*

Woodstock, 15 août 1969. Dans cette localité de l'Etat de New York, rendez-vous a été fixé pour « trois jours de musique et de paix ». Pataugeant dans les prairies boueuses, 400 000 jeunes se serrent en écoutant les quarante groupes programmés pour ce premier rassemblement de la pop music. 400 000 esprits, ivres de décibels, de drogue et d'idées folles.

A l'université de Harvard, Timothy Leary a lancé le courant psychédélique. Apôtre du LSD, ce psychologue vante les paradis artificiels, et les paradis exotiques : à sa suite, des milliers de jeunes Occidentaux cherchent la vérité dans les préceptes de Bouddha, et le nirvana sur le chemin de Katmandou. Le mouvement hippie, lui, est né à San Francisco, sur les pelouses du Golden Gate Park. L'opposition à la guerre du Viêtnam lui a donné son élan : « *Make love, not war.* » Cheveux longs, chemises à fleurs, amulettes, jeans, pieds nus, les hippies américains se comptaient 300 000 à l'été 1967. L'engouement s'est répandu sur tous les continents. En 1968, la vague de contestation estudiantine, partie d'Amérique, a gagné les campus de Madrid ou Berlin.

A Paris, la contre-culture américaine a trouvé des émules. Ses thèmes constituent la seconde face de Mai 68. Distincte du courant politique structuré par les organisations trotskistes et maoïstes, une nébuleuse libertaire se développe. Nourrie d'images californiennes : liberté, sexe, drogue, mystique de « la route ». Ses gourous ne sont pas Lénine et Rosa Luxemburg, mais Jack Kerouac et Bob Dylan. De 1970 à 1975,

Actuel, le magazine de l'*underground,* dresse la marginalité en valeur officielle.

En 1969, Edgar Morin séjourne plusieurs mois au Salk Institute, en Californie. Il en revient avec un livre analysant le rôle des conflits sociaux et raciaux dans le système politique des Etats-Unis [8]. Bientôt le pape de la déconstruction, Jacques Derrida, part enseigner à l'université de Yale. La gauche libérale (Crozier, JJSS, Revel) a déjà découvert l'Amérique. C'est au tour de la gauche radicale d'admirer une Amérique contestatrice, révolutionnaire, avec laquelle elle se sent en phase. Plus encore quand des journalistes progressistes, en 1974, réussissent à faire tomber le président Nixon — figure honnie de la gauche internationale.

*

Le culte de l'Amérique rapproche une certaine gauche d'une certaine droite. Pour le discours libertaire comme pour la théorie libérale, la mesure de toute chose, c'est toujours l'individu. L'utopie de Mai — un monde sans contraintes, sans blocages — converge avec la vision ultralibérale d'un univers fondé sur la fluidité des échanges, et réglé par les lois du marché. Miner les forces intégratrices, enracinantes — nation, famille ou école — c'est ouvrir le champ à la consommation de masse. Les contestataires voulaient détruire la société de consommation : leurs idées n'ont fait que la renforcer. Les hippies sont les cousins des yuppies.

Dans les années 1970, la société digère l'héritage de 1968. Transgression des frontières et des hiérarchies, affaiblissement de l'autorité, rejet des traditions, relativisme moral : références, comportements et attitudes introduits par les idées de Mai, érigés en normes, s'institutionnalisent. « Vous avez perdu politiquement, mais vous avez gagné culturellement », a dit Pierre Mendès France à son neveu Tiennot Grumbach — un maoïste.

---

(8) Edgar Morin, *Journal de Californie,* Seuil, 1970.

6

SOLJENITSYNE LE RÉACTIONNAIRE

« L'homme acquiert sa plus grande liberté en prison. » L'auteur de cette formule sait de quoi il parle. C'est dans ses geôles, en effet, que Soljenitsyne s'est libéré : mentalement. En 1945, officier dans l'armée soviétique, il critique Staline dans une lettre à un ami. La censure veille : huit ans de bagne. Relâché en 1953, il est relégué trois ans encore en Asie centrale. En 1956, à la faveur de la déstalinisation, il est réhabilité.

Mathématicien et physicien, Alexandre Soljenitsyne a reçu un autre don : le style. Détenu, il a roulé dans sa tête des milliers de mots et des centaines de phrases, et les a appris par cœur. Maintenant, il les couche sur le papier. Inspirés de son expérience de la réclusion, ses premiers écrits traduisent ses combats contre la peur, le froid, la faim, la maladie. S'il les a remportés, c'est par les seules armes de la force intérieure, de la résistance morale. En 1962, *Une journée d'Ivan Denissovitch* est publié avec l'aval de Khrouchtchev : ce récit décrit vingt-quatre heures de la vie d'un « zek », un condamné aux travaux forcés. En 1964, Khrouchtchev limogé, Brejnev lui succède. Un dur : la mécanique répressive se remet en marche. Ne pouvant plus être édité en URSS, Soljenitsyne fait passer ses manuscrits en Occident : *le Premier cercle* et *le Pavillon des cancéreux* paraissent à Paris. En 1969, exclu de l'Union des écrivains soviétiques, il est néanmoins célèbre. En 1970, le prix Nobel de littérature lui est décerné, sans qu'il puisse se rendre à Stockholm où il doit lui être remis officiellement.

A cette époque, les Français se familiarisent avec le nom des Russes entrés en rébellion contre le régime. Une insurrection à armes inégales, conduite par des intellectuels. On les appelle les « dissidents » : Youri Daniel, Andreï Siniavski, Leonid Pliouchtch, Andreï Amalrik, Andreï Sakharov, Youri Orlov, Alexandre Zinoviev.

Jusqu'en 1968, Soljenitsyne s'était attelé à un énorme travail. Une œuvre rédigée clandestinement, dont il a caché un à un les chapitres. Le KGB est au courant, et piste le manuscrit. Par une filière anonyme, l'écrivain parvient à en envoyer une copie au-delà du Rideau de fer. La sécurité d'Etat finit cependant par dénicher l'objet du délit ; interrogée par la police, la dactylo de Soljenitsyne se pend. C'est ce qui le décide à publier l'ouvrage, quoi qu'il puisse lui en coûter. *L'Archipel du goulag* paraît à Paris, en russe, en décembre 1973. Explosif, ce maître livre va dynamiter l'idée communiste.

Tiré des souvenirs de l'auteur, ce document est également nourri des deux cent vingt-sept témoignages qu'il a enregistrés, et des informations qu'il a recoupées. Goulag, en russe, c'est le sigle de la Direction principale des camps de travail forcé. L'archipel, c'est le chapelet d'îles formé par les camps soviétiques. Là est née une espèce particulière d'humanité, où les notions habituelles du bien et du mal n'ont plus cours. *L'Archipel du goulag* constitue à la fois une histoire de la répression en URSS, une géographie des camps, une chronique de la destinée des zeks, et une prodigieuse exploration de l'âme humaine : au bagne, la détention entraîne la déchéance morale, mais parfois laisse éclore des âmes de saints.

Quand il croupissait au goulag, Soljenitsyne partageait le sort de 12 millions de déportés. Ce système, l'écrivain le qualifie d'« industrie pénitentiaire ». En prouvant que son apparition ne date pas de Staline, mais de Lénine : dès 1918, des camps sont créés pour les bourgeois, les opposants, les contre-révolutionnaires. En 1928, les victimes des purges ou les paysans hostiles à la collectivisation y sont enfermés. L'univers concentrationnaire soviétique, phénomène de masse, est né avec la révolution bolchevique : il procède de la nature du communisme.

En France, depuis le procès Kravchenko, de nombreux ouvrages ont dénoncé les camps soviétiques. Les dissidents ont été traduits : outre Soljenitsyne, Anatoli Martchenko (*Mon témoignage*, 1970), Vladimir Boukovski (*Une nouvelle maladie mentale en URSS, l'opposition*, 1971). D'autres seront publiés après l'*Archipel* : notamment Edouard Kouznetsov (*le Journal d'un condamné à mort*, 1974), et Varlam Chalamov (*Récits de la Kolyma*, 1980). Mais sur le cauchemar enduré par le peuple russe, Soljenitsyne apporte une somme inégalée, où la véracité des faits le dispute à la profondeur de l'analyse. A ceux qui refusaient de regarder la réalité, ce géant ouvre les yeux.

Pour autant, l'*Archipel du goulag* est-il salué à sa mesure ? Pas même. C'est que ce livre heurte l'ordre établi. En 1968, le printemps de Prague a été réprimé avec le concours du Pacte de Varsovie. En 1970, après les émeutes ouvrières de Gdansk, l'état d'urgence a été proclamé en Pologne. Malgré cela, détente oblige, l'Occident entretient les meilleurs rapports avec l'URSS. Et conclut avec elle de fructueux contrats. Les dissidents sont respectés, mais ils gênent.

A gauche, les communistes sacralisent l'Union soviétique. Or les socialistes fondent leur nouvelle stratégie sur l'unité d'action avec le « parti de la classe ouvrière ». En 1972, François Mitterrand et Georges Marchais ont signé un programme commun de gouvernement. Aux législatives de mars 1973, l'écart s'est resserré avec la droite. On sait le président Pompidou malade : une élection anticipée est prévisible. Sous peine de nuire à l'ensemble de la gauche, rien ne doit ternir l'image du communisme. Aux yeux des socialistes, l'anticommunisme reste une maladie honteuse, et l'antisoviétisme un réflexe réactionnaire.

Les compagnons de route ne sont pas morts. Consacrant un article à Soljenitsyne et Sakharov, *Témoignage chrétien* (20 décembre 1973) ouvre le ban : « Qu'ils soient libres de proférer toutes les sottises réactionnaires qu'ils voudront, c'est notre vœu, au nom de la tolérance. Mais, de grâce, ne crions pas, à gauche, avec la meute des anticommunistes de tous poils, qu'en eux résident générosité, noblesse ou vérité. »

Pour *l'Humanité* (17 janvier 1974), la publication de *l'Archipel du goulag* entre dans le cadre d'une « campagne antisoviétique contre la détente », destinée à « détourner l'attention de la crise qui sévit dans les pays capitalistes ». Mot pour mot, c'est un argument qui a été brandi, en 1949, contre Kravchenko. Le 20 janvier, à la télévision, Marchais concède que dans une France dirigée par les communistes, Soljenitsyne serait autorisé à être édité. « S'il trouvait un éditeur », précise-t-il. Quand *le Nouvel Observateur* fait paraître un article favorable à l'écrivain, le quotidien communiste contre-attaque. Le 28 janvier, *l'Humanité* accuse l'hebdomadaire « d'enrayer le progrès irrésistible de l'union de la gauche ». Dans *l'Unité*, organe du Parti socialiste, François Mitterrand défend Jean Daniel. Mais insiste : « Le plus important n'est pas ce que dit Soljenitsyne, mais qu'il puisse le dire » (8 février 1974). Le « plus important », ce n'est pas le goulag, c'est l'union de la gauche.

En Union soviétique, Soljenitsyne est considéré comme un traître. Le 1er février 1974, il est arrêté. Déchu de sa nationalité, mais protégé par sa notoriété, il est expulsé treize jours plus tard, et placé dans un avion qui le débarque à Francfort : « Soljenitsyne se rend en Allemagne », titre *le Monde* du 13 février, dans un euphémisme chargé de sous-entendus. Un an plus tard, les sous-entendus se feront explicites. Devant les syndicalistes américains, l'écrivain disséquera le terrible paradoxe par lequel le régime stalinien aura été renforcé par la victoire de 1945. Déformant le sens de ses propos, *le Monde* dresse un parallèle entre l'écrivain et les apologistes de la Collaboration : « Alexandre Soljenitsyne regrette que l'Occident ait soutenu l'URSS contre l'Allemagne nazie lors du dernier conflit mondial. Il n'est pas le seul : avant lui des Occidentaux comme Laval avaient pensé de même, et des gens comme Doriot et Déat accueillaient les nazis en libérateurs » (3 juillet 1975). Deux mois après (12 septembre 1975), le quotidien réitérera ses allusions, en annonçant que Soljenitsyne part pour le Chili. Le Chili, autant dire chez Pinochet. Information sans fondement, démentie le lendemain, et diffusée, on s'en doute, sans aucune arrière-pensée.

« Avant de saluer Soljenitsyne, ironise Jean Daniel, il faut, si l'on ose dire, montrer patte rouge, parce que l'important, n'est-ce pas, c'est de ne pas être traité d'antisoviétique, d'anticommuniste et de diviseur de l'union de la gauche. » Mais dans le même éditorial (18 février 1974), le directeur du *Nouvel Observateur* se justifie : surtout, qu'on ne le croie pas « anticommuniste ».

La controverse s'amplifie. Chroniqueur au *Nouvel Observateur* et membre du conseil exécutif du Parti socialiste, Gilles Martinet se livre à une diatribe contre l'attitude des communistes vis-à-vis de Soljenitsyne. Dans *l'Unité*, Mitterrand intervient afin de signifier que Martinet n'est pas habilité à parler au nom du PS : « Il n'est pas juste de reprocher à Georges Marchais un relent de stalinisme. » Toujours au nom de l'union de la gauche, il ne faut rien dire contre le communisme.

Interviewés par l'hebdomadaire communiste *France nouvelle*, le rédacteur en chef de *Témoignage chrétien*, Claude Gault, s'en prend à la « collusion d'une partie de la gauche avec la droite la plus anticommuniste », et Max-Pol Fouchet, journaliste à la télévision et au *Point*, martèle que l'affaire Soljenitsyne « sert de machine de guerre contre l'URSS d'abord, contre le socialisme en

général, et chez nous contre l'union de la gauche »
(19 février 1974).

En avril, cette polémique cesse : Georges Pompidou
est mort, et la gauche se présente unie derrière
François Mitterrand. Peu importent les morts du goulag. Ce qui compte, c'est d'essayer d'entrer à l'Elysée.

Au mois de juin suivant, le premier volume de la traduction de *l'Archipel du goulag* est disponible. En
quelques semaines, il s'en vend 700 000 exemplaires (le
second volume sort à la fin de l'année, le troisième en
1976).

Mais à Saint-Germain-des-Prés, Soljenitsyne ne fait
pas recette. Les commentateurs comprennent que son
œuvre ne constitue pas seulement un réquisitoire
contre le totalitarisme soviétique. Derrière *l'Archipel du
goulag* percent les réflexions qui s'approfondiront par
la suite : le refus du matérialisme moderne, la défense
des droits de l'âme, l'appel à une régénération spirituelle de la Russie. Soljenitsyne n'est pas seulement
anticommuniste, il est chrétien et patriote.

Pour d'aucuns, les bornes de l'acceptable sont franchies. *Tel Quel* (été 1974) ne tarde pas à le faire savoir.
« Soljenitsyne : la protestation de principe contre son
expulsion va de soi. Mais allons-nous pour autant ava-
ler ces déclarations de retour au Moyen Age le plus
réactionnaire, le plus religieux ? » En janvier 1975,
l'écrivain est de passage à Paris. L'occasion, pour un
journaliste socialiste, de brosser de lui un portrait
d'une condescendance aussi hautaine qu'insultante :
« Le personnage inquiète physiquement. Même bien
lavé et bien rasé, il offre le côté douteux du moujik des
légendes, avec ces sillons qui burinent la face et lui
donnent un aspect simiesque, celui de ces singes tristes
qui regardent passer les promeneurs du dimanche »
(*l'Unité*, 24 janvier 1975).

Le 11 avril 1975, émission exceptionnelle d'« Apostrophes ». En vedette, Alexandre Soljenitsyne. Sur le
plateau, Jean Daniel proteste : aucun communiste n'est
là. Soljenitsyne, grave, profond, assiste à cet échange

d'un air ébahi. Sans doute pense-t-il que l'objectivité, ce n'est pas cinq minutes d'antenne pour le bourreau, et cinq minutes pour le martyr. Ce qui le remue au plus profond de lui, ce ne sont pas les joutes de l'intelligentsia parisienne, mais les gémissements qui s'échappent du goulag. En Union soviétique, deux mille camps sont encore en activité ; sur leurs 5 millions de prisonniers, 20 000 meurent chaque année. Et l'écrivain pressent les cris d'autres victimes.

En ce printemps 1975, au Cambodge ou au Viêtnam du Sud, des troupes reculent pied à pied contre l'offensive communiste. A la date où se tient l'émission, Phnom Penh tombera dans six jours, Saigon dans vingt. Devant les caméras, Soljenitsyne le proclame : l'Indochine va devenir un goulag. Et l'Occident se tait : « Supposez, gronde-t-il, que le Viêtnam du Sud ait attaqué le Nord. Il y aurait eu le tonnerre, la tempête et les hurlements. Mais le Viêtnam du Nord envahit le Sud, et tout le monde s'en félicite. » Sur le plateau, les contradicteurs de Soljenitsyne ironisent. Ils lui reprochent d'être devenu le « prophète de la contre-révolution ». Ils sourient de sa « vue prémonitoire ». Un goulag en Indochine ? Quel dommage qu'un tel talent littéraire soit gâché par des lubies d'anticommuniste primaire.

*

Phnom Penh, 17 avril 1975. A 9 h 30, les Khmers rouges de la division 310 investissent la capitale cambodgienne. Leur marche victorieuse a commencé en 1968. En sept années, ces troupes dures au mal ont combattu le prince Sihanouk, puis le maréchal Lon Nol, un allié des Etats-Unis. Elles ont parfois reculé, mais n'ont jamais jeté les armes. A leur tête, un homme formé à Paris, en 1949, par le Parti communiste : Pol Pot. A partir de 1973, le désengagement américain lui a facilité la tâche : les Khmers rouges n'ont cessé d'étendre leur influence sur les zones rurales du pays. Début 1975, ils ont lancé l'offensive finale.

Le 1er avril, Lon Nol est parti pour l'exil. Le 17, les habitants de Phnom Penh voient sortir de la jungle ces petits guerriers hâves, chichement vêtus, chaussés de tongs ou de bouts de pneus. Jeunes, très jeunes : entre dix et quinze ans. Des gamins illettrés et fanatisés, qui obéissent au doigt et à l'œil à l'Angkar — l'organisation communiste révolutionnaire. Une heure après leur arrivée commence une opération sans équivalent : la ville est vidée de ses habitants. Hommes, femmes, enfants, tout le monde doit partir à pied, encadré par les petits hommes en noir qui ne sourient jamais. Phnom Penh, c'était l'argent, c'était le confort, c'était les filles faciles ? Tout cela est fini : le communisme va purifier le peuple cambodgien. En quarante-huit heures, deux à trois millions de citadins sont déportés. Des questions, intellectuels, moines ou opposants n'ont pas le temps de s'en poser. Ils sont assassinés. A coups de manches de pioche, ou la tête enfermée dans un sac en plastique : l'Angkar économise les munitions. Les autres sont mis aux travaux forcés, sans nourriture, sans soins.

« Phnom Penh est tombée », annonce la une du *Monde*, le 18 avril 1975. En encadré, un article de Patrice de Beer, un des rares reporters occidentaux demeurés en ville. Il a expédié sa dépêche le jeudi 17, en fin de matinée : « La ville est libérée. [...] On entend encore des coups de feu dans le centre de la ville, mais l'enthousiasme populaire est évident. Des groupes se forment autour des maquisards [...] jeunes, heureux, surpris par leur succès facile. [...] Des cortèges se forment dans les rues et les réfugiés commencent à rentrer chez eux. » Titre de l'encadré : « Enthousiasme populaire ». Dans toute la presse (ou presque), à la télévision, à la radio, le mot « libération » revient sans cesse pour désigner la prise de Phnom Penh.

Le 28 avril, dans *le Nouvel Observateur*, Jean Lacouture disserte sur la révolution cambodgienne.

L'évacuation de Phnom Penh ? Une « audacieuse transfusion de peuple ».

Patrice de Beer s'est réfugié à l'ambassade de France. Comme tous les observateurs étrangers, il est expulsé du Cambodge. A son retour, il confie ses impressions et justifie l'isolement du pays (*le Monde*, 10 mai 1975) : « Pourquoi cette attitude ? Sûrement pas, comme tente de le faire croire l'administration américaine qui se raccroche à sa théorie du " bain de sang ", pour cacher des horreurs que de sadiques hommes en noir seraient en train de perpétrer. Que cela plaise ou non, les Cambodgiens ont décidé qu'ils ne voulaient plus d'étrangers chez eux. [...] Ils veulent se débrouiller seuls avec leurs propres méthodes. [...] Personne ne peut encore se permettre de juger une expérience. » Si le reporter qualifie l'évacuation de Phnom Penh de « geste spectaculaire », quelque chose le chiffonne quand même : « Parmi les événements que nous n'avons pas compris, il y a eu l'évacuation totale des hôpitaux, qui abritaient à la chute de la ville environ vingt-cinq mille blessés et malades, dans des conditions sanitaires effroyables. » Les malades en question, l'Angkar les a laissés crever sur le bord de la route.

Suivent des mois de silence. Le Cambodge est coupé du monde. Quelques miraculés échappent au carnage, et passent en Thaïlande. François Ponchaud, un prêtre, recueille leurs témoignages [1]. En 1977, le missionnaire peut avancer le chiffre de 2 millions de morts depuis la prise du pouvoir par les Khmers rouges. Mais la tragédie n'est pas terminée. La collectivisation des rizières provoque une chute vertigineuse de la production : la famine fait des centaines de milliers de victimes. En 1979, année où le Viêtnam envahit le Cambodge, on comptabilise plus de 3 300 000 tués ou disparus, dont 500 000 par exécution, sur une population s'élevant, quatre ans auparavant, à 7 millions de personnes. Dans

---

1. François Ponchaud, *Cambodge, année zéro*, Julliard, 1977.

leur folie meurtrière, Pol Pot et ses complices ont exterminé plus du tiers de leurs compatriotes.

Le Cambodge est devenu le pire des goulags : c'est Soljenitsyne qui avait raison.

Saigon, 30 avril 1975. A midi, un T 54 de fabrication soviétique et un T 59 de fabrication chinoise enfoncent les grilles du palais présidentiel. Les deux chars appartiennent à la 203ᵉ brigade blindée du Nord-Viêtnam. Depuis quinze jours, pour le Sud-Viêtnam, c'était la débandade. Les civils liés aux Américains s'agglutinaient autour des hélicoptères qui filaient vers les porte-avions croisant au large. A l'aube du 30 avril, à un contre mille, les derniers soldats du Sud montaient encore au front : un bataillon de parachutistes, les cadets de l'académie militaire de Dalat (les jours de cérémonie, ils portaient le shako rouge et or des saint-cyriens), et les jeunes miliciens catholiques de Honai. Héroïque et dérisoire baroud d'honneur pour un pays perdu.

Le 3 mai, *le Monde* constate, avec une pointe de jubilation : « Le nouveau pouvoir liquide les séquelles de la présence américaine. » A Paris, ceux qui n'ont cessé de vitupérer les « crimes de guerre » des Etats-Unis et les « fantoches » du Sud sont à la fête : le peuple vietnamien est réunifié. Et enfin libre. Une fois de plus, les Français ne lisent ou n'entendent qu'une expression, « libération de Saigon », alors que la ville a été conquise et occupée par la force des armes.

L'ex-capitale est rebaptisée : Saigon s'appelle dorénavant Hô Chi Minh-Ville. Dans les rues, les haut-parleurs diffusent la radio en permanence : slogans communistes, marches militaires, chants soviétiques. En provenance de Hanoi, les cadres du parti débarquent. Dressant des listes, ils font appel à la délation afin de traquer les cadres du régime défunt. Militaires et fonctionnaires sont astreints à des stages de « rééducation » : un an, trois ans, six ans, dix ans... Sur une population de 20 millions de personnes, entre 500 000 et 1 million de Vietnamiens du Sud passent par ces camps. 300 000 y laissent la vie. Saigon possédait 4 millions d'habitants : la moitié est déportée dans les « nouvelles zones économiques », et astreinte aux travaux forcés. En 1975, un groupe de détenus conçoit et apprend par cœur un « testament » qui circule dans les bagnes : « Nous, prisonniers du Viêtnam, demandons à la Croix-Rouge internationale, aux organisations humanitaires du monde, aux hommes de bonne volonté, d'envoyer d'urgence à chacun de nous un comprimé de cyanure pour que nous puissions arrêter notre souffrance et notre humiliation [2]. »

Le Viêtnam est devenu un vaste goulag : c'est Soljénitsyne qui avait raison.

Dès 1976, les Vietnamiens du Sud cherchent à fuir. Une seule issue : la mer. Sur des jonques ou des radeaux de fortune, ils embarquent. Par milliers, par dizaines de milliers, par centaines de milliers : en tout 3 millions de fugitifs. Ils doivent affronter les tempêtes (des milliers se noieront) et les pirates, qui pillent, violent et tuent. En trois ou quatre ans, 500 000 Vietnamiens, espérant s'évader de l'enfer, périssent en mer de Chine.

Le 8 novembre 1978, les télévisions occidentales diffusent des images du *Hai-Hong*, un cargo mouillant au large de la Malaisie. A son bord, 2 500 réfugiés. Personne ne veut les accueillir. L'opinion s'émeut. En Thaïlande, dans les camps de réfugiés, des organisations caritatives travaillent dans la discrétion. Mais à Paris, les projecteurs se braquent sur l'action du comité « Un bateau pour le Viêtnam ». Le 22 novembre 1978, celui-ci publie un appel afin d'affréter un navire sanitaire. Il s'agit de venir en aide aux *boat people* — l'expression se répand. Le comité a été fondé par Bernard Kouchner, Jacques et Claudie Broyelle, André Glucksmann, Alain Geismar. Gauchistes en 1968, tous

---

2. Doan Van Toai, *le Goulag vietnamien*, Robert Laffont, 1979.

étaient d'ardents propagandistes du comité Viêtnam national ou des comités Viêtnam de base...

Le Parti communiste et l'aile gauche du Parti socialiste condamnent l'entreprise : son but serait de discréditer le régime de Hanoi. Les fuyards vietnamiens ? Des réactionnaires, incapables de se plier aux justes contraintes de la démocratie populaire.

Plusieurs semaines sont nécessaires pour réunir le financement de l'opération. « Un bateau pour le Viêtnam » associe des personnalités libérales aux anciens de 68, et permet à Sartre et Aron, grâce à Glucksmann, de se serrer la main pour la première fois depuis trente ans (« Bonjour mon petit camarade »). En avril 1979, en Malaisie, le navire-hôpital *Ile de Lumière* jette l'ancre devant le rocher de Poulo-Bidong. A son bord, le Dr Kouchner.

Mais qui tire une leçon politique de ce désastre ? En France, ceux qui, dès le départ, pronostiquaient la logique meurtrière du communisme indochinois étaient traités de réactionnaires ou de fascistes.

En 1973, Olivier Todd — alors reporter au *Nouvel Observateur* — rédige un article où il marque certaines distances avec son milieu : « Nous avons élevé le Nord-Viêtnam sur un piédestal. Quand je dis nous, je pense notamment aux journalistes — dont je suis — qui ont couvert la guerre d'Indochine. » L'article est refusé par sa rédaction, et publié par la revue *Réalités*. « J'avais milité, avoue Todd, afin d'installer à Saigon un régime que nous condamnions à Prague ou Budapest [3]. »

Cette évidence, une fois de plus, il faudra du temps pour qu'elle soit acceptée. « Pour le Viêtnam, confesse Jean Lacouture, je plaide coupable. Je m'accuse d'y avoir pratiqué une information sélective en dissimulant le caractère stalinien du régime nord-vietnamien. Je pensais que le conflit contre l'impérialisme américain était profondément juste, et qu'il serait toujours

---

3. Olivier Todd, *Cruel avril, 1975, la chute de Saigon*, Robert Laffont, 1987.

temps, après la guerre, de s'interroger sur la nature véritable du régime. Au Cambodge, j'ai péché par ignorance et par naïveté. Je n'avais aucun moyen de contrôler mes informations. J'avais un peu connu certains dirigeants actuels des Khmers rouges, mais rien ne permettait de jeter une ombre sur leur avenir et leur programme. Ils se réclamaient du marxisme, sans que j'aie pu déceler en eux les racines du totalitarisme. J'avoue que j'ai manqué de pénétration politique [4]. »

Lacouture consacre un livre à la question cambodgienne. Mais quand il faut désigner le système qui a encouragé un génocide, qu'incrimine-t-il ? Le « fascisme tropical » ou le « social-nationalisme de rizière » [5]. Patrice de Beer, faisant retour sur « vingt années d'enfer » au Cambodge, établit de même de curieuses responsabilités : « L'hydre du pouvoir khmer rouge ne fut que le résultat d'une guerre suscitée par les Américains » (*le Monde*, 25 mars 1990).

La restriction qui édulcore ces autocritiques, l'aveu qui coûte et ne vient pas, le tabou, c'est de convenir que la tragédie indochinoise ne relevait pas de la fatalité. Ce n'est pas une catastrophe imprévisible, une calamité naturelle, un tremblement de terre ou un raz de marée qui ont frappé le Viêtnam et le Cambodge : c'est le communisme.

*

A gauche, l'anticommunisme demeure d'autant plus répréhensible que la mode de l'eurocommunisme ou les accords signés à Helsinki, en 1975, accréditent l'impression que l'Union soviétique se libéralise.

Les vieux automatismes jouent à fond, en 1976, à l'occasion de la sortie d'un essai de Jean-François

---

4. Jean Lacouture, entretien avec *Valeurs actuelles*, 13-19 novembre 1978.

5. Jean Lacouture, *Survive le peuple cambodgien !*, Seuil, 1978.

Revel, *la Tentation totalitaire* [6]. Philosophe et journaliste, naguère engagé dans la gauche anticolonialiste, l'auteur poursuit depuis vingt ans une réflexion sur la démocratie qui, de rupture en rupture, l'a conduit au libéralisme. Son dernier ouvrage dénonce la séduction exercée par le marxisme sur toute la gauche occidentale. Jacques Fauvet, le directeur du *Monde*, lance l'accusation : « Sa thèse est simple, sinon simpliste : dans le monde actuel, il n'est de socialisme que stalinien. Dès lors ceux qui sont les alliés des communistes sont les complices du stalinisme » (13 janvier 1976). Sur le plateau d'« Apostrophes », le 16 janvier 1976, Jacques Delors se désole : « J'ai été profondément choqué par trois affirmations de ce livre. Premièrement une assimilation du communisme et du nazisme ; deuxièmement le monopole de la violence par le communisme, alors que la violence est un phénomène très partagé puisqu'il suffit de parler des guerres coloniales, des interventions américaines en Indochine ou en Amérique du Sud ; enfin par une critique sans nuance des pays communistes. »

Deux ans après la parution de *l'Archipel du goulag*, un responsable socialiste ose mettre en balance l'univers concentrationnaire soviétique et « les interventions américaines en Amérique latine » !

Les fausses fenêtres, on le sait, constituent le meilleur moyen de minimiser ce que l'on veut cacher. Pendant la décennie 1970, les grandes consciences disposent à cet égard d'une arme inusable : les dictatures de droite. Franco ou Pinochet érigés en symboles du mal, leurs adversaires sont lavés de tout péché — communistes y compris. En sens inverse, en vertu de l'amalgame antifasciste, les anticommunistes sont accusés de connivence avec tout régime autoritaire. En 1974-1975, la révolution portugaise est prise en main par les communistes, déclenchant une brusque réaction populaire. Présentant cette réplique comme une résurgence salazariste, Jacques Fauvet est amené à

---

6. Jean-François Revel, *la Tentation totalitaire*, Robert Laffont, 1976.

d'intéressantes considérations sur la liberté d'expression : « Le retard culturel d'un pays, un long passé de dictature et d'obscurantisme rendent difficile l'application immédiate et sans nuance d'une liberté d'expression qui a souvent tendance à s'exercer au profit des nostalgies du passé encore installées dans l'appareil » (*le Monde*, 21 juin 1975).

Dans ce registre se distingue une déclaration du député socialiste Jean-Pierre Cot : « Je refuse de traiter pareillement les internements arbitraires en Union soviétique et les tortures, assassinats et disparitions massives en Argentine » (*le Nouvel Observateur*, 31 décembre 1978). De 1976 à 1983, les crimes commis sous le gouvernement de la junte militaire argentine (6 500 morts, selon les aveux du capitaine Astiz) ont été atroces. Mais les placer sur le même plan que les millions de victimes du communisme soviétique, voire, ainsi que le fait Cot, les considérer comme plus graves, n'a pour but que de dissimuler l'existence de l'industrie pénitentiaire communiste dont parle Soljenitsyne.

Mais ce sont les soubresauts ultimes de trente années de culture marxiste : un cycle se clôt. Le choc Soljenitsyne agit sur les consciences. Certains se disent que si l'Union soviétique a été une prison des peuples, l'idéologie devait y être pour quelque chose. Les poignantes images des *boat people* éveillent non seulement la pitié, mais la méfiance à l'égard du régime qui a suscité tant d'abominations. La mort de Mao, en 1976, permet de dévoiler les atrocités de la révolution culturelle. En 1978 et 1979, la guerre entre le Cambodge et le Viêtnam, deux pays qui avaient lutté chacun contre l'« impérialisme américain », signe la fin de l'illusion tiers-mondiste. En 1979, l'invasion de l'Afghanistan (approuvée par le Parti communiste) montre les limites du pacifisme revendiqué par l'URSS. En 1981, l'arrestation, en Pologne, des dirigeants du syndicat Solidarnosc et la prise du pouvoir par le général Jaruzelski scandalisent.

Peu à peu, les yeux se dessillent, les esprits s'ouvrent. Ce qui vole en éclats, c'est la conviction naguère affichée par Sartre : « Le marxisme est l'horizon indépassable de notre temps [7]. »

Cette époque-charnière voit la décrue du parti communiste, et la décomposition du gauchisme. Aux législatives de 1973, la rituelle pétition des intellectuels et artistes appelant à voter PCF réunissait les signatures de Pierre Arditi, Stéphane Audran, Maurice Béjart, Claude Chabrol, Michel Piccoli, Laurent Terzieff, Henri Virlojeux, Antoine Vitez, Michel Vitold, Marina Vlady. En 1981, les seules célébrités à soutenir la candidature présidentielle de Georges Marchais sont Aragon, Jean Ferrat ou Juliette Gréco.

Est-ce à dire que plus personne n'est marxiste ? Au contraire, la communauté intellectuelle, en majorité, est pénétrée par cette idéologie. L'Université en est le conservatoire, et protège ses chasses gardées. En 1976, la Sorbonne est agitée par une pétition du Collège de philosophie, conduite par Pierre Bourdieu et Jacques Derrida (*le Monde*, 15 juin 1976), à la suite de l'élection de Pierre Boutang à la chaire d'Emmanuel Levinas. Pour le terrorisme intellectuel, le monarchiste Boutang, comme son maître Maurras, est un penseur qu'il convient d'autant plus de pourfendre qu'on ne l'a pas lu. La mobilisation, cependant, est faible par rapport à ce qu'elle aurait été dix ou vingt ans auparavant : le marxisme est une foi dont le zèle décline.

Une des dernières forteresses marxistes, bizarrement, est l'épiscopat français. En 1979, une enquête montre que la majorité des évêques est favorable à la collaboration avec le Parti communiste, 66 % d'entre eux acceptant le bien-fondé des analyses marxistes, 27 % les récusant [8]. Dix ans plus tard, le cardinal

---

7. Jean-Paul Sartre, *Critique de la raison dialectique*, Gallimard, 1960.

8. Brigitte Vassort-Roussel, *les Evêques de France en politique*, Cerf, 1987.

Decourtray regrettera les « connivences » de sa génération.

Pierre Daix est de ceux qui auront tardivement quitté le Parti. En 1973, en publiant un livre admiratif, *Ce que je sais de Soljenitsyne*, il consomme le divorce. Trois ans plus tard, dans *J'ai cru au matin*, il fait sa confession générale : « Moi, l'ancien de Mauthausen, j'ai bien aidé les bourreaux du goulag[9]. » Daix rejoint la cohorte des repentis — telles Dominique Desanti ou Annie Kriegel — dont les travaux font avancer la connaissance du communisme. En 1976, Claude Lefort, esprit de gauche et contempteur du totalitarisme, vient au secours de Soljenitsyne, l'« homme en trop[10] ». A leur tour, *Esprit* et Jean-Marie Domenach, qui rompt avec le socialisme, défendent l'écrivain russe. L'inclassable Maurice Clavel donne au *Nouvel Observateur* une chronique de télévision où il se montre héritier de Bernanos plus que de Sartre. En 1970, avec *Qui est aliéné ?* il s'était déjà attaqué au marxisme en affirmant le primat du culturel sur l'économique. Revenu à la foi, ce chrétien se fait polémiste (*Ce que je crois*, 1975 ; *Dieu est Dieu, nom de Dieu !* 1976), et grand lecteur de Soljenitsyne. Jean-Claude Guillebaud, dans *les Années orphelines*[11], dresse le constat désabusé de la distorsion entre la réalité et les aspirations révolutionnaires. De son côté, Jean Daniel analyse *l'Ere des ruptures*[12] de la gauche ; en méditant sur le goulag, il avoue : « Je fus souvent tenté de préférer l'erreur qui rapproche à la vérité qui sépare. »

Quotidien de référence, décortiqué comme une bible à Saint-Germain-des-Prés et à Sciences-Po, *le Monde* n'est pas épargné par cette bourrasque. Michel Legris, un de ses anciens rédacteurs, accuse le journal du soir

---

9. Pierre Daix, *J'ai cru au matin*, Robert Laffont, 1976.
10. Claude Lefort, *Un homme en trop. Réflexions sur « l'Archipel du goulag »*, Seuil, 1976.
11. Jean-Claude Guillebaud, *les Années orphelines, 1968-1978*, Seuil, 1978.
12. Jean Daniel, *l'Ere des ruptures*, Grasset, 1979.

de dérive gauchiste, dans un document où il relate la manière dont ont été traités Soljenitsyne, le communisme indochinois ou la révolution portugaise[13]. L'ouvrage suscite des débats aigus : *le Monde* n'est plus une institution intouchable.

Lentement, le paysage intellectuel se modifie. Trente années de monopole idéologique prennent fin. Jean Cau, ancien secrétaire de Sartre, prix Goncourt 1961 (*la Pitié de Dieu*), ex-journaliste à *l'Express*, a brisé avec la gauche, en 1967, avec sa *Lettre ouverte aux têtes de chiens occidentaux*. Dans ses pamphlets — *l'Agonie de la vieille* (1970) ; *les Ecuries de l'Occident* (1973) ; *Pourquoi la France ?* (1975) — ce chevau-léger sabre les illusions de l'intelligentsia. Jean-Marie Benoist démolit les canons économiques et philosophiques de l'époque : *Marx est mort* (1970). Georges Liébert et Alain-Gérard Slama, en 1970, imaginent *Contrepoint*, une revue libérale. Louis Pauwels, dans sa *Lettre ouverte aux gens heureux* (1971), s'en prend à « l'Eglise du pessimisme occidental ». Hannah Arendt, en 1972, est enfin traduite en français : son œuvre majeure, *les Origines du totalitarisme*, parue aux Etats-Unis en 1951, classe le système communiste dans la même catégorie que le nazisme. Georges Suffert, ancien de *Témoignage chrétien*, *France-Observateur* et *l'Express*, directeur adjoint de la rédaction du *Point*, prend définitivement congé du « club des cuistres » de la gauche, en 1974, avec *les Intellectuels en chaise longue* : « Le terrorisme des précieux, la confiscation de la morale au nom de ce qui n'est même pas la politique, l'auto-admiration mutuelle, la valorisation de l'inculture, l'élitisme du langage, tout cela commence à agacer[14]. » Annie Kriegel entame sa collaboration au *Figaro* en 1976. *Contrepoint* cesse de paraître, mais *Commentaire* lui succède en 1978, donnant une tribune, sous la direction de Jean-Claude Casanova, au courant libé-

---

13. Michel Legris, *Le Monde tel qu'il est*, Plon, 1976.
14. Georges Suffert, *les Intellectuels en chaise longue*, Plon, 1974.

ral-aronien : Jean Baechler, François Bourricaud, Raymond Boudon, Alain Besançon, Pierre Manent, Marc Fumaroli. En 1978 également, Alain Ravennes fonde le Comité des intellectuels pour l'Europe des libertés (Ciel). L'association, vouée à dénoncer la répression dans les pays de l'Est, est soutenue par Raymond Aron, Jean-Claude Casanova, André Frossard, François Nourissier, Jean d'Ormesson, Louis Pauwels ou Maurice Schumann, mais aussi par des figures de gauche, Michel Crozier, Julia Kristeva, Jean-Marie Domenach, Claude Mauriac, Claude Simon ou Philippe Sollers. 1978 voit aussi la fondation du *Figaro Magazine*, hebdomadaire grand public qui s'affirmera à contre-courant de la Rive gauche.

1978 est enfin l'année où survient un événement universel dont la nature n'est pas politique, mais dont l'effet sera décisif sur la destinée de l'empire communiste : le 16 octobre, l'archevêque de Cracovie, Mgr Wojtyla, devient le pape Jean-Paul II.

*

Juin 1976. Numéro exceptionnel des *Nouvelles littéraires*. Titre : « les Nouveaux Philosophes ». Commentaire de Bernard-Henri Lévy, rédacteur en chef du dossier : « Nouveaux philosophes qui ont sans doute moins de points de rencontre que de terrains de mésentente. Nouveau courant, si l'on y tient, mais proprement décapité, sans tête, sans chef et sans principe. » Néanmoins, l'expression perdurera.

Après avoir milité avec les maoïstes, André Glucksmann s'est lié avec Maurice Clavel. Dans les séminaires que ce dernier anime chez lui, près de Vézelay, et à la lecture de Soljenitsyne, une révélation s'est imposée à Glucksmann : « Le marxisme rend sourd » (*le Nouvel Observateur*, 4 mars 1974). En 1975, avec *la Cuisinière et le Mangeur d'hommes*, il se livre à une critique virulente du régime soviétique et de ses complaisances occidentales : « Là-bas, l'enfer. Est-ce une raison pour cultiver ici les paradis artificiels ? Les pensées innocentes qui n'ont pas programmé les camps ne les ont pas non plus prévus. Libéralisme, marxisme ; à les supposer innocentes, ces idéologies n'ont rien empêché. » « Le goulag était dans Marx », accuse Glucksmann [15]. Dans *les Maîtres penseurs*, en 1977, il va plus loin. Les philosophies de Fichte, Hegel, Marx ou Nietzsche, explique-t-il, forment la matrice du totalitarisme : l'idéalisme des Lumières a engendré les utopies les plus dévastatrices.

Guy Lardreau et Christian Jambet, en 1968, tenaient à la Sorbonne le stand de l'Union des jeunesses communistes marxistes-léninistes. Ils y avaient accroché le portrait de Staline (expliquant que sa politique avait été « fondamentalement juste »), Lardreau faisant même l'apologie de Beria [16]. Quelques années plus tard, jeunesse s'est passée. Dans leurs livres écrits à quatre mains, *l'Ange* (1976) et *le Monde* (1978), Lardreau et Jambet prêchent une nouvelle morale. Le mal existant dès l'origine, il n'y a pas de bien absolu : il appartient à chaque culture et à chaque individu de tenter de bien faire.

Bernard-Henri Lévy, à Normale, fut l'élève d'Althusser. Editeur chez Grasset depuis 1973, chroniqueur au *Quotidien de Paris* depuis 1974, il pratique avec habileté une stratégie qui va faire de lui, aux confluents de l'édition et du journalisme, un homme tout-puissant sur la place de Paris. En 1977, un best-seller le propulse chef de file des nouveaux philosophes : *la Barbarie à visage humain*. Lui aussi marqué par Soljenitsyne, Lévy démonte la mécanique du totalitarisme communiste, plaidant pour les droits de l'homme.

Du point de vue de l'histoire des idées, les nouveaux philosophes n'ont rien inventé. Sur la filiation des

---

15. André Glucksmann, *la Cuisinière et le Mangeur d'hommes*, Seuil, 1975.
16. Cité par Hervé Hamon et Patrick Rotman, *Génération. 2, op. cit.*

utopies meurtrières du XXe siècle avec l'ultra-rationalisme des Lumières, ou sur la nature totalitaire du bolchevisme, ce qu'ils avancent a déjà été pensé, dit, écrit, démontré. Ce qui est nouveau, en l'occurrence, c'est que l'attaque contre le marxisme provient du cœur de la gauche : c'est l'implosion du noyau de la centrale nucléaire. Au regard du fonctionnement du milieu intellectuel, cela s'avérera plus efficace que mille démonstrations de Raymond Aron.

L'autre nouveauté, celle-ci négative, c'est que le phénomène nouveaux philosophes a été créé artificiellement. Comme une opération commerciale, dopée par un cortège d'annonces médiatiques et publicitaires. Dorénavant, les débats d'idées procèdent d'effets de mode.

Cette dérive s'illustre une nouvelle fois, en 1979, avec « l'été de la nouvelle droite ». L'affaire est lancée, le 22 juin, par un article du *Monde* (« La nouvelle droite s'installe »), et reprise, le 2 juillet, par un dossier du *Nouvel Observateur* (« Les habits neufs de la droite française ») : « Ce ravalement idéologique de la droite la plus vieille du monde ne serait-il qu'un phénomène culturel qu'il commanderait la plus extrême vigilance. Mais il y a plus grave : les activistes de cette nouvelle droite collaborent directement, officiellement, et jusqu'à l'intérieur des cabinets ministériels, avec le pouvoir en place. » Au fil des mois, deux mille cinq cents articles et quinze livres seront consacrés à cette histoire. Polémique surprenante par sa disproportion : la nouvelle droite, inconnue du grand public, représente quelques dizaines d'adeptes actifs. *A priori*, rien qui menace les fondements de l'Etat.

De quoi s'agit-il ? Du Groupement de recherche et d'études pour la civilisation européenne (Grece), et des revues *Nouvelle Ecole* et *Eléments*. Animée par Alain de Benoist, cette nébuleuse idéologique se donne pour objet de redéfinir une pensée de droite, en tournant le dos aux schémas habituels. Depuis dix ans, la nouvelle droite a noué des contacts avec des personnalités scientifiques (Georges Dumézil, le prix Nobel Konrad Lorenz), et avec des hommes de presse (Jean Cau, Thierry Maulnier, Raymond Bourgine, Michel Droit, Louis Pauwels). Parmi ses adhérents, une poignée de hauts fonctionnaires, et quelques journalistes ; à l'instigation de Pauwels, Alain de Benoist tient une chronique au *Figaro Magazine*.

Ce microcosme ressemble à un jeu de poupées russes : une réalité en cache toujours une autre. En apparence, cette équipe sort des sentiers battus. Dans la pratique, son approche « métapolitique », culturelle et scientiste recèle, en dernière analyse (l'ultime poupée), une étrange passion pour les cultures germaniques ou nordiques, une hostilité sans faille à l'Etat-nation à la française, et un antichristianisme viscéral. Des idées inassimilables à la droite traditionnelle, et qui ne sont pas sans produire de troublantes analogies. Alain de Benoist s'en défend. « Ma filiation, explique-t-il, serait plutôt Rousseau, la Commune, le socialisme français (surtout Sorel et Pierre Leroux), les non-conformistes des années trente, la Révolution conservatrice allemande, le syndicalisme révolutionnaire italien et le situationnisme. »

Sa présence dans les colonnes du *Figaro Magazine*, en tout cas, est une aubaine pour les spécialistes de l'amalgame. Le 3 octobre 1980, une bombe déposée devant la synagogue de la rue Copernic tue quatre personnes et fait trente blessés. L'attentat déclenche une indignation unanime. Avant tout indice, la presse impute ce crime aux « fascistes » et aux « néo-nazis ». « Les intellectuels de la nouvelle droite arment-ils le bras des antisémites ? » s'interroge *le Point* (13 octobre 1980). L'article, subtilement, est illustré d'une photo de Louis Pauwels. L'enquête révélera que l'attentat a été perpétré par des terroristes palestiniens.

Après 1981, cette page se tourne : Pauwels s'éloigne d'Alain de Benoist. Les idées de ce dernier connaîtront des métamorphoses qui ont été analysées par Pierre-

André Taguieff [17]. Rive gauche, l'épisode nouvelle droite collera longtemps au *Figaro Magazine*, comme une tunique de Nessus. Mais sont-ils bien placés pour donner des leçons, ceux qui ont mis tant de temps à croire au goulag ?

1976-1977, Nouvelle Philosophie ; 1979-1980, Nouvelle Droite. Le trait commun à ces deux phénomènes, c'est l'amplification de controverses intellectuelles par les moyens d'information. Des campagnes d'opinion, relayées comme des produits de consommation. L'abus du mot « nouveau » vient d'ailleurs du vocabulaire de la publicité : un marché est ouvert.

Voici le temps des débats d'idées médiatiques.

---

17. Pierre-André Taguieff, *Sur la Nouvelle Droite*, Descartes et Cie, 1994.

7

VU A LA TÉLÉ

Janvier 1981. Tous les soirs, le théâtre du Gymnase fait salle comble. Sur scène, Coluche a troqué sa salopette pour une veste. En bandoulière, il porte une écharpe tricolore. « C'est l'histoire d'un mec, eueuh... »

A l'automne précédent, le comédien a annoncé qu'il se présenterait à l'élection présidentielle. D'après un sondage, 27 % des lecteurs du *Nouvel Observateur* sont prêts à voter pour lui. *Le Monde* (19 novembre 1980) a fait paraître un « appel pour la candidature de Coluche ». Quelques pontifes de l'intellocratie ont signé : Pierre Bourdieu, directeur d'études à l'Ecole des hautes études en science sociale, Maurice Nadeau, directeur de *la Quinzaine littéraire*, Michel Butel, Gilles Deleuze, Félix Guattari. Ce dernier s'est expliqué à *l'Obs* : « Ce qui est visé à travers notre soutien à Coluche, c'est avant tout la fonction présidentielle. La prochaine élection sera peut-être la dernière chance qui nous sera donnée d'enrayer le processus actuel vers un nouveau totalitarisme. La campagne du citoyen Coluche est l'un des moyens qui peut conduire à une mobilisation populaire contre ce régime. »

Coluche a débuté au Café de la Gare, en 1975. S'il fait rire, avec sa bedaine, sa bouille ronde et ses cheveux bouclés, c'est que son humour est dans l'air du temps : graveleux, vaguement anarchiste, dépeignant la vie comme une lutte perpétuelle des « petits » contre les « gros ». Une démagogie pétrie de bons sentiments.

Pendant quelques semaines, il a un peu bousculé le jeu politique. Un peu seulement, mais suffisamment pour que certains prennent au sérieux cet étrange candidat. Comment en est-on arrivé là ? De quelle légitimité Coluche peut-il se réclamer ? Pourquoi des intellectuels le soutiennent-ils ? A leurs yeux, porte-parole du peuple, il brave les institutions au nom de la justice immanente. Mais qui lui a taillé ce costume de Robin des Bois ? Les médias. Les médias qui, dorénavant, contribuent à faire et défaire les réputations. La France est entrée dans l'ère médiatique.

En 1978, Régis Debray publie un essai [1] distinguant trois phases dans l'histoire du pouvoir intellectuel. De 1880 à 1930, c'était l'âge universitaire : les sommités du savoir occupaient une chaire à la Sorbonne. De 1920 à 1960, c'était l'âge éditorial : les ténors de la presse écrite guidaient l'opinion. Depuis 1968, c'est l'âge médiatique : les intellectuels doivent s'imposer dans une civilisation passée de l'écrit à l'image.

Dès 1967, à Paris, on lisait Marshall MacLuhan. Pronostiquant « la fin de la galaxie Gutenberg [2] », le sociologue canadien analysait le système médiatique : sous son empire, le monde allait se transformer en « village planétaire ». Fruit du progrès technologique, l'âge médiatique abat les frontières et bouleverse les hiérarchies. Sur le plan idéologique, ce n'est pas innocent.

*

Qu'est-ce qu'un intellectuel ? Quiconque dont l'état consiste à se mouvoir dans les idées. Par son prestige, une telle activité détermine plus qu'un profil professionnel : elle confère un statut social. Animal politique

---

1. Régis Debray, *le Pouvoir intellectuel en France*, Ramsay, 1978.
2. Marshall McLuhan, *la Galaxie Gutenberg*, Hurtubise, 1967.

(au sens originel), l'intellectuel vit dans une période et un lieu donnés. Sa puissance se jauge à son crédit sur ses contemporains.

Pendant les années 1960, l'espèce se multiplie. Son champ d'influence s'élargit. L'allongement de la scolarité et l'ouverture de l'Université produisent de plus en plus de diplômés. Lesquels investissent l'enseignement, l'information, la communication, la culture, les loisirs — domaines de la révolution tertiaire.

André Malraux conçoit au même moment une ambitieuse politique culturelle. Celle-ci, sur le terrain, est cependant mise en œuvre par des militants de gauche. La captation s'effectue avec l'accord tacite de la droite : les yeux rivés sur les courbes de croissance, la classe dirigeante de la Ve République voit dans la culture un abcès de fixation pour les contestataires. Méprisant cette évidence : la pensée est un instrument de pouvoir. L'éléphant est peut-être plus lourd que le cornac, mais c'est l'homme qui le dirige. Quand bien même il y a décalage entre le pays et l'intelligentsia, les valeurs défendues par celle-ci exercent un ascendant sur toute la société. L'enseignement, la culture ou l'information ne sont jamais neutres.

Ils le sont d'autant moins, au mitan des Trente Glorieuses, que les mutations de l'époque, la mobilité géographique et sociale ou la déchristianisation conduisent à une crise du sens qui fait exploser les références antérieures.

La télévision se greffe là-dessus. En 1958, 9 % des Français possèdent un téléviseur ; en 1965, 42 % ; en 1969, 60 %. A la fin des années 1980, plus de 95 % des foyers sont équipés d'au moins un appareil. En 1967, 51 % de la population regardent le petit écran tous les jours. En 1998, ils seront 86 % — chaque individu y consacrant trois heures quotidiennes. Or la télévision remplit un rôle massificateur : quelles que soient leur région ou leur ville, quel que soit leur milieu, quel que soit leur âge, à quelque famille politique ou spirituelle qu'ils se rattachent, ses usagers sont passés au même moule.

A sa naissance, la télévision est un organisme soumis aux directives publiques. Le 15 avril 1962, quand Alain Peyrefitte est nommé secrétaire d'Etat à l'Information, son prédécesseur lui montre son bureau où des boutons de sonnette sont reliés aux directeurs des programmes : « Tous les soirs, vous les appellerez pour arrêter les grandes lignes du journal du soir, à la radio et à la télévision [3]. » Georges Pompidou revendique cette singularité : « Le journaliste de télévision n'est pas tout à fait un journaliste comme un autre. La télévision est considérée comme la voix de la France, et par les Français et par l'étranger. » De Gaulle peste néanmoins contre l'ORTF, ce « fief incontrôlé [4] ». Mais le gouvernement peut bien nommer les directeurs et faire valser les présentateurs, la télévision recrute majoritairement à gauche.

Sous Valéry Giscard d'Estaing, les ondes sont libéralisées. « Radio et télévision ne sont pas la voix de la France. Leurs journalistes sont des journalistes comme les autres », insiste le Président, le 8 janvier 1975. L'ORTF démantelé, les pouvoirs publics n'exercent plus qu'une tutelle lointaine sur l'information, par le truchement de la Haute Autorité puis du Conseil supérieur de l'audiovisuel.

En 1971, Maurice Clavel claquait la porte d'un débat télévisé, en découvrant qu'un petit film tourné par lui avait été amputé d'une séquence (« Messieurs les censeurs, bonsoir »). A partir de la décennie 1980, cet éclat renvoie à la préhistoire du petit écran.

La censure a donc disparu ? Non. Elle a changé de nature. Dans un pays électoralement partagé pour moitié entre droite et gauche, les scrutins syndicaux montrent que 80 % des journalistes apportent leur voix aux organisations de gauche. A l'évidence, c'est leur plus

---

3. Alain Peyrefitte, *le Mal français*, Plon, 1976.
4. Charles de Gaulle, *Lettres, Notes et Carnets*, tome IX, Plon, 1986.

strict droit démocratique. Mais force est de constater que ce milieu professionnel n'est pas réparti comme l'opinion publique : le fléau de sa balance incline à gauche. Fatalement, ce déséquilibre se fait sentir dans les médias. Le choix des sujets, la manière dont ils sont traités, les personnalités invitées correspondent aux orientations qui l'emportent dans les rédactions. Le phénomène n'obéit ni à une ligne officielle, ni à des consignes occultes, ni à une stratégie organisée : il provient du consensus régnant dans un microcosme.

Au soir du 10 mai 1981, à l'annonce de l'accession de François Mitterrand à l'Elysée, l'ensemble du *desk* de l'agence France-Presse se lève et se met à applaudir. « Ceux qui ne sont pas de gauche ou d'extrême gauche écrasent », témoigne un minoritaire (*le Quotidien de Paris*, 6 juin 1981). L'AFP, rappelons-le, se trouve à la source de 70 % des informations diffusées en France.

Seulement 25 % des journalistes sortent des écoles spécialisées. Mais les écoles de journalisme, remarque Jean-François Revel, « ne sont pas des lieux où l'on enseigne particulièrement à rechercher l'information et à la contrôler. Les élèves y développent plutôt le sens de leur mission sociale au service d'une noble cause, qu'ils définissent eux-mêmes, et doivent aider à triompher [5] ».

Vingt ans en 1968, trente en 1978, quarante en 1988, cinquante en 1998. En trois décennies, la génération liée par ses souvenirs du joli mois de Mai fait carrière. En fin de parcours, elle se trouve aux commandes. Ses membres — furent-ils communistes, trotskistes, maoïstes ou simples spectateurs — entretiennent une vision du monde imprégnée par 1968 : leurs réflexes sont marqués à jamais. *Libération*, fondé en 1973 avec des bouts de ficelle, devient une institution. S'y expriment des universitaires et des intellectuels nés à la vie de l'esprit dans l'effervescence du gauchisme. *Le Monde*

---

5. Jean-François Revel, *la Connaissance inutile*, Grasset, 1988.

reste le quotidien de référence, l'engagement en plus. Les enragés sont devenus des mandarins.

Dans l'histoire du terrorisme intellectuel, l'émergence du fait médiatique constitue *le* tournant majeur. Désormais, l'influence du discours dominant est décuplée. Sous de Gaulle, « la télévision française, c'était l'Etat dans la salle à manger », rapporte Alain Peyrefitte [6]. Naguère, la pensée de Sartre touchait ceux qui le lisaient, et eux seuls. Aujourd'hui, la télévision française, c'est Sartre dans la salle à manger.

*

En 1965, l'élection présidentielle se déroule pour la première fois au suffrage universel. Au premier tour, un quasi-inconnu réalise une percée : en s'inspirant des méthodes américaines, Jean Lecanuet a préparé ses interventions télévisées avec un cabinet de conseil en image. Il a notamment travaillé son sourire qui, ouvert sur une blanche dentition, séduit le public féminin. Mis en ballottage, de Gaulle se résout, entre les deux tours, à une longue interview télévisée, où il illustre sa maîtrise du verbe.

La télévision s'est intégrée au mécanisme politique. Elle n'en sortira plus. Si les pitreries de Coluche, en 1980, se situent à un piètre niveau, elles procèdent néanmoins de la même logique. « La politique devient aujourd'hui le métier du paraître », souligne Francois-Henri de Virieu [7].

Les intellectuels sont soumis aux mêmes impératifs. Autrefois, ils persuadaient par la force de leurs démonstrations — même si la passion s'en mêlait. Désormais, leur notoriété est détrônée par de nouvelles vedettes issues des médias, dont l'impact est sans commune mesure avec le leur. S'ils veulent s'affirmer, il

---

6. Alain Peyrefitte, *le Mal français, op. cit.*
7. François-Henri de Virieu, *la Médiacratie*, Flammarion, 1990.

leur reste à devenir à leur tour des personnalités médiatiques. « T'as le look, coco, t'as le look qui te colle à la peau », dit un refrain des années 1980. C'est le règne du « vu à la télé ».

Ce processus constitue une prime au conformisme. A la télévision, les personnalités non médiatiques ou les rebelles au consensus ne sont pas invités. Quand ils le sont, c'est pour servir de cibles. D'autre part, la concurrence entre les chaînes et les exigences de la publicité provoquent une course à l'audience. Ce qui n'intéresse pas le plus grand nombre est éliminé, ou rejeté aux heures creuses. La priorité est accordée à ce qui plaît, à ce qui est à la mode, à ce qui est « tendance » : au spectaculaire, au superficiel. Combien d'émissions sont consacrées, par exemple, à des dossiers aussi déterminants que la démographie, l'aménagement du territoire ou la guerre économique entre l'Europe et les Etats-Unis ?

Par nature, la télévision est simplificatrice : à l'antenne, pour éviter les « tunnels », il faut faire vite et court. Or la réalité est toujours complexe, tissée de mille nuances impossibles à exposer devant la caméra. Réducteur, le regard télévisuel assure la victoire du fugace sur le permanent, de la sensation sur la réflexion, du sentiment sur la raison. Au village planétaire, les émotions sont mondiales, et obligatoires : en 1997, après la mort de lady Diana, qui aurait émis la moindre réserve sur la figure de la princesse de Galles aurait risqué le lynchage.

Au sens propre, la télévision est un spectacle : seul le visible a droit de cité. Ce qui ne se traduit pas en images n'a pas d'existence. En sens inverse, la télévision possède les moyens de créer artificiellement l'événement, en donnant consistance à tel homme ou tel phénomène sans racines profondes. Dans le domaine de l'information, la prééminence de l'audiovisuel est d'autant plus forte que son contrepoids est affaibli, en raison de la concentration de la presse écrite (deux

cent trois quotidiens en 1946, soixante-sept en 1995).
Désormais, la vérité sort de la bouche de la télé.

*

Quinze ans après sa parution, l'essai de Guy Debord
sur la « société du spectacle » prend son sens. Les
années Mitterrand voient l'apothéose de figures hyper-
médiatisées, consultées comme des oracles. Entre 1983
et 1987, Yves Montand joue la pythie sur les plateaux
de télévision. Un soir de 1984, il explique « la crise » à
20 millions de Français ; en 1985, lors de l'émission
« la Guerre en face », il analyse l'équilibre de la
terreur ; en 1987, Anne Sinclair le reçoit à « Questions
à domicile ». Est-il acteur ou homme politique ? La
frontière s'est brouillée. Serge Gainsbourg, de son côté,
passe à « Sept sur sept », Coluche et Guy Bedos au
« Jeu de la vérité ». Le show-biz délivre des messages.

Alors que les partis sont empêtrés dans les affaires et
les politiciens déconsidérés, ces gourous cathodiques
sont réputés libres, généreux, indépendants. Le monde
est opaque : ils le percent par leur pureté, leur sincérité, leur authenticité. A l'instar des vedettes, quelques
journalistes, philosophes ou représentants de la
« société civile » (expression en vogue) sont ainsi érigés
en autorités morales. Nouveaux Candide, ces experts
en généralités sont invités à s'exprimer sur tout et rien.

Avec impertinence, un jeune magazine anticonfor-
miste, *Vu de France*, publiera, en 1993, un « autorité-
moraloscope à utiliser en cas de panne idéologique ».
Des récompenses illustreront cette série de portraits.
Une étoile (« modèle à suivre ») : Jean Lacouture,
Yannick Noah, Danielle Mitterrand, l'abbé Pierre. Deux
étoiles (« grande figure ») : Patrick Bruel, Bernard
Kouchner, Mgr Gaillot, Jack Lang, Harlem Désir,
Pierre Bergé. Trois étoiles (« grande conscience »)
Jean-François Kahn, Marguerite Duras. Quatre étoiles
(« grande conscience universelle ») : Bernard-Henri
Lévy.

Par une dérive réciproque, les responsables politiques se transforment en comédiens. En 1985-1986, François Mitterrand participe à trois émissions animées par Yves Mourousi : « Ça nous intéresse Monsieur le Président ». « Etes-vous un président chébran ? », interroge le présentateur. « Je suis plutôt branché », répond le chef de l'Etat. En 1992, Bernard Kouchner apporte la preuve qu'il assume sa mission jusqu'au bout : en Somalie, le ministre de la Santé et de l'Action humanitaire coltine des sacs de riz. Pur hasard, il est filmé en pleine action.

En politique, les conséquences de l'intrusion médiatique sont redoutables. Pour un ministre, un député, intervenir trois minutes au « 20 heures » a plus de prix qu'une allocution d'une demi-heure à l'Assemblée. Il s'agit ni plus ni moins que d'un transfert de légitimité. Les journalistes ne sont plus le reflet, ils sont le miroir. L'abus des sondages, dont les médias sont friands, pose le même problème : un sondage restitue l'état de l'opinion à un instant donné. Or la politique est la gestion de la durée. Gouverner d'après des sautes d'humeur, c'est piloter à vue. Mais le système médiatique excite cette dictature de l'éphémère.

Surveillant, juge et parfois inquisiteur, le quatrième pouvoir campe au centre de la vie politique, intellectuelle et morale. Aucune loi, aucun article de la Constitution ni aucun référendum n'a défini sa fonction. Et pour cause : ce magistrat inamovible s'est nommé lui-même.

8

BLACK-BLANC-BEUR

1981. Jack Lang pavoise : « Le 10 mai, les Français ont franchi la frontière qui sépare la nuit de la lumière. » Bonheur du manichéisme. Les socialistes sont athées, mais croient à l'enfer : pour y jeter leurs adversaires. La politique n'est plus l'humble recherche du bien commun, elle incarne la lutte de l'ange et du démon. Les bons sentiments triomphent. C'est la dictature de la morale. La morale, comme l'honneur : « C'est quand la chose manque, qu'il faut en mettre le mot », dit Montherlant.

Le septennat a démarré dans l'ivresse : la droite gouvernait depuis si longtemps. Les partisans de François Mitterrand le font sentir. En octobre 1981, Jean Foyer contestant le bien-fondé des nationalisations, André Laignel rétorque : « Il a juridiquement tort, car il est politiquement minoritaire. » Au congrès du Parti socialiste, Paul Quilès menace : « Il ne faut pas se contenter de dire de façon évasive, comme Robespierre à la Convention, " des têtes vont tomber ", il faut dire lesquelles, et le dire rapidement. » A l'antenne d'Europe n° 1, Louis Mermaz jubile : « Si nous réussissons, il n'y aura pas de retour au passé. Certaines forces d'opposition auront été détruites. »

Moins de deux ans plus tard, le porte-parole du gouvernement, Max Gallo, fait part de ses appréhensions. « La gauche abandonnerait-elle la bataille des idées ? »

(*le Monde*, 26 juillet 1983). En écho à cette interrogation, le quotidien du soir enquête sur « le silence des intellectuels de gauche » (*le Monde*, 27 et 28 juillet 1983). Meublant le vide estival, cette controverse dégage un bilan désenchanté. La pensée de gauche est en crise ; les relations des intellectuels avec le nouveau pouvoir ne sont pas bonnes ; à leurs yeux, les élections de mai-juin 1981 ont été « une victoire à contre-temps ».

Les premiers doutes se sont dévoilés dès 1981. A l'automne, *Esprit* publiait un numéro spécial, *la Gauche pour faire quoi ?* Paul Thibaud, son rédacteur en chef, y exprimait « une grande défiance vis-à-vis d'un pouvoir de gauche qui a réussi en refusant les remises en cause de l'orthodoxie étatique et productiviste qu'une bonne partie des intellectuels combattent depuis dix ans ».

Entre 1981 et 1983, que s'est-il passé ? Mitterrand commence par appliquer le programme sur lequel il a été élu. Relance de la consommation, taxation accrue des entreprises, augmentation des effectifs de la fonction publique, nationalisations. Est-ce la rupture tant proclamée avec le capitalisme ? En réalité, les socialistes prolongent en l'accentuant la politique pratiquée depuis plus de vingt ans. Sous de Gaulle, Pompidou ou Giscard d'Estaing, le poids du secteur public était considérable, l'interventionnisme d'Etat omniprésent. La droite à l'Elysée, la redistribution des revenus s'opérait déjà sous la houlette de l'Etat-providence, et la pression fiscale ne faisait que s'accentuer. Après la vague rose de 1981, les barbus manient la rhétorique de l'« ancien régime » et du « changement ». Mais c'est une chimère : entre Giscard et Mitterrand, une logique se perpétue.

Dans l'opposition, vers 1981-1985, ce constat suscite l'engouement pour le libéralisme. Ses hérauts soulignent que les prélèvements obligatoires sont passés de 37 % en 1974 à 43 % en 1981 : dans cette ponction de la richesse nationale par l'Etat, le socialisme était en germe.

Jacques Garello, Henri Lepage, Florin Aftalion, Pascal Salin : on les appelle les *nouveaux économistes* (encore une étiquette médiatique). Inspirés par l'exemple britannique de Mrs Thatcher ou par le modèle américain du président Reagan, ces libéraux méditent Friedrich von Hayek ou Milton Friedman. Leurs thèses, relayées par livres, articles et colloques, vulgarisées par de multiples clubs, servent de carburant idéologique à une droite anéantie par sa défaite de 1981. Désengagement de l'Etat de la vie économique et sociale, libre ouverture au marché mondial : le contrepied de la doctrine officielle de la gauche.

Cet antagonisme est de façade. Chez les socialistes qui trônent au pouvoir ou chez les libéraux qui aspirent à le reprendre, domine toujours le primat de l'économique.

En 1983, Mitterrand prend un tournant. Finies les envolées lyriques ressuscitant le Front populaire. L'heure est au réalisme. Réalisme extérieur : pour contrer les SS 20 soviétiques, le Président approuve, devant le Bundestag, le déploiement de missiles américains en Europe. « Le pacifisme est à l'Ouest, et les euromissiles sont à l'Est », précise-t-il à Bruxelles. Réalisme intérieur : en 1984, la révolte tranquille des parents de l'école libre force les socialistes à reculer. Peu après, les communistes quittent le gouvernement.

Les mesures démagogiques de 1981 ont coûté cher, très cher. Pour limiter leurs conséquences, un mot d'ordre : la rigueur. Il s'agit de réduire les déficits afin de s'adapter aux contraintes internationales — notamment de souscrire aux engagements européens. Les socialistes changent de registre : esprit d'initiative, rentabilité, profit. *Horresco referens*, ils font même l'éloge de la Bourse. La droite, revenue aux affaires en 1986 (première cohabitation), poursuit dans cet axe. La gauche, de nouveau majoritaire en 1988, reprend le même chemin. Le gouvernement veille à maintenir les équilibres financiers, dans l'optique d'une économie mondialisée et de l'union monétaire européenne qui s'échafaude.

A chaque alternance entre la gauche et la droite, à chaque changement de tête à Matignon, la France hésite entre deux modèles : la social-démocratie ou la démocratie sociale. Sur le plan des idées, c'est un choc titanesque... La révolution socialiste n'a pas eu lieu en 1981, la révolution libérale n'a pas eu lieu en 1986. Il s'agit de gérer l'avenir en commun. En 1987, François-Bernard Huyghe et Pierre Barbès baptisent soft-idéologie ce consensus intellectuel : « Les mêmes présupposés philosophiques, économiques et politiques dictent maintenant des choix universellement acceptés [1]. »

Symbole de cette convergence, la Fondation Saint-Simon. Créée en 1982, son but est de faire dialoguer des chefs d'entreprise et des intellectuels, par-delà la droite et la gauche. On y rencontre Philippe Vianney, Michel Albert, Roger Fauroux, Pierre Rosanvallon, François Furet, Jacques Julliard, Alain Minc. Leur analyse : le monde entier passe à l'économie de marché, selon un modèle socio-politique qui tend à s'unifier. En conséquence, le recentrage du jeu politique français est inéluctable, autant que la fin de l'« exception française ».

Le prix d'une telle évolution, les plus lucides ne le dissimulent pas. Dans un essai conçu à la demande de la fondation Saint-Simon, François Furet, Jacques Julliard et Pierre Rosanvallon soulignent le risque qui guette l'époque : tomber dans « le centre-vide ». « Nous avons, écrivent-ils, finalement troqué la langue de bois d'hier pour une langue de caoutchouc, une sorte de novlangue, pâteuse et imprécise. » Et Furet d'ajouter : « L'accent mis sur l'universalité des droits tend à miner la vision historique de la nation, et même la valeur suréminente de l'idée nationale dans la vie collective [2]. »

Une fois de plus, c'est la nation qui est passée par

---

1. François-Bernard Huyghe et Pierre Barbès, *la Soft-idéologie*, Robert Laffont, 1987.

2. François Furet, Jacques Julliard et Pierre Rosanvallon, *la République du centre*, Calmann-Lévy, 1988.

pertes et profits. La nation, c'est-à-dire l'Etat, la politique, l'intérêt général. Car la nation n'est pas qu'un espace économique. C'est une société vivante, dont l'équilibre ne tient pas seulement aux chiffres de la croissance. Son harmonie ou ses discordes internes tiennent à mille liens qui se nouent ou se dénouent : les idées, les valeurs, la culture, la langue, les relations entre les êtres, la chaîne des générations, le rapport entre les citoyens et les pouvoirs publics, l'intégration des citoyens au sein de communautés particulières qui cimentent l'appartenance à la collectivité.

Mais à oublier la nation, elle se revanche. A négliger la politique, elle se venge. A mépriser les idées, elles rejaillissent.

A gauche, les intellectuels sont en quête d'une mission. Ils ne croient plus au marxisme, ni à l'apothéose par le tiers monde. Mais ils ont foi dans les droits de l'homme. Ces droits, pour eux, sont moins un objet concret qu'un système. 1968 plane toujours dans les têtes : or l'idéologie de Mai absolutise le « droit à » ou le « droit de ».

Eternels avocats des opprimés, les intellectuels n'ont plus de prolétaires ni de guérilleros à défendre. Heureusement, une cause les attend : celle des immigrés. Elle les réconcilie avec les socialistes. Avec l'antiracisme, la Rive gauche enfourche un nouveau cheval de bataille.

*

Dreux, 9 septembre 1983. Dans ce chef-lieu de 35 000 habitants, quelques célébrités se sont donné rendez-vous : Michel Rocard, Georgina Dufoix, Pierre Joxe, Alain Krivine, Lény Escudero, Costa-Gavras, le professeur Minkowski, Jean-Edern Hallier. Daniel Gélin harangue l'assistance : « L'incendie couve... » Le 4 septembre, lors d'une élection municipale partielle, Jean-Pierre Stirbois, le candidat du Front national, a récolté 16 % des suffrages. La droite RPR-UDF a obtenu 42 % des voix, la gauche 40 %. En vue du second tour, un accord local a été conclu entre la droite et le Front national. Le 11 septembre, en dépit de toutes les exhortations, cette alliance emporte la mairie de Dreux.

Marseille, 15 octobre 1983. Trente-deux « beurs » entament une marche vers Paris. Mot d'ordre : « La France c'est comme une mobylette , pour avancer il lui faut du mélange. » Les marcheurs parviennent dans la capitale le 3 décembre, accueillis par un cortège de 60 000 personnes manifestant « contre le racisme ».

S'amorce une querelle qui va monopoliser quinze années de la vie politique et intellectuelle française. Un conflit, pas même un débat. L'affaire, dialectisée, instrumentalisée, se présente comme un dialogue de sourds : « racistes » contre « antiracistes ». Ni raison ni réflexion, mais passion et imprécation. Les uns, à partir de difficultés concrètes, tirent des conclusions abruptes, simplistes ; les autres, à partir de principes abstraits, assènent des leçons de morale. Au lieu d'une discussion sereine, civique, constructive, sur les mythes et les réalités des flux migratoires, sur la définition de la nation et de la citoyenneté, s'engage une guerre métaphysique. Envenimant l'atmosphère, elle ne résout aucun problème.

Jean-Marie Le Pen — député poujadiste en 1956, animateur de la campagne Tixier-Vignancour en 1965 — a fondé le Front national en 1972. Depuis, il s'est présenté à tous les scrutins possibles, avec des résultats dérisoires : 0,74 % aux présidentielles de 1974, 0,33 % aux législatives de 1978. Le score de Dreux (précédé d'un 11 % dans le XXe arrondissement de Paris, en mars 1983) sort son mouvement de la marginalité. Aux européennes de juin 1984, il obtient 10,9 % des voix. « Le choc », titre *Libération*. Débordant son noyau initial, le Front national recrute. En quelques mois, l'ancien groupuscule est propulsé sur l'échiquier politique. Abandonnant l'UDF, le RPR ou le CNI, des cadres de la droite classique le rejoignent. Et les scrutins ultérieurs confirment l'essai : 9,6 % des voix et 35 députés, à la proportionnelle, aux législatives de 1986 ; 14,4 % aux présidentielles de 1988.

Feu de paille ? Phénomène durable ? Populisme ? Droite extrême ? Extrême droite ? Fascisme ? Par dizaines, les commentateurs donnent leur réponse. Le Front national est une force composite : dans ses rangs se mêlent fédéralistes et jacobins, libéraux et protectionnistes, catholiques et païens. L'ensemble ne tient que par le charisme de son leader. Le Pen affronte avec brio les caméras de la télévision, et cet orateur sait manier les registres : pour les faubourgs, la gouaille ; pour les beaux quartiers, l'imparfait du subjonctif.

Mais ses électeurs ? Il est sûrement des racistes dans le lot, sans doute quelques fascistes, mais qui peut croire que 4 375 894 Français (ceux qui ont voté Le Pen le 25 avril 1988) sont brusquement devenus racistes et fascistes ? Ces citoyens récusent les autres partis, les accusant d'être « tous pareils ». Formule qui exprime un avertissement ne pouvant être négligé. A tort ou à raison, celui qui glisse un bulletin Le Pen dans l'urne manifeste un certain nombre de préoccupations.

Ces préoccupations, la logique voudrait qu'on les examine. Quitte à répondre qu'elles ne sont pas fondées, ou exagérées, ou impossibles à satisfaire, ou tout ce que l'on voudra. Mais ce n'est pas ce qui va se passer. Non seulement les électeurs du Front national ne seront pas écoutés, mais leurs soucis seront décrétés illégitimes, ineptes, obscènes. Et eux-mêmes seront déclarés maudits. Cet anathème, d'ailleurs, n'aboutira qu'à les renforcer dans leur choix.

A Dreux, au soir du second tour qui a fait de Stirbois le maire-adjoint de la ville, les militants de gauche entonnent le *Chant des partisans.* « L'idéologie du Front national n'est, ni plus ni moins, que la copie de celle que véhiculait le mouvement fasciste européen dans les années trente », affirme Jean-François Kahn (*le*

Matin, 9 septembre 1983). Dès les premiers succès de Le Pen, la mécanique de l'antifascisme est remise en route. Le Front national est fasciste, son programme est fasciste, ses électeurs sont fascistes. Qui emploie ne fût-ce qu'une idée ou un mot utilisés par Le Pen est contaminé : il est fasciste.

Cette diabolisation, inaugurée par la gauche et reprise par la droite, est facilitée par l'intéressé. Outrancier, emporté, provocateur, Le Pen prend plaisir à ressembler à sa pire caricature. Après que la droite a répudié tout accord avec lui, il multiplie les sorties — de « point de détail » (1987) en « Durafour-crématoire » (1988) — visant à se rendre infréquentable. De sa part, c'est une tactique consciente : il ne croit pas que son mouvement puisse accéder au pouvoir, et préfère le ministère de la parole à l'exercice de responsabilités réelles.

Mais Le Pen est une chose, ses électeurs en sont une autre. Les traiter comme des pestiférés comporte plusieurs incidences — d'inégale portée.

Sur le plan électoral, exclure toute alliance avec le Front national est une stratégie qui avantage la gauche. Sans doute les voix gagnées à droite de la droite peuvent-elles être perdues au centre. Mais cette règle vaut également, en sens inverse, à gauche. Or les socialistes ne se gênent pas, eux, pour pratiquer l'union avec les communistes, les écologistes et les trotskistes. Mitterrand le sait bien. Par une manœuvre de premier ordre, ce stratège politique attise tout à la fois la montée en puissance du Front national (veillant à ce que les médias invitent Le Pen, brandissant le projet de droit de vote aux immigrés) et sa diabolisation. La droite est coincée. En 1987, Michel Noir préfère « perdre les élections que de perdre son âme en s'alliant avec le Front national » (*le Monde*, 15 mai 1987).

Du point de vue de la connaissance historique et intellectuelle, tracer une ligne de partage entre le Front national et tout le reste de l'éventail politique conduit à réintégrer le communisme et ses références dans l'univers de la démocratie. Voilà le parti du goulag mué en apôtre des droits de l'homme ! Sur le plan intellectuel et moral, par rapport aux années 1970, c'est une profonde régression. Oublié, Soljenitsyne. Oublié, le visage totalitaire du marxisme. Une équipe de pétitionnaires revient sur le devant de la scène pour excommunier Le Pen, quelques années après avoir soutenu les plus sanglantes dictatures : on nage dans l'hypocrisie.

Il y a plus grave. Cette stratégie de diabolisation ne répond pas à l'interrogation essentielle : pourquoi les gens votent-ils Front national ? « Le Pen apporte les plus mauvaises solutions à de bonnes questions », concède le Premier ministre, Laurent Fabius, en 1985. Mais cette phrase lui est sévèrement reprochée. Des aspirations, des espoirs doivent bien correspondre au vote Le Pen ? Pas du tout, décrètent les grandes consciences. Rien de ce qui motive cet électorat n'est légitime. Dès lors, les thèmes dont le Front national s'est emparé sont interdits. Décrétés tabous, ils ne sont abordés ni par la gauche, ni par la droite. Consigne : ne pas « faire le jeu de Le Pen ». Immigration, insécurité, famille, nation, Europe ? Aucun problème. Au Front national, ses ennemis font un merveilleux cadeau.

*

« Les immigrés ne rentreront pas chez eux, car chez eux, c'est désormais ici. » Députée socialiste, Françoise Gaspard signe cette déclaration en 1984 [3]. La même année, le député centriste Bernard Stasi publie une profession de foi : *l'Immigration, une chance pour la France* [4].

Pour une coterie, l'immigration est plus qu'un fait : c'est un bienfait. Le pays, par principe, doit accueillir de plus en plus d'immigrés. Leurs enfants seront

---

3. Françoise Gaspard, *la Fin des immigrés*, Seuil, 1984.
4. Bernard Stasi, *l'Immigration, une chance pour la France*, Robert Laffont, 1984.

français. Ils combleront les vides laissés par une démographie anémiée. Les frontières ? Elles n'existent que pour être franchies.

En France, l'immigration est théoriquement stoppée depuis 1974. D'après les sources officielles, le pourcentage d'étrangers est d'ailleurs constant : 6,58 % de la population en 1931, 6,35 % en 1990. Nul organisme ne fournit cependant les mêmes informations. Institut national de la statistique, ministère de l'Intérieur, Office national de l'immigration, Institut national d'études démographiques, Office des migrations internationales : la confrontation de leurs documents aboutit à un véritable brouillard. Mais les chiffres officiels ne modifient pas l'impression de l'homme de la rue. Avec raison.

Durant la décennie 1980, environ 100 000 étrangers par an sont autorisés à s'installer en France. 100 000 autres acquièrent chaque année la nationalité française. En d'autres termes, si la proportion d'étrangers demeure stable, c'est que les accessions à la nationalité équilibrent les entrées sur le territoire. L'évidence est là, dans toute sa brutalité : tous les douze mois, la population du pays grossit de l'équivalent d'une ville comme Rouen ou Perpignan. Sans que la natalité des Français de filiation y soit pour quelque chose.

En 1990, selon le démographe Jacques Dupâquier, 11,82 % de la population des ménages installée en France est étrangère ou récemment naturalisée. Clandestins compris, cela représente un total de 8 ou 9 millions de personnes. Dans la pratique, il est interdit de comptabiliser les Français d'origine étrangère. Intention louable : un Français est un Français, quels que soient ses ascendants. Mais la citoyenneté n'est pas uniquement un fait juridique : elle est un fait social. Or la société repose sur certaines règles communes : encore faut-il les connaître, les accepter, les observer. Aucun tableau ne peut évaluer en chiffres et colonnes l'intégration d'un citoyen d'origine étrangère. Mais sa non-assimilation, dans la vie quotidienne, est cependant perceptible.

Selon le discours en vogue, la France aurait toujours été un creuset de population. Du point de vue historique, cette assertion est fausse [5]. Du VIe au XIXe siècle, le fond du peuple français est demeuré le même. Au XIXe siècle apparaît une immigration saisonnière, les travailleurs retournant dans leur pays après leur labeur. La première grande vague migratoire a lieu après la Première Guerre mondiale. Elle est constituée d'Italiens, d'Espagnols, de Polonais et de ressortissants d'autres nations de l'Est. Ceux-ci s'assimilent peu à peu, par le biais de l'école, du service militaire et de la guerre — certaines institutions exerçant une force intégratrice : l'Eglise catholique, les syndicats, et même le Parti communiste. A partir de 1946, la seconde vague migratoire vient d'Algérie. Sous la IVe République, contrairement à ce qui se répète, ce n'est pas le patronat qui fait venir cette main-d'œuvre : ce sont les pouvoirs publics, afin de trouver une issue à l'explosion démographique de la population musulmane d'outre-Méditerranée. Après 1962, l'Algérie indépendante, le flux migratoire reprend, en vertu de la libre circulation stipulée par les accords d'Evian. Si l'immigration est officiellement interrompue en 1974, le regroupement familial, autorisé en 1975, accroît dans les faits le nombre d'arrivants. D'autres courants migratoires apparaissent, issus d'Afrique noire ou d'Asie. Et en vertu de la loi, tout enfant né en France de parents étrangers peut, à sa majorité, accéder à la nationalité française.

En 1975, les Européens (Portugais, Espagnols, Italiens) forment 60 % du total des étrangers installés en France, et les Africains 34 %. En 1990, la proportion est inversée : 45 % d'Africains (dont 39 % de Maghrébins), 40 % d'Européens, et 11 % d'Asiatiques (dont 5 % de Turcs).

---

5. Jacques Dupâquier, *Histoire de la population française*, PUF, 1995.

Cette réalité, les pouvoirs publics la dissimulent. Le 26 octobre 1985, le *Figaro Magazine* provoque un tollé en publiant des projections montrant l'ampleur du phénomène migratoire. « Serons-nous encore français dans 30 ans ? » demandent Jean Raspail et le démographe Gérard-François Dumont. D'après leurs calculs, 9 480 000 étrangers d'origine non européenne vivront en France en 2015 ; plus du tiers des naissances proviendront des étrangers originaires d'un pays non européen. Dès la parution du dossier, Georgina Dufoix, le ministre des Affaires sociales, réagit par un communiqué virulent : « *Le Figaro Magazine* adopte la méthode Le Pen qui consiste à lancer des chiffres mensongers. Cette construction, qui rappelle les théories les plus folles du nazisme, doit être démontée et poursuivie. » Dans *le Matin*, Max Gallo stigmatise « un document qui fera date dans l'histoire du racisme de l'après-guerre en France ». *Libération* dénonce « les chiffres bidons de la panique raciale ».

Le ton est donné : prévoir les conséquences d'une immigration massive, c'est faire preuve de racisme. Malheureusement, ce réquisitoire ne répond pas à la question posée.

L'intégration des immigrés commence à susciter des difficultés au début des années 1970. En premier lieu en raison du volume des arrivants, sans commune mesure avec les mouvements de population précédents. En second lieu parce que la culture des Africains, de plus en plus nombreux, introduit une distance avec la société qui les accueille. Naguère, Espagnols, Italiens ou Polonais se fondaient en une génération. Maintenant, ce sont des musulmans qui s'installent. En troisième lieu, le phénomène se produit au moment où les institutions qui assuraient l'intégration des immigrés traversent une crise d'identité. C'est la période triomphante du marxisme, du tiers-mondisme, de l'esprit Mai 68. Pourquoi, raisonnent les acteurs sociaux, intégrer les nouveaux venus à un modèle qu'il faut détruire ? Pourquoi faire d'eux des Français, alors que la France, en pillant leur pays, a contracté une dette à leur égard ? Pourquoi enseigner la culture française, puisque toutes les cultures se valent ? Au nom du droit à la différence, le principe de l'assimilation est remplacé par la notion d'intégration. Cette dernière, chez les idéologues acharnés, fait place au concept d'insertion : la République française doit devenir une société pluriethnique et pluriculturelle.

Le temps passant, les premières vagues d'enfants d'immigrés parviennent à l'âge adolescent, puis adulte. Ici se noue le véritable drame. Ceux qui optent pour la nationalité française ne partiront pas. Citoyens français, ils ont à se faire une place au soleil. Or le contexte dans lequel ils sont plongés représente un obstacle puissant à leur intégration. Banlieues frappées par un chômage supérieur à la moyenne ; quartiers concentrant trop d'ethnies différentes ; logements surpeuplés ; écoles ne favorisant pas une instruction réussie ; parents désorientés, renonçant à exercer leur autorité ; constitution de bandes ; conditions de vie favorisant délinquance, violence et drogue ; naissance de zones d'économie parallèle et de non-droit. Tout est là pour empêcher un apprentissage normal de la citoyenneté. Si, en plus, ceux dont la fonction est d'assurer l'éducation civique de ces jeunes ne croient pas eux-mêmes à leur mission, la situation devient insoluble. A *fortiori* dans la mesure où de nouveaux arrivants se présentent toujours : en Afrique ou ailleurs, la régularisation des clandestins ne fait qu'inciter au départ ceux qui rêvent de l'eldorado français.

Le seuil de tolérance est-il un concept raciste ? « Je trouve qu'il y a quelque vice à combattre le racisme sans se soucier des conditions qui le font naître et prospérer. Le seuil de tolérance est une notion aussi hideuse qu'incontournable dans toutes les sociétés. » Si celui qui exprima cette sage parole ne fut pas traité de raciste, c'est parce qu'il était marocain. C'était le roi Hassan II, à « l'Heure de Vérité », le 17 décembre 1989.

Nation de rang mondial, de tradition maritime, ancienne puissance coloniale, la France a toujours vécu sur la base d'échanges avec d'autres peuples. Pays vaste et riche, elle a le devoir d'offrir l'hospitalité à ceux qui craignent pour leur vie. Au gré des circonstances, elle a les moyens de proposer du travail à ceux qui n'en trouvent pas chez eux. Cependant, il est non moins certain que la France possède le devoir de contrôler qui entre chez elle, et de réguler le flux des immigrants en fonction de ses possibilités de les accueillir. Il est tout aussi clair que l'accession à sa nationalité doit obéir à des règles, ainsi qu'il est d'usage dans tous les Etats civilisés.

Pour certains, ces conceptions sont dépassées. Reconvertissant le vieil internationalisme de la gauche aux normes du jour, ils affirment que nous appartenons prioritairement au genre humain. Les frontières étant obsolètes, la liberté d'aller et de venir doit être accordée à tous. La France n'est qu'une aire géographique : elle n'appartient à personne en particulier. Toutes les cultures y ont la même légitimité. Et toute volonté ou toute mesure visant à maîtriser les flux migratoires est désignée comme procédant d'un réflexe xénophobe, ou raciste.

L'accusation n'est pas innocente : dans l'imaginaire contemporain, le mot racisme véhicule une charge répulsive proportionnelle à l'horreur des crimes nazis, crimes commis au nom d'une doctrine raciste. L'antiracisme fonctionne en conséquence comme un piège, à partir d'un amalgame : toute restriction à l'immigration est réputée raciste, et donc susceptible de déboucher sur quelque chose d'analogue au nazisme. Et comme l'univers du manichéisme ne connaît qu'une alternative, quiconque n'adhère pas à l'antiracisme prouve par là qu'il est raciste. Ainsi fonctionne le terrorisme intellectuel.

Les Français, pourtant, sont un des peuples les moins racistes qui soit. Il faut se rappeler la réaction des Allemands, après la Première Guerre mondiale, dévisageant comme des sauvages les troupes noires qui occupaient la Ruhr, pour savoir ce qu'est un peuple raciste. Dans les années 1930, la folie raciste s'est saisie de ce peuple. Si la France avait été raciste, pourquoi tant de juifs y auraient-ils cherché refuge ? Pendant l'Occupation, pourquoi tant de Français auraient-ils pris des risques pour protéger ces mêmes juifs ? L'armée française (par laquelle est passée la majeure partie de la population masculine) n'a jamais été raciste. En 1914-1918, en 1939-1940, en 1942-1945 dans l'armée de la Libération, en 1950 en Indochine, en 1960 en Algérie, en 1980 dans la Légion, des hommes de toutes couleurs ont toujours combattu sous l'uniforme français. Si les Français étaient si racistes, pourquoi tant de marins ou de coloniaux auraient aimé une femme au-delà des mers ? Si les Français étaient de nos jours si racistes, quel masochisme pousserait chaque année 100 000 individus sur notre territoire ?

Les Français ne sont pas racistes pour une simple raison : la France n'est pas une race, c'est une nation. Depuis longtemps, il y a des Français jaunes, arabes ou noirs : la Martinique était française avant Nice. La nation française n'est pas une réalité ethnique, mais une communauté politique née de la durée.

L'antiracisme, cependant, ignore le fait national. Cela s'observe, en 1986, lors du débat sur le Code de la nationalité. La solution équilibrée résiderait dans un compromis entre le droit du sol et le droit du sang. Mais tout droit du sang est stigmatisé comme raciste. Pourtant, pour l'immense majorité des citoyens, la nationalité est héritée. Pour que de nouveaux venus puissent s'agréger à la nation, il faut bien qu'un noyau central les ait précédés. Les antiracistes refusent cette vision. Niant l'histoire, la mémoire, la filiation collective, ils pensent, fils de Rousseau, que tout le monde est entré par contrat dans la famille.

Récusant la nation, les antiracistes en arrivent à

raisonner, par un étrange détour, comme les racistes eux-mêmes. Considérer la race (mais qu'est-ce qu'une race ?) comme le premier critère déterminant l'identité d'un homme, c'est une attitude raciste. Mais que font d'autre les antiracistes ? C'est ce que Pierre-André Taguieff nomme le « racialisme » des antiracistes [6]. En postulant que l'opinion d'un Blanc sur un Noir dépend de la couleur de sa peau, l'antiraciste juge lui-même en fonction de la couleur de la peau. Les racistes refusent qu'un homme soit français si ses origines ne leur plaisent pas. A cette intolérance, les antiracistes répliquent par une absurdité : l'exaltation du métissage. C'est le syndrome de la mobylette : ils voudraient que les échanges soient toujours des mélanges, comme si la confrontation des cultures devait nécessairement provoquer leur fusion. De même que le raciste déifie le Blanc, l'antiraciste idéalise le non-Blanc. Cette idéologie « black-blanc-beur » irait jusqu'à culpabiliser le malheureux qui a le tort de ne compter parmi ses ancêtres, aussi loin qu'il remonte dans son arbre généalogique, que des Normands ou des Gascons.

Mais la question n'est pas de savoir si un être est noir ou blanc, elle est de savoir à quelle culture il appartient, à quelles mœurs sociales et politiques il obéit. Or ces lois sont déterminées par la nation. « Touche pas à mon pote », dit l'antiraciste. Mais si le « pote » commet un délit ? Le fait d'être « pote » l'exonère-t-il de la règle commune ? Dans un Etat de droit, le citoyen — qu'il soit breton, alsacien ou « pote » — possède les mêmes devoirs et bénéficie des mêmes garanties devant la loi. Que l'on sache, c'est le cas dans les années 1980.

Encore une fois, la France n'est pas une réalité ethnique, mais une communauté de destin forgée par l'histoire. Dans la longue aventure nationale, les nouveaux arrivés n'ont pas encore trouvé leur place. Cela ne signifie pas que cela ne se fera pas. Dans toute

---

6. Pierre-André Taguieff, *la Force du préjugé*, La Découverte, 1987.

société, l'intégration d'une minorité suppose des conditions propices. La question, en l'occurrence, s'avère d'autant plus délicate que la situation se joue parfois à fronts renversés. Dans certaines villes, dans certains quartiers, c'est la majorité (les Français d'origine) qui se surprend en minorité. « On ne se sent plus en France », disent-ils. Cocktail explosif, et pour le coup générateur de racisme. Qui vit dans une cité de banlieue où cohabitent dix-huit nationalités, et envoie son enfant dans une école où une poignée d'élèves parle le français à la maison, celui-là risque en effet des pensées malheureuses. Inévitablement, c'est la nécessité d'une politique maîtrisée de l'immigration qui est posée.

*

Samedi 15 juin 1985. La place de la Concorde déborde. La foule s'étend sur les Champs-Elysées et alentour. Ils sont 300 000 jeunes, venus pour douze heures de rock. Le concert est gratuit. Sur le podium se succèdent Alain Bashung, Jean-Jacques Goldman, Coluche, Guy Bedos. TF1 retransmet la soirée en direct. Budget de la fête, trois millions. Un million a été versé par le ministère de la Culture, le solde par des entreprises publiques ou privées : la RATP, Thomson, l'UAP, Philip Morris, BSN. Thème : « Viens prendre ton pied avec mon pote ». Puissance invitante : SOS-Racisme. Le lendemain, à « 7 sur 7 », Harlem Désir étale son succès devant le micro d'Anne Sinclair.

« Nous avons préféré rester nous-mêmes, à l'écart de toute mouvance politique, y compris le PS. Nous souhaitons seulement devenir un grand mouvement de la jeunesse contre le racisme et pour les droits de l'homme », déclarera Julien Dray au *Monde* (9 août 1986). Apolitiques, ces bons jeunes gens ? Harlem Désir et Julien Dray, les deux fondateurs de SOS-Racisme, sont d'anciens trotskistes, tendance Ligue communiste révolutionnaire. Depuis 1981, Dray est adhérent du Parti socialiste.

C'est à l'automne 1984 qu'ils ont monté leur association. But : inciter les jeunes à voter à gauche, en maquillant cet objectif derrière un message moral. Ce qui n'est pas à gauche, glisse SOS-Racisme, représente l'injustice, le racisme, l'égoïsme ; lui résister n'est donc pas affaire politique, mais affaire de cœur. Une superbe manipulation. Dès le départ, ils ont voulu inaugurer un nouveau type de militantisme : « festif et médiatisé ». « Bernard-Henri Lévy nous a ouvert les portes que nous cherchions à forcer », se souvient Harlem Désir [7]. Leur première apparition publique a eu lieu le 5 janvier 1985, au cours d'un « Droit de réponse », l'émission de Michel Polac : « Nous sommes tous des immigrés ».

SOS-Racisme recrute des parrains politiques : Jack Lang, Claude Malhuret, Simone Veil, Bernard Stasi. Le 15 février 1985, *le Nouvel Observateur* fait sa une sur le badge « Touche pas à mon pote ». Commentaire de Marek Halter : « *Touche pas à mon pote*, c'est comme la traduction moderne du commandement biblique : *Aime ton prochain comme toi-même*. Les centaines de milliers de jeunes et de moins jeunes qui portent le badge *Touche pas à mon pote* annoncent ce retour au spirituel, à une morale minimale faute de quoi les hommes se dévoreront vivants » (*le Monde*, 18 novembre 1985). Paume ouverte, la petite main jaune signifie : « Moi, je suis généreux ». Revendiquer cette vertu exclut toute contradiction : qui pourrait refuser d'être généreux ?

Lobby ? Parti ? SOS-Racisme intervient sur tous les sujets : le Proche-Orient, la privatisation de TF1, les Restos du Cœur, les bavures policières. Le 20 juin 1987, sa troisième fête se déroule sur l'esplanade du château de Vincennes. François Mitterrand adresse un message aux participants : « La France, à travers les

---

7. Harlem Désir, *Touche pas à mon pote*, Grasset, 1986.

siècles, a tiré force et richesse des apports humains et culturels qui sont venus à elle. Devrait-elle aujourd'hui céder à la tentation de l'exclusion et du repli sur soi ? » Le 22 juin, *Libération* publie un reportage d'ambiance : « On discute entre copains. On fume un joint. On traîne. On s'allonge dans l'herbe. On zone en attendant son groupe préféré. On est sans doute venu beaucoup plus pour la musique que pour militer contre le projet de réforme du Code de nationalité, mais l'on est conscient de constituer une jeunesse multicolore et solidaire. D'ailleurs, sur scène, Smaïn a pris la température : " Putain, qu'est-ce qu'il y a comme monde... Les Noirs, levez la main... Oh là là, qu'est-ce que vous êtes nombreux... Les Arabes, levez la main... Oh là là, il y en a du monde... Mais c'est ça, la France ! " »

En août 1987, à « l'Heure de vérité », Harlem Désir fait un tabac. Julien Dray envisage de le présenter à la prochaine élection présidentielle : « Côté symbole, on est servis : il est black, et il a un nom à faire rêver. »

En 1985, Pierre Bergé, le patron d'Yves Saint-Laurent, finance le lancement de *Globe*. Le premier numéro explicite le choix de ce titre : « Bien sûr nous sommes résolument cosmopolites. Bien sûr tout ce qui est terroir, bourrées, binious, bref franchouillard ou cocardier, nous est étranger, voire odieux. » Les deux concepteurs du projet sont Georges-Marc Benamou et Bernard-Henri Lévy. Ce dernier n'est pas sans mérites. Il l'a fait savoir au *Monde* : « Vous pouvez l'écrire, je considère que je suis l'écrivain le meilleur, l'essayiste le plus doué de ma génération » (21 mars 1985).

En 1981, l'ancien chef de file des nouveaux philosophes a toutefois publié un livre qui ne lui a pas valu que des amis. Dans *l'Idéologie française* [8], « BHL » soutenait que la France a constitué le laboratoire du fascisme et de l'antisémitisme, à travers une filiation qui passe par Proudhon, Barrès, Maurras, Sorel, Péguy, Mounier ou Bernanos. Et cette perversion, blâmait-il,

---

8. Bernard-Henri Lévy, *l'Idéologie française*, Grasset, 1981.

gît toujours dans les tréfonds du pays : « Je sais son visage d'ordure, la ménagerie de monstres qui y habitent, et ces paysages étranges où s'ouvrent parfois, en pleine lumière, des gouffres. » Tout enracinement est source de racisme, martèle Bernard-Henri Lévy. Pour conjurer le mal, une seule solution : le cosmopolitisme.

Même à gauche, les réactions à cette thèse ont été vives. « Livre banal, simpliste, mensonger », estimait Jacques Julliard dans *le Nouvel Observateur*. « Une machine à accuser », jugeait Bertrand Poirot-Delpech dans *le Monde*. Raymond Aron, lui, piquait une colère : « Bernard-Henri Lévy viole toutes les règles de l'interprétation honnête et de la méthode historique. Le voilà maintenant Fouquier-Tinville, lui qui prêche la démocratie. Il oublie que la démocratie devient aisément, elle aussi, inquisitoire, sinon totalitaire. Juif comme moi, il exclut de la France et rejette dans la France noire d'innombrables écrivains ou penseurs de notre commune patrie. Intérêt public ou danger public ? » (*l'Express*, 7 février 1981). Revenant sur cette polémique, Jean-François Revel évoque dans ses Mémoires « la légende noire et mensongère jusqu'au grotesque d'une France fondamentalement xénophobe, raciste, antisémite et fasciste [9] ».

Dans les années 1980, il reste que, de SOS-Racisme à *Globe*, court un fil rouge qui donne le ton. L'heure n'est plus à la nation mais au cosmopolitisme. L'être humain n'a plus de patrie, il n'est qu'un habitant de la planète.

Il est vrai que l'esprit transcende les frontières. Il est vrai que l'art, la littérature ou la philosophie expriment des vérités universelles. Il est vrai que devant Dieu, les âmes n'ont pas de passeport. Mais la nature veut que les hommes naissent quelque part, à une époque donnée. L'enracinement, a montré Simone Weil après d'autres, est inséparable de la condition humaine. Pour accéder au sommet de l'universel, encore faut-il gravir les marches du particulier. La France classique a repris

---

9. Jean-François Revel, *le Voleur dans la maison vide*, Plon, 1997.

l'héritage d'Athènes, de Jérusalem et de Rome, mais en élaborant une civilisation selon son génie propre, tout comme l'Espagne ou l'Angleterre. La Mitteleuropa elle-même — si à la mode chez les intellectuels, à la suite de l'exposition organisée à Beaubourg, en 1986, sur *Vienne et l'Apocalypse joyeuse*, et tant vantée pour son cosmopolitisme — s'incarnait en réalité dans l'histoire danubienne de l'empire des Habsbourg, et non ailleurs.

Mais aux yeux des élites culturelles et médiatiques, la nationalité est un attribut caduc, le sentiment national est dépassé. Distinguer un compatriote d'un ressortissant étranger est indécent. Tout immigré a les mêmes droits qu'un Français. Affirmer le contraire, c'est céder à un réflexe d'« exclusion ».

Exclusion : superbe trouvaille du terrorisme intellectuel, ce mot-valise contient tous les amalgames. Le concept a été lancé, en 1974, par un livre de René Lenoir : *les Exclus* [10]. Dans cet essai, le secrétaire d'Etat à l'Action sociale sous la présidence de Valéry Giscard d'Estaing analysait les phénomènes de chômage et de retour à la pauvreté suscités par la fin des Trente Glorieuses. Un exclu, dans cette perspective, était celui qui n'avait pas pu ou pas su profiter de la croissance économique. Par glissement de sens, la gauche a repris ce terme pour désigner toute minorité dont elle estime la spécificité bafouée, ou toute catégorie sociale marginalisée. Avec une acception aussi floue et aussi étendue, un exclu devient indistinctement toute personne ne jouissant pas du statut commun. Que ce soit du fait de la fatalité, de la loi, ou de sa faute personnelle : individu en quête d'un logement, prisonnier, toxicomane, malade du sida, immigré clandestin.

Une fois encore, la sémantique n'est pas innocente. Par analogie, exclusion rappelle d'autres mots : discrimination, ségrégation. Donc racisme. Le mythe de l'exclusion permet ainsi d'accuser de racisme n'importe qui et n'importe quoi. Pourtant, toute vie sociale est

---

10. René Lenoir, *les Exclus : un Français sur dix*, Seuil, 1974.

fondée sur des appartenances déterminant légitime-
ment des inclusions, et *a contrario* des exclusions.
Religion, nation, famille, propriété, entreprise, association : autant de communautés dont sont exclus ceux
qui n'en sont pas membres, sans que cela comporte
injustice ou violence à leur égard. En règle générale,
monsieur Dupont *exclut* que sa femme couche avec
monsieur Durand. Est-ce du racisme anti-Durand ?

*

Le 13 novembre 1986, 600 étudiants (sur 10 000 inscrits) décrètent la grève à l'université de Villetaneuse.
Ils contestent une loi présentée par le ministre de la
Recherche et de l'Enseignement supérieur, Alain
Devaquet. Le contenu de ce projet est d'ordre technique : accroissement de l'autonomie des universités,
réduction du nombre de leurs conseils d'administration. Entre le 17 et le 21 novembre, plusieurs facultés
de province et la plupart des établissements de la
région parisienne se joignent au mouvement. Le
27 novembre, 92 000 manifestants défilent à Paris,
500 000 en province. Ce ne sont plus seulement des
étudiants : une immense masse de lycéens est mobilisée. Leurs slogans débordent le cadre des revendications initiales contre un texte que personne n'a lu : ils
s'en prennent à la réforme du Code de la nationalité,
discutée depuis plusieurs mois.

Depuis le printemps, Jacques Chirac est Premier
ministre de François Mitterrand. L'opposition a rem-
porté les législatives avec un programme visant (entre
autres) à doter le pays d'une législation plus rigoureuse
en matière de lutte contre l'immigration clandestine.
En août, les premières loi Pasqua ont été adoptées.
Elles restreignent les conditions de séjour en France, et
facilitent les reconduites à la frontière. En octobre,
101 Maliens en situation irrégulière ont été renvoyés
par charter : mesure symbolique, visant à prouver la
détermination des pouvoirs publics.

Selon Jack Lang, dans la rue, « les étudiants expriment le désir d'une société plus conviviale, plus fraternelle : c'est un manifeste pour la vie ». Mais ces cortèges sont-ils spontanés ? Isabelle Thomas, la pasionaria que télévisions et radios interrogent avec complaisance, est membre de SOS-Racisme. La coordination nationale du mouvement est animée par David Assouline et Philippe Darriulat : ils sont trotskistes. Tous sont conseillés par Julien Dray. Derrière l'ébullition de la jeunesse se dissimule une opération politique. Grève générale, universités occupées : il y a du Mai 68 dans l'atmosphère.

Le jeudi 4 décembre, à Paris, une manifestation nationale rassemble 230 000 participants selon la police, un million selon les organisateurs. Ces derniers sortent insatisfaits d'une entrevue avec René Monory, le ministre de l'Education nationale : de violents affrontements s'ensuivent avec les forces de l'ordre. Le vendredi 5, au Quartier latin, la soirée tourne à l'émeute. Un homme de vingt-deux ans, Français d'origine maghrébine, succombe à la suite d'une intervention des voltigeurs-motocyclistes de la police. Le rapport des experts médicaux ne montrera ni lésion cérébrale, ni hématome, ni coups à la tête : mais Malik Oussekine, dialysé depuis un an, souffrait à haut degré d'insuffisance rénale. Le samedi 6, ce drame révélé, Alain Devaquet donne sa démission. Harlem Désir et les responsables étudiants obtiennent l'évacuation du Quartier latin par les forces de police. Le lundi 8 décembre, pendant que François Mitterrand se rend auprès de la famille d'Oussekine, Jacques Chirac annonce le retrait du projet de loi incriminé, et une pause dans les réformes gouvernementales.

Lycéens et étudiants reprennent le chemin des cours. Le Conseil des ministres, lui, n'a plus qu'à gérer la cohabitation. Cet hiver 1986 a vu la « génération morale » — *Libération* la qualifie ainsi — triompher de la volonté exprimée, au printemps, par les électeurs. Cette génération se veut libre. Elle est en fait

prisonnière de quelque chose de beaucoup plus subtil :
l'air du temps.

Le jour où la mort de Malik Oussekine est rendue
publique (samedi 6 décembre 1986), *le Figaro Magazine*
publie un éditorial de Louis Pauwels. Titré « Le
monôme des zombis », l'article a été « bouclé » le mer-
credi précédent : « Ce sont les enfants du rock débile,
les écoliers de la vulgarité pédagogique, les béats de
Coluche et de Renaud, et somme toute, les produits de
la culture Lang. Ils sont ivres d'une générosité au degré
zéro, qui ressemble à de l'amour mais se retourne
contre tout exemple ou projet d'ordre. L'ensemble des
mesures que prend la société pour ne pas achever de se
dissoudre : sélection, promotion de l'effort personnel et
de la responsabilité individuelle, Code de la nationalité, lutte contre la drogue, etc., les hérisse. Ils ont peur
de manquer de mœurs avachies. Voilà tout leur sentiment révolutionnaire. C'est une jeunesse atteinte d'un
sida mental. Elle a perdu ses immunités naturelles ;
tous les virus décomposants l'atteignent. »

Paraissant à un moment de tension extrême, ces
lignes passent pour une provocation. Elles déclenchent
un tollé mémorable. Pas un journal, pas une télévision,
pas une radio qui ne s'indigne. « De Céline à Drieu en
passant par Rebatet et Brasillach, accuse Jean-
François Kahn, la liste est longue, hélas !, de ces dérapages intellectuels que capta la fureur parce que la
raison ne les contrôlait plus. Pauwels est lu par un bon
million de personnes qui constituent ce qu'à tort ou à
raison on appelle l'élite sociale. Dans ces conditions il
ne dérive pas tout seul. Il entraîne toute une population dans sa dérive. Il ne devient pas fou, il rend fou »
(*l'Evénement du jeudi*, 18 décembre 1986).

L'éditorial du *Figaro Magazine* a d'abord heurté par
son ton ; dans une époque consensuelle, l'habitude
s'est perdue des plumes pamphlétaires. Par son
contenu ensuite : la jeunesse, la liberté, la solidarité, la
générosité appartiennent aux vaches sacrées du
moment. Trois mots, surtout, ont déclenché la fureur :

« le sida mental ». Image forte, mais qui viole le mythe de l'exclusion. En fustigeant les tabous du mouvement de décembre, Pauwels a commis un crime de lèse-majesté.

En France, dans les années 1980, penser à contre-courant est un exercice à haut risque.

9

LA RÉVOLUTION OU LA MORT

1989. La fête nationale, cette année, revêt un éclat particulier : la France célèbre le bicentenaire de sa grande Révolution. L'affaire n'a pas été sans mal. En 1986, François Mitterrand a confié la préparation de cette commémoration à Michel Baroin. Un an plus tard, ce dernier s'est tué accidentellement. Edgar Faure lui a succédé, mais il est mort à son tour. Nommé en 1988, Jean-Noël Jeanneney n'a trouvé dans les cartons de ses prédécesseurs, en fait de projets, que des dossiers vides. Mais il a eu une riche idée. Au publicitaire Jean-Paul Goude (ancien directeur artistique de la revue new-yorkaise *Esquire*, auteur de clips pour Lee Cooper, Kodak et Orangina), il a commandé l'organisation d'un somptueux spectacle devant se dérouler à Paris, au jour anniversaire de la prise de la Bastille. Thème : *la Marseillaise*.

Le 14 juillet 1989, à la tombée de la nuit, 34 chefs d'Etat et de gouvernement sont réunis derrière les fenêtres du ministère de la Marine. 2 000 autres invités de marque sont assis dans les tribunes, place de la Concorde. Dans cent douze pays, la soirée est retransmise en direct. 800 millions de téléspectateurs et 1 million de curieux, massés sur les Champs-Elysées, connaissent trois heures de bonheur : une parade illustrant la quintessence du génie français. Italiens du Palio de Sienne jonglant avec leurs drapeaux ; Chinois marchant derrière un tambour géant ; Bécassine en tutu ; percussionnistes blancs ou noirs tapant sur des grosses caisses ou des bidons ; poneys zébrés tirant un canon servi par des tirailleurs sénégalais ; Anglais sous la pluie ; Américains sous les confettis ; Russes sous la neige ; ours blanc patineur ; « derviches tourneuses » ; danseurs zoulous ; tam-tams africains ; mélopées arabes ; chants tyroliens ; rythmes funk. Depuis son car-régie, Jean-Paul Goude, casquette de base-ball vissée sur la tête, couve du regard ses 8 000 figurants. Il s'explique : « La Révolution que j'ai voulu célébrer le 14 juillet, c'est celle des temps modernes, le métissage des genres, la naissance d'une sonorité nouvelle, mâtinée de rythmes africains. »

Remarque (vaguement gênée) de *Libération* : « Goude n'est pas un historien, c'est le moins que l'on puisse dire. » Alain Finkielkraut, lui, livre dans *le Monde* une réflexion plus incisive : « Le 14 juillet multi-tribal de Jean-Paul Goude nie l'importance de la mémoire culturelle comme facteur d'identité nationale. »

Si ce défilé n'a reflété que l'idéologie dominante, c'est que personne ne sait quoi fêter d'autre : le mythe des grands ancêtres se porte mal. Tout au long du bicentenaire, en fait d'évocation de la Révolution, on a célébré une idée consensuelle : les droits de l'homme. Pour 74 % des Français, c'est ce qui reste de 1789 (sondage Sofres, janvier 1988). Les droits de l'homme ? Très bien. Mais avant la Révolution, les hommes ont-ils vécu sans droits ? Et la Révolution n'a-t-elle violé aucun droit ? Les historiens prouvent le contraire.

*

En 1986, les Presses universitaires de France publient le livre d'un chercheur de trente ans, Reynald Secher. Il s'agit d'une thèse de doctorat d'Etat, soutenue à la Sorbonne. Titre de l'ouvrage : *le Génocide franco-français* [1]. La guerre de Vendée, naguère occultée par l'enseignement primaire, secondaire ou supérieur, fait son entrée à l'Université : par la grande porte.

La révolte vendéenne, l'époque la voyait jusqu'alors à travers les lunettes de Michelet : un soulèvement de paysans pauvres et arriérés, manipulés par les prêtres et les aristocrates. Secher pulvérise ce cliché. Il montre que la Vendée, pays prospère, a accueilli la Révolution avec faveur — curés compris. C'est la Constitution civile du clergé et la conscription qui ont cabré la population. En 1793, les Vendéens prennent les armes. Insurrection populaire, puisque ce sont les paysans qui forcent les nobles n'ayant pas émigré à leur servir d'officiers. Victorieuse au printemps 1793, l'armée en sabots est écrasée à la fin de l'année. En 1794, alors qu'il n'y a plus de danger pour la République — ni intérieur, ni extérieur — la Convention envoie les Colonnes infernales « exterminer les brigands de la Vendée », et « purger entièrement le sol de la Liberté de cette race maudite ». « Détruisez la Vendée », ordonne Barère. « La Vendée doit être un cimetière national », renchérit Turreau. Hommes, femmes et enfants massacrés, fermes et villages incendiés, troupeaux décimés, récoltes anéanties. D'après les calculs de Reynald Secher, sur 815 000 habitants de la Vendée, 117 000 périssent dans cette guerre civile, soit une personne sur huit.

Ce que révèle l'étude des faits, c'est que ce carnage répond à un mobile idéologique, non à une nécessité stratégique. Terrible contradiction pour la légende officielle. Si la Révolution constitue l'apothéose du droit et de la liberté, pourquoi a-t-elle étouffé le droit et la liberté des Vendéens ? Comment, dans ce coin de France, le peuple a-t-il pu se révolter contre le pouvoir du peuple ? En dernière analyse, le cas vendéen pose

---

1. Reynald Secher, *le Génocide franco-français. La Vendée-Vengé*, PUF, 1986.

une question essentielle : la Révolution peut-elle être dissociée de la Terreur ?

Depuis le XIXe siècle, à l'Université, l'étude de cette période était la chasse gardée de la gauche. En 1886, à la Sorbonne, la chaire d'histoire de la Révolution est créée pour Alphonse Aulard, un ponte républicain. Rival et successeur d'Aulard, Albert Mathiez est marxiste. En 1932, Georges Lefebvre prend sa place à la direction des *Annales révolutionnaires* et de la Société d'études robespierristes. Lefebvre, socialiste jusqu'en 1940, compagnon de route du Parti communiste après la guerre, est maître des recherches sur la Révolution jusqu'à sa mort, en 1959. Dans les années 1960–1970, Georges Soboul ou Michel Vovelle perpétuent la lignée de l'histoire marxiste. Pour eux, la Révolution signifie la prise du pouvoir par la bourgeoisie. La Terreur, imposée par la guerre étrangère et civile, était une mesure de défense de la République. Face aux modérés, les jacobins préfiguraient les bolcheviques, Robespierre annonçait Lénine. Et le communisme le plus radical avait été théorisé, dès 1794, par Babœuf.

Pour avoir une autre lecture des événements, il fallait se tourner vers des historiens non universitaires, comme Pierre Gaxotte et beaucoup d'autres, qui avaient souligné que la « patrie des droits de l'homme » avait été la première à les violer. Mais en dépit de la rigueur de leurs travaux, le label scientifique leur était refusé, les professeurs les excluaient de leurs références bibliographiques.

En deux décennies, tout change. Et par extraordinaire, l'impulsion fondamentale vient d'un homme de gauche, communiste jusqu'en 1956. Agrégé d'histoire, directeur d'études à l'Ecole pratique des hautes études, François Furet se plonge dans la période révolutionnaire. En 1965, avec Denis Richet [2], il s'adonne à un

---

2. François Furet et Denis Richet, *la Révolution française*, Hachette, 1965.

examen décapant du « catéchisme révolutionnaire » façon Soboul. Furet expose comment la révolution libérale dérape après 1790, enclenchant une spirale de violence et de conflits extérieurs. Battant en brèche le credo marxiste, il rappelle que l'ascension sociale de la bourgeoisie n'a pas attendu 1789. Les conventionnels étaient des hommes de loi, et non des « possesseurs de moyens de production » : le capitalisme n'est donc pas né sous la Révolution. Furet prouve enfin que la Terreur ne doit pas tout aux circonstances, mais procède d'une volonté assumée de cassure avec le monde antérieur.

Dans l'Université, cette remise en cause du dogme provoque une levée de boucliers. Le perturbateur Furet est accusé de donner des arguments à « la réaction ».

En 1978, nouveau coup d'éclat. Avec *Penser la Révolution française* [3], Furet revisite avec sympathie les interprétations hostiles à la logique terroriste de 1793 : Tocqueville, Taine, Quinet, Cochin. En 1988, son *Dictionnaire critique de la Révolution française*, publié avec Mona Ozouf, évacue la notion de dérapage : « Dès 1789, la Révolution française ne pense les résistances, réelles ou imaginaires, qui lui sont offertes, que sous l'angle d'un gigantesque et permanent complot, qu'elle doit briser sans cesse par un peuple constitué comme un seul corps, au nom de sa souveraineté indivisible. » Conclusion : le processus révolutionnaire porte en lui les germes de la Terreur. « Son répertoire politique n'a jamais ouvert la moindre place à l'expression légale du désaccord », souligne Furet [4].

Ce livre paraît dans l'effervescence éditoriale précédant le bicentenaire. Mais il n'est pas isolé. Il prend place parmi tout un courant de recherches dont les résultats aboutissent à déboulonner les idoles.

En 1984 est traduit, vingt ans après sa parution et

---

3. François Furet, *Penser la Révolution française*, Gallimard, 1978.
4. François Furet et Mona Ozouf, *Dictionnaire de la Révolution française*, Flammarion, 1988.

seize ans après la mort de l'auteur, un essai d'un historien britannique, Alfred Cobban. Dans *le Sens de la Révolution française*, celui-ci démontre que le retard de l'industrialisation française, par rapport à l'Angleterre, est dû à la Révolution [5]. Analyse corroborée, en 1985, par François Crouzet qui expose, dans *De la supériorité de l'Angleterre sur la France*, comment la France du XVIIIe siècle était en train de rattraper l'Angleterre sur le plan économique, et comment cet élan a été brisé par la Révolution et ses guerres [6]. En 1986, avec *Septembre 1792, logiques d'un massacre*, Frédéric Bluche établit qu'une cohérence sanglante relie 1789 à 1793, puisque les massacres de Septembre ont obéi à un mécanisme idologique [7]. En 1987, une collection grand public édite un dictionnaire de la Révolution dirigé par Jean Tulard : ses articles passent au tamis de la critique historique toute la mythologie jusqu'alors en vigueur [8]. La même année, René Sédillot évalue le coût de la Révolution [9]. Coût démographique : 2 millions de morts entre 1789 et 1815. Coût financier : une perte équivalant à 40 % de toute la production d'or du XVIIIe siècle. Coût économique : la production industrielle récupère en 1809 seulement son niveau d'avant 1789. Coût social : la législation protégeant les ouvriers régresse ; l'enseignement recule (avant 1789, l'Eglise scolarisait un enfant sur trois). Coût culturel : un pan entier du patrimoine français (notamment religieux) est liquidé par le vandalisme révolutionnaire. En 1987 encore, une étude de Florin Aftalion éclaire la connexion entre la Terreur et l'inflation. Quand le pouvoir est dans la rue, la planche à billets est mise à contribution afin de satisfaire les

5. Alfred Cobban, *le Sens de la Révolution française*, Julliard, 1984.

6. François Crouzet, *De la supériorité de l'Angleterre sur la France*, Perrin, 1985.

7. Frédéric Bluche, *Septembre 1792, logiques d'un massacre*, Robert Laffont, 1986.

8. Jean Tulard, *Histoire et dictionnaire de la Révolution française*, Robert Laffont/Bouquins, 1987.

9. René Sédillot, *le Coût de la Révolution française*, Perrin, 1987.

exigences immédiates : « Sur le plan économique aussi, 1789 a débouché sur 1793 », conclut l'économiste [10].

Quatre ans avant le bicentenaire, un essai de Jacques Julliard, *la Faute à Rousseau* [11], préludait déjà cette grande lessive des idées. Chrétien progressiste, éditorialiste au *Nouvel Observateur*, Julliard pressentait une crise d'identité historique de la gauche française. Selon lui, le septennat Mitterrand voit se clore trois cycles. Cycle court, celui de l'union de la gauche, ouvert au congrès socialiste d'Epinay en 1971 ; cycle moyen, celui du soviétisme, introduit avec la révolution russe de 1917 ; cycle long, le cycle révolutionnaire, commencé en 1789. Les trois cycles, en même temps, ont épuisé leur force de persuasion. « Il y a gros à parier, écrit Julliard, que l'héritage révolutionnaire ne résistera pas à la célébration du bicentenaire de 1789. Pourquoi ? D'abord parce que le discrédit qui frappe désormais la révolution bolchevique a rejailli, sous forme de soupçon, sur la Révolution française elle-même. N'est-ce pas elle qui a inventé la Terreur comme moyen de gouvernement révolutionnaire ? Et le jacobinisme n'est-il pas la première esquisse du parti unique ? D'autre part et surtout, on s'aperçoit que l'idéal politique hérité de Rousseau et de sa postérité jacobine est incompatible avec les exigences d'un gouvernement moderne et avec les attentes des citoyens à l'égard de ce gouvernement. »

Ruiner le mythe de 1789, comme le font les historiens, c'est frapper au cœur le présupposé selon lequel, pour la société, il n'y aurait de progrès possible que par la rupture — et surtout par la rupture violente. C'est détruire la philosophie selon laquelle un projet politique pourrait engendrer un homme nouveau. Chaque

---

10. Florin Aftalion, *l'Economie de la Révolution*, Hachette/Pluriel, 1987.
11. Jacques Julliard, *la Faute à Rousseau, essai sur les conséquences historiques de l'idée de souveraineté populaire*, Seuil, 1985.

fois qu'une telle tentative prométhéenne a été mise en œuvre, un règne de fer et de sang s'en est écoulé. Entre les Colonnes infernales de Turreau, le goulag soviétique, les camps nazis, le laogaï chinois ou le génocide cambodgien existe une identité d'intention, au-delà des circonstances : le meurtre de masse, qui vise à régénérer l'humanité en la purifiant de ses éléments indésirables.

Or, ce principe de la rupture était consubstantiel à la gauche. On mesure alors le service rendu par Furet. Rejoignant Tocqueville ou Taine, il a démonté le mécanisme totalitaire de la procédure révolutionnaire. Il a compris que l'histoire, plus que sur les fractures, est fondée sur les continuités : après la crue, le fleuve retrouve son lit.

En 1989, tel est le paradoxe du bicentenaire. Conçu pour exalter la Révolution, il anéantit la croyance selon laquelle il serait possible d'instaurer une ère nouvelle pour le genre humain, ce qui était le credo de la Révolution de 1789.

D'aucuns, pourtant, continuent à défendre ce mythe. Par réflexe acquis. Le livre de Reynald Secher sur la guerre de Vendée déclenche une vive polémique. Pierre Chaunu a suggéré son titre, *le Génocide franco-français*, et préfacé l'ouvrage (« L'imagination sadique des colonnes de Turreau égale SS, goulags et Khmers rouges », écrit l'historien). En fait, Secher recensait un nombre de victimes vendéennes inférieur à celui qu'on peut trouver dans des études antérieures. C'est surtout l'intitulé de son ouvrage qui déclenche la foudre : le mot génocide est indissolublement associé au mal contemporain — le nazisme. Un tel rapprochement est intolérable à ceux pour qui la Révolution reste le bien absolu.

En septembre 1986, dans une lettre ouverte retentissante de fureur, Max Gallo prend pour cibles Pierre Chaunu, Frédéric Bluche, Reynald Secher : « Ce n'est plus le bicentenaire de la Révolution que l'on va célébrer, mais plutôt celui de l'esprit de la contre-révolution, rebaptisé pour la circonstance vérité historique [12]. » A croire ce pamphlet (trop) vite écrit, le concept de génocide vendéen est révisionniste : quiconque n'adore pas Robespierre est un nostalgique de la Collaboration ! *Le Figaro Magazine*, qui a fait connaître le livre de Secher au printemps précédent, réplique à Max Gallo le 11 octobre : « Les historiens modernes démontrent que la Révolution, la Terreur et le génocide furent indissociables, que jacobinisme et bolchevisme se marièrent pour engendrer les goulags. » Titre du dossier : *Pour en finir avec la Révolution*. « A *en finir avec la Révolution*, craignons d'en finir avec la liberté elle-même », rétorque un Jacques Julliard inquiet (*le Nouvel Observateur*, 17 octobre 1986). Le 31 octobre, dans son éditorial du *Figaro Magazine*, Louis Pauwels revient à la charge : « Je ne pouvais imaginer, à trente ans, l'écroulement de l'idéologie révolutionnaire en France. Or cet écroulement est le fait majeur de la fin de ce siècle. »

A « Apostrophes », à « Droit de réponse », le livre de Secher nourrit un débat véhément. *L'Evénement du jeudi*, le 18 décembre, accuse *le Figaro Magazine* de vouloir « remettre radicalement en cause les concepts clés qui ont marqué l'effondrement de l'Ancien Régime, c'est-à-dire l'égalité des statuts et des chances, la notion de bien commun ou d'intérêt général, le principe de la démocratie représentative et participative, la définition contraignante des droits de l'homme et l'élaboration d'une morale civique et collective ». Rien que ça !

Deux mois plus tard, la polémique rebondit. 1987 est l'année du millénaire capétien. Un anniversaire métaphorique : célébrer l'ancêtre d'une dynastie fondatrice de l'Etat, c'est affirmer que la nation française n'est pas

---

12. Max Gallo, *Lettre ouverte à Maximilien Robespierre sur les nouveaux muscadins*, Albin Michel, 1986.

apparue *ex nihilo* en 1789. Ce que prouve toute l'école historique moderne.

Le 26 février 1987, *l'Evénement du jeudi* s'évertue sur trente pages à sauver le mythe de la Révolution. « Il y a eu, c'est vrai, concède Jean-François Kahn, la Terreur, les massacres de Septembre, les noyades de Nantes, les horreurs des guerres vendéennes. Mais la droite réactionnaire, dont les nostalgies sont peuplées d'épouvantables spectres, est la plus mal placée pour faire le procès de la Terreur. Seuls les républicains démocrates sont en mesure de l'instruire ». Dans *Libération* (7 mai 1987), Laurent Joffrin trouve des accents de sansculotte : « Il faut le dire, la chouannerie commence à nous bassiner. Bien sûr, toute critique doit être examinée. Mais il arrive un moment où ce flot doit s'arrêter. Déjà le détachement avait quelque chose de déplacé. Légende démocratique, aurore flamboyante de la modernité, la Révolution fonde tant l'identité française que c'est déjà mentir que la regarder froidement. »

Pas de liberté pour les ennemis de la Liberté : Saint-Just n'est pas mort, apparemment. Il est toujours des esprits pour juger toute opposition insupportable. Mais un autre article de *Libération* donne la clé de tant de colère. Dénonçant les chercheurs qui ont réévalué le bilan de la Révolution, le quotidien déplore que « peu à peu, un réseau actif s'est constitué, qui relie deux ou trois universités, quelques maisons d'édition et un quarteron de journaux. » Cette méthode si coupable n'est jamais que celle utilisée depuis quarante ans par la gauche. En l'occurrence, son monopole idéologique a été brisé. Avec ses propres armes.

*

25 septembre 1993. Il bruine sur la Vendée. La nuit tombée, l'humidité monte du sol. Mais les 30 000 personnes qui se pressent aux Lucs-sur-Boulogne n'en ont cure. Ils sont là pour se souvenir. Le 28 février 1794, dans cette paroisse, la colonne Cordelier a massacré

564 personnes, dont 107 enfants : un Oradour révolutionnaire. L'après-midi, un mémorial des victimes de la Terreur a été inauguré. Symbole des symboles : la cérémonie a eu lieu en présence d'Alexandre Soljenitsyne.

« Vous êtes le courage et la légende vivante, lui dit le maire des Lucs. Vous êtes venu, vous, Russe, reconnaître le martyre vendéen, occulté longtemps par la France. Je vous adresse ma reconnaissance émue. »

Devant la foule massée dans l'ombre, sur les berges de la rivière, les orateurs se succèdent. Dans la trouée des projecteurs, leurs interventions alternent avec l'Orchestre philharmonique de Saint-Pétersbourg. Recueillement, dignité, élévation : l'anti-Goude.

« J'ai cru, proclame Alain Decaux, que la République se grandirait dès lors qu'un historien républicain viendrait publiquement affirmer que les droits de l'homme ont été bafoués en Vendée. » Jean Piat lit ensuite un texte de Decaux : un récit des horreurs perpétrées sur cette terre, en 1793 et 1794. Le président du Conseil général, Philippe de Villiers, poursuit : « Dans l'histoire spirituelle de la France, la préservation de la liberté de croire doit beaucoup au refus vendéen de la confiscation des libertés. La Vendée est une référence universelle. C'est ici que la roue rouge qui devait broyer la Russie a fait ses premiers tours. »

Soljenitsyne, inlassablement applaudi, prend enfin la parole. Enfant, rappelle-t-il, il lisait avec admiration les récits évoquant le soulèvement vendéen. « Eh bien oui, ces paysans se révoltèrent contre la Révolution. Désormais, nous comprenons toujours mieux que l'effet social que nous désirons si ardemment peut être obtenu par le biais d'un développement évolutif normal, avec infiniment moins de pertes, sans sauvagerie généralisée. Il serait bien vain d'espérer que la révolution puisse régénérer la nature humaine. C'est ce que votre révolution, et plus particulièrement la nôtre, la révolution russe, avaient tellement espéré. » Et Soljenitsyne de relier le martyre vendéen et le supplice du peuple russe : « L'expérience de la Révolution française aurait dû suffire pour que nos organisateurs rationalistes du bonheur du peuple en tirent les leçons. Mais non ! De nombreux procédés cruels de la Révolution française ont été docilement appliqués sur le corps de la Russie par les communistes léniniens et par les socialistes internationalistes. »

A Paris, la Rive gauche avait murmuré que la cérémonie des Lucs serait « réactionnaire ». Sur le plateau de « Bouillon de culture », d'un air pincé, on avait reproché à Soljenitsyne d'aller en Vendée. A qui lui objectait que la Révolution était l'événement fondateur de la France moderne, l'écrivain-prophète avait répliqué : « Je condamne toutes les révolutions en tant que telles. »

1793 est une date qui gêne. Ce bicentenaire-là est de trop. Le terrorisme intellectuel voudrait l'occulter. Pourtant, en Vendée, c'est tout un peuple qui s'insurgea contre la dictature d'un parti unique, et qui fut broyé par une machine totalitaire. Pour tous les Français, saluer la valeur universelle de sa résistance devrait être un devoir de mémoire.

10

POUR UN CINÉASTE,
IL N'Y A PAS D'ÉTRANGERS

Creil, rentrée 1989. Au collège Gabriel-Havez, 874 élèves sont inscrits. Ils représentent vingt-cinq nationalités. 500 d'entre eux sont musulmans. Le 5 octobre, SOS-Racisme déclenche une campagne contre le principal de l'établissement, Ernest Chenière. Quel méfait a-t-il commis ? Est-il raciste ? Il est martiniquais et, selon ses dires, « ancien militant d'Amnesty International, imprégné de l'idéologie des droits de l'homme ». Le 18 septembre, fort du règlement interdisant le prosélytisme religieux dans l'enseignement public, il a renvoyé chez elles trois Tunisiennes refusant d'ôter leur foulard islamique. Le 9 octobre, un compromis est adopté : les jeunes filles pourront porter leur voile dans l'enceinte du collège, mais pas en classe. Cependant, leurs familles reviennent à la charge. Chenière tient bon : il menace d'exclure les trois élèves.

Dans les rues de Paris, les islamistes défilent. Les médias s'emparent de l'affaire. Hommes politiques, partis, syndicats, ligues antiracistes, intellectuels ou organisations féministes donnent de la voix : c'est une cacophonie. Car ce qui est en jeu dépasse de loin les tchadors de Creil. Il s'agit de la laïcité, des fondements du lien social, de l'unité nationale. Or là-dessus, personne n'est d'accord. La droite, échaudée par ses mésaventures de 1986, a sacrifié l'assimilation des immigrés, se contentant de prôner leur intégration. La gauche, elle, se trouve prise entre deux feux. Pour sa tendance moderne, différentialiste, soixante-huitarde, il importe de ne pas se couper des immigrés, afin de ne pas s'aliéner la « génération morale ». Mais pour son aile traditionnelle, laïque et populaire, l'essentiel est de ne pas transiger avec les principes républicains.

Ministre de l'Education, Lionel Jospin sollicite l'avis du conseil d'Etat. Devant l'Assemblée nationale, il ménage la chèvre et le chou. « Pas d'exclusion », décide-t-il : il faut persuader les élèves d'ôter leur foulard. Si elles refusent, il est néanmoins impossible de leur interdire l'accès aux cours. Tout aussi flou est le jugement du conseil d'Etat : le port de signes religieux est décrété compatible avec la laïcité, sauf à être « ostentatoire, facteur de prosélytisme et de désordre ».

A gauche, dans le camp laïque, c'est la colère. Elisabeth Badinter, Régis Debray et Alain Finkielkraut dénoncent « le Munich de l'école républicaine ». L'école, affirment-ils, doit être un « lieu d'émancipation », refusant « les pressions communautaires, religieuses, économiques ».

« Laïcité : enfin un débat d'idées », titre *l'Express*. Au début du siècle, la République a imposé la séparation de l'Eglise et de l'Etat. La lente déchristianisation du pays, accélérée dans les années 1960-1970, a entériné cette situation. En pleine crise d'identité, les catholiques ont renoncé à toute visibilité. Prêtres et religieuses ayant disparu du paysage, les anticléricaux n'ont plus le plaisir de croasser au passage des processions : il n'y en a plus. La foi des Français, désormais, relève de la sphère privée.

Et voilà qu'en 1989, le spirituel refait brusquement surface. Mieux, il réclame un statut social. Mais la revendication vient des musulmans. Or, dans l'imaginaire collectif, aux yeux de l'homme de la rue, l'islam est la religion des Arabes. Terrible contradiction pour la gauche. Comment préserver la laïcité sans heurter les immigrés ? Comment repousser les prétentions des fondamentalistes sans paraître céder au racisme ? Comment ne pas faire le jeu du Front national ? Questions cruciales : l'islam est la deuxième religion de France — une enquête-choc de Gilles Kepel le révèle [1]. Le débat est d'autant plus vif que la montée de l'islamisme s'observe sur tout le pourtour méditerranéen, spécifiquement en Algérie. A la même époque, la polémique à propos de la construction de la Grande Mosquée de Lyon pose le problème dans toute son ampleur. L'islam conçoit-il la distinction du temporel et du spirituel ? Peut-il exister un islam français, indépendant des influences politiques du Proche et du Moyen-Orient ?

Au sortir de décennies matérialistes s'amorce la désécularisation du monde. C'est la « revanche de Dieu », annonce Gilles Kepel [2]. Pour l'intelligentsia — athée en majorité — c'est un double choc : politique et philosophique. Alors, la querelle des foulards rebondit, et ranime un virulent sectarisme antireligieux. Outre la poussée islamique, les médias — en général indifférents à ces sujets — ont détecté un changement au sein du catholicisme français. Après dix ans de pontificat de Jean-Paul II, émerge une nouvelle génération, débarrassée du complexe de ses aînées. Dès lors, les milieux qui donnent le ton, pratiquant une fois de plus l'amalgame, mettent en garde contre un nouvel ectoplasme : l'« intégrisme ». « Les religions sont-elles dangereuses ? » interroge *l'Evénement du jeudi*. Et répond par l'affirmative : tout monothéisme engendre l'intolérance. La *fatwa* lancée contre Salman Rushdie suscite la même réprobation que les protestations des chrétiens scandalisés par le film de Scorsese, *la Dernière Tentation du Christ*.

« Je ne vais pas laisser Dieu à la porte de l'école », disait Fatima, une des trois élèves mises en vedette à

---

1. Gilles Kepel, *les Banlieues de l'islam*, Seuil, 1991.
2. Gilles Kepel, *la Revanche de Dieu*, Seuil, 1991.

Creil. Venant d'une musulmane, le mot est toléré : prononcé par une catholique, il aurait provoqué un tollé. Mais une telle phrase laisse sans réplique le relativisme contemporain. Puisque toutes les religions se valent, elles ont droit au même traitement. Quelle différence, à l'école, entre un tchador et un symbole chrétien ? « Faire la stricte comparaison entre le port d'un voile et celui d'une croix est abusif », rétorque Jean-Marie Domenach, car c'est « nier que le christianisme est un élément fondateur de la France ».

*

Les sondages prouvent que 85 % de la population sont hostiles au foulard islamique à l'école. SOS-Racisme, qui a instrumentalisé l'histoire de Creil, y voit un signe de racisme. Un racisme qu'il conviendrait d'extirper du pays.

Les années 1990, de ce point de vue, continuent les années 1980 — mais sur un mode aggravé. Multiples sont les préoccupations des Français : chômage, coût de la vie, insécurité, impôts, éducation, bureaucratie, coupure avec les élites, Europe. Des motifs d'optimisme mériteraient d'être mis en valeur : par exemple, l'action de milliers de bénévoles au service des déshérités, les capacités technologiques de la France, ou encore l'effondrement du communisme. Mais non. Les débats médiatiques, culturels et intellectuels se polarisent autour d'un thème obsessionnel : la lutte contre le racisme.

D'après la Commission nationale consultative des droits de l'homme, organisme dépendant du Premier ministre, 105 actes de violence raciste ont été recensés en 1990, 26 en 1998. Les menaces racistes, entre les mêmes dates, seraient passées de 656 à 165. Ces chiffres sont à rapporter aux 3 493 442 faits de délinquance et de criminalité constatés, en 1997, par les services de police et de gendarmerie. 26 actes de violence raciste en 1998, ce sont 26 de trop. Mais dans un pays de 60 millions d'habitants, est-ce une vague raciste ?

En 1996, lors du tumulte provoqué par la sortie de Jean-Marie Le Pen sur « l'inégalité des races », un sondage de *Libération* révèle que 63 % des personnes interrogées ont été « choquées » par cette déclaration, même si 51 % d'entre elles « partagent certaines idées du Front national ».

D'après une enquête réalisée pour la Commission nationale consultative des droits de l'homme (*le Monde*, 25 mars 1999), 67 % des sondés estiment qu'« on juge aussi une démocratie à sa capacité d'intégrer les étrangers » ; 62 % jugent les beurs « sympathiques », 74 % les Noirs d'Afrique, 75 % les juifs, 78 % les Asiatiques et 85 % les Antillais. 87 % jugent « grave » ou « très grave » de « refuser une promotion professionnelle à une personne parce qu'elle est d'origine étrangère ».

De 1975 à la fin du siècle, la population du pays se sera accrue, en gros, de 8 millions d'étrangers. En l'espace d'une génération ou un peu plus, la France a absorbé l'équivalent d'une petite nation comme la Suède ou l'Autriche. Que l'on sache, cela s'est effectué sans explosion généralisée.

Où se niche donc l'épidémie raciste que tant de bien intentionnés se proposent de soigner ?

Les Français ne sont pas racistes. Mais ils sont fondés à penser que 8 millions d'immigrés, ce n'est pas rien. D'autant que la distance avec les nouveaux venus ne va pas en se réduisant, mais va souvent même en s'élargissant.

« Y a-t-il trop d'Arabes en France ? » Oui, répondent 65 % des personnes interrogées, lors de sondages comparables, en 1968, 1977, 1984, 1990 et 1993. Mais deux réponses de l'enquête citée plus haut (réalisée pour la Commission des droits de l'homme) expliquent cette réaction : 79 % des sondés avouent que les « comportements de certains peuvent parfois justifier qu'on ait à leur égard des réactions racistes » ; 61 % pensent que

« la plupart des immigrés ont une culture et un mode de vie trop différents pour pouvoir s'intégrer ». Ce qui est en cause, c'est la « culture » et le « mode de vie » des immigrés : ce n'est pas leur origine ethnique, ce n'est pas la couleur de leur peau. 71 % des Français (sondage Ifop/*Passages*, 1993) ont une bonne opinion des immigrés de leur connaissance, mais 64 % (sondage Ifop/*l'Express*, 1991) estiment que l'identité nationale est menacée par l'immigration.

Conclusion : le pays ne rejette pas les étrangers : il refuse le multiculturalisme, la ghettoïsation. Afin d'intégrer les immigrés, 92 % des Français croient d'ailleurs à l'instruction de la morale civique à l'école, 89 % aux mesures contre la concentration des arrivants, 87 % à l'apprentissage de la langue française.

L'immigration ne pose pas un problème d'ordre ethnique ou racial, mais un problème culturel, un problème politique, un problème national.

Les 6 et 7 octobre 1990, deux nuits d'émeute enflamment Vaulx-en-Velin. Cette commune de la banlieue lyonnaise constitue pourtant une zone-pilote pour le traitement social de l'immigration. Les 5 et 12 novembre 1990, à la suite de manifestations lycéennes, le cœur de Paris est livré au pillage. Ce n'est que le début d'une longue série de troubles urbains, provoqués par une faune dont tout téléspectateur constate qu'elle ne débarque pas de Plougastel-Daoulas. Dans les cités, la violence s'installe. Murs taggés, ascenseurs cassés, petite délinquance devenant grande. Un décor à l'américaine : c'est pour cela sans doute que certains font du rodéo avec des voitures (volées).

Qu'attend l'opinion ? Une politique de courage qui prenne les difficultés à bras le corps, qui aborde le dossier dans toute sa complexité — internationale, économique, sociale, scolaire, culturelle, préventive, répressive et humaine. Une politique qui ferme le robinet puisque l'appartement est inondé, quitte à le rouvrir quand les dégâts auront été réparés. Pour les gens qui vivent au Val-Fourré ou aux Minguettes, il y a urgence. Rive gauche, une autre urgence s'impose : traquer le racisme.

En décembre 1989, Michel Rocard crée le Haut Conseil à l'intégration et réactive la Commission consultative des droits de l'homme. Leur mission prioritaire : élaborer un « plan de lutte contre la montée du racisme et de la xénophobie ». A Matignon, en avril 1990, Michel Rocard convoque tous les partis (à l'exclusion du Front national) pour une « table ronde sur le racisme ».

La France est raciste, accuse, en 1992, un livre de Michel Wievorka [3]. A la télévision, à la radio, dans les journaux, il n'est question que de cela : le racisme latent des Français. Et le racisme déclaré des bandes innombrables qui terrorisent tout passant au teint basané. 99 % des citoyens n'ont jamais croisé de leur vie un *skinhead*. Sans doute sont-ils aveugles, car les médias en voient partout. Cette obsession va jusqu'à la psychose — ou la manipulation. En Avignon, le 16 mai 1990, une lycéenne antillaise se fait attaquer par quatre voyous, et tondre les cheveux. « Avignon, le racisme à fleur de peau », s'insurge *Libération*. « Tondue parce qu'elle était noire », s'indigne *le Parisien*. « Tondue par des voyous racistes, elle confie au *JDD* la lettre qui crie son désarroi », s'émeut *le Journal du Dimanche*. Trois jours plus tard, devant les policiers, la gamine avoue : un de ses copains l'avait coiffée, mais la coupe était ratée. Elle avait affabulé. En répétant les mots de la télé.

Chez les antiracistes patentés se manifeste toutefois une inconséquence. Dans les banlieues, les affrontements entre bandes sont monnaie courante. En 1991, la fête de SOS-Racisme se tient une nouvelle fois sur l'esplanade du château de Vincennes. Le compte rendu de *Libération* signale négligemment le fait suivant :

---

3. Michel Wievorka, *la France raciste*, Seuil, 1992.

« Les bagarres entre bandes de cités rivales et entre groupes de jeunes blacks et beurs se sont prolongées sporadiquement jusqu'à la fin du concert. » Ces turbulents jeunes gens, pour beaucoup, possèdent la nationalité française. Alors, ne sont-ils pas racistes eux aussi ? Ou bien l'imputation de racisme est-elle réservée aux Français blancs ?

« La France ne peut héberger toute la misère du monde », concède Michel Rocard, devant les caméras d'Antenne 2, en décembre 1989. Une semaine plus tard, François Mitterrand emploie l'expression de « seuil de tolérance ». Pleurs et grincement de dents accueillent ces rares minutes de parler vrai.

L'effervescence est pire quand il s'agit d'hommes de droite. Le 19 juin 1991, Jacques Chirac — alors président du RPR — anime un dîner-débat à Orléans. « Il y a overdose d'immigration, déclare le maire de Paris : le seuil de tolérance est depuis longtemps dépassé. Prenez un ouvrier français habitant la Goutte-d'Or, avec sur son palier une famille composée d'un père, de trois ou quatre épouses, d'une vingtaine de gosses. Ajoutez à cela le bruit et l'odeur : comment voulez-vous qu'il ne devienne pas fou ? » A gauche, ce n'est qu'un cri. Jack Lang accuse Jacques Chirac de « se shooter à la haine ». Kofi Yamgnane, le secrétaire d'Etat à l'Intégration, stigmatise son « hystérie xénophobe ». L'esclandre est le même quand Valéry Giscard d'Estaing, dans *le Figaro Magazine* du 21 septembre 1991, commente le phénomène migratoire : « Le type de problème auquel nous aurons à faire face se déplace de l'immigration à celui de l'invasion. » Dans le Landerneau antiraciste, c'est la fureur. « Lâcheté », profère François Léotard. Jack Lang, saisi d'un « haut-le-cœur », fustige cette « course au bout de la nuit ».

En 1989, Jean-Claude Barreau, socialiste et conseiller de François Mitterrand, est nommé président de l'Office des migrations internationales (Omi) et de l'Institut national d'études démographiques (Ined).

L'ampleur de ce qu'il découvre l'amène à changer de point de vue. Deux articles de lui (*le Monde*, 10 octobre 1989 et 21 mars 1991) font scandale en dévoilant, à l'encontre des thèses gouvernementales, le nombre d'entrées clandestines sur le territoire français : 100 000 par an. En septembre 1991, il provoque un nouvel éclat avec un livre où il traite l'islam de religion « la plus réactionnaire, la plus antidémocratique et la plus fermée aux droits de l'homme [4] ». Barreau ne tarde pas à être limogé de l'Omi.

En 1993, quand la droite revient à Matignon (seconde cohabitation), Pasqua retrouve son poste à l'Intérieur. Et se déroule un scénario identique à celui de 1986 et 1988 : le ministre tient un discours de fermeté, esquisse des mesures de la même veine, et affronte une permanente mobilisation antiraciste, relayée par des médias complaisants.

« La France, assure Pasqua, a été un pays d'immigration, elle ne veut plus l'être. Notre objectif, compte tenu de la situation économique, est de tendre vers l'immigration zéro » (*le Monde*, 2 juin 1993). « Immigration zéro » : la formule fait bondir, ou ricaner. De nouvelles lois sont adoptées, restreignant les conditions d'entrée sur le territoire. Le Code de la nationalité est timidement réformé. Il prévoit notamment que les jeunes nés en France de parents étrangers procèdent à une démarche volontaire pour obtenir la nationalité française. « Racisme », « exclusion », « haine », entend-on de tous côtés (exceptions à gauche, Jean Daniel et Alain Finkielkraut approuvent cette disposition). Au demeurant, dans son propre camp, Pasqua est à peine soutenu. Les lois sur l'immigration clandestine donnent l'impression d'avoir été votées à reculons, les ténors de la droite étant tétanisés par la crainte de se faire traiter de racistes. Dans la pratique, par rapport aux entrées illégales, le nombre d'expulsions est

---

4. Jean-Claude Barreau, *De l'islam en général et du monde moderne en particulier*, Le Pré aux clercs, 1991.

dérisoire : entre la régularisation de 1981 et celle de 1997, 1 500 000 individus s'installent clandestinement en France.

En 1995, après l'élection de Jacques Chirac, Jean-Louis Debré est nommé ministre de l'Intérieur. En mars 1996, il remet un projet de loi contre l'immigration clandestine. En mai, deux élus de la majorité, l'UDF Jean-Pierre Philibert et la RPR Suzanne Sauvaigo, déposent un rapport parlementaire dont les propositions rejoignent le projet Debré : constitution d'un fichier des empreintes digitales et des hébergeants, allongement de la rétention administrative. Ces résolutions déclenchent une tempête : Lionel Jospin et Laurent Fabius accusent le gouvernement de « courir après le Front national ». Le 24 avril 1996, le Premier ministre, Alain Juppé, fait savoir qu'il n'est « pas question de légiférer à chaud sur l'immigration ».

Le 18 mars précédent, en effet, l'église Saint-Ambroise, à Paris, a été occupée par 300 clandestins africains. Ils réclament la régularisation de leur situation. La manœuvre réitère celle qui, en 1992, avait conduit 1 600 Maliens (dont de nombreuses familles polygames) à camper sur l'esplanade du château de Vincennes. Pères grévistes de la faim, mères éplorées, bébés apeurés : il faut apitoyer les âmes sensibles. Les médias sont rameutés, et les « personnalités morales » défilent. Derrière l'opération, des militants trotskistes.

Le 22 mars, expulsés de Saint-Ambroise, les occupants se replient au gymnase Japy, puis à la Cartoucherie de Vincennes, puis dans un entrepôt de la SNCF. Le 28 juin, ils s'installent dans une nouvelle église : Saint-Bernard. Le feuilleton continue. L'abbé Pierre, Mgr Gaillot, le professeur Jacquard, le professeur Schwartzenberg, Gérard Depardieu ou Catherine Deneuve viennent témoigner contre les agissements criminels de Jean-Louis Debré. Emmanuelle Béart dort dans l'église : une nuit, son sommeil perturbé, elle demande qu'on éteigne « la petite lumière rouge près de l'autel ».

Dans la crainte d'une nouvelle affaire Malik Oussekine, le gouvernement hésite longuement avant d'intervenir. A ses risques et périls (« Si tu touches à un seul cheveu d'un Africain, tu sautes », l'aurait averti Juppé), le ministre de l'Intérieur décide l'évacuation de l'église. A l'aube du 23 août 1996, 1 500 gendarmes mobiles et CRS prennent position autour de l'édifice. La porte est défoncée avec un merlin. Le nom de cet outil, que personne ne connaît, est répété à satiété sur toutes les ondes : merlin le désenchanteur symbolise à lui seul la terreur qui règne sur Paris. En une heure, sans le moindre blessé, les occupants sont embarqués. « Les camions stationnés devant Saint-Bernard, clame Léon Schwartzenberg, me rappellent ceux qui partaient pour les camps de concentration. »

« Sans-papiers » : à elle seule, l'expression est piégée. Elle implique que le clandestin *doit* et *va* recevoir des papiers. La simple perspective d'appliquer la loi, de reconduire à la frontière quiconque ne possède pas de titre de séjour est abominable, abjecte, monstrueuse. Entrer en France, aux yeux de certains, c'est y entrer à vie. Une démocratie comme les Etats-Unis ne fonctionne pourtant pas comme cela. L'Allemagne de Helmut Kohl a organisé le retour d'un million de Turcs sans que l'affaire prenne un air de guerre civile. Au demeurant, en raison du maquis législatif, sur les 220 évacués de Saint-Bernard, 8 sont expulsés. Les autres s'évanouissent dans la nature.

Le psychodrame n'est pas terminé. Reporté depuis plusieurs mois, le projet de loi de Jean-Louis Debré est adopté par l'Assemblée, en décembre 1996. Il a toutefois été amputé de ses principales dispositions (plus de fichier des hébergeants, ni d'allongement de la durée de rétention). Son premier article prévoit que, dans le cadre d'une visite privée, un hébergeant doit notifier à la mairie le départ d'un hébergé étranger. Bien qu'il reprenne une mesure adoptée en 1982 par les socialistes, cet article met le feu aux poudres.

Le 11 février 1997, *le Monde* publie un « Appel à

désobéir » signé par de jeunes cinéastes (Arnaud Desplechin, Pascale Ferran), bientôt rejoints par des figures établies du métier (Bertrand Tavernier, Claude Miller, Patrice Chéreau) : « Nous continuerons à héberger, à ne pas dénoncer, à sympathiser et à travailler sans vérifier les papiers de nos collègues et amis. Nous appelons nos concitoyens à désobéir et à ne pas se soumettre à des lois inhumaines. » Commentaire d'un signataire : « Pour un cinéaste, il n'y a pas d'étrangers. » Le 13 février, à l'initiative de Dan Franck, c'est au tour des écrivains de s'engager : Bernard-Henri Lévy, Marek Halter, André Glucksmann, Philippe Sollers. Suivent les metteurs en scène de théâtre (Ariane Mnouchkine, Daniel Mesguich, Jean-Pierre Vincent), les comédiens (Catherine Deneuve, Isabelle Huppert, Daniel Auteuil, Fabrice Luschini, Miou-Miou), les dessinateurs, les universitaires, les avocats, les journalistes, les psychanalystes, les architectes, les musiciens. *Libération*, qui publie ces pétitions, doit éditer un cahier spécial pour imprimer les milliers de noms recueillis.

Le 16 février, Lionel Jospin entre dans la bataille. Il demande au gouvernement de reculer. Devant cet assaut politico-médiatique, pour calmer le jeu, Juppé modifie l'article incriminé : c'est l'hébergé (et non l'hébergeant) qui devra déclarer son départ en franchissant la frontière. Autant dire que tout contrôle effectif sera exclu. Cela ne suffit pas à faire tomber la fièvre.

Le 22 février, la mobilisation culmine avec une manifestation sur le trajet gare de l'Est-République. Radios et télévisions ont annoncé ce rassemblement comme s'ils invitaient à y participer. *Le Monde* a fait paraître un supplément exposant les turpitudes de la loi Debré, en donnant horaires et points de rendez-vous du défilé. Organisations de gauche et associations antiracistes ont convoqué leurs adhérents. Au total, on compte un maximum de 50 000 manifestants : c'est un échec. En province, les démonstrations similaires réunissent quelques milliers de personnes. Explication de *Libération* (24 février 1997) : « Le mouvement des pétitionnaires recrute d'abord dans la classe moyenne intellectuelle, qui est notoirement surreprésentée dans la capitale ». C'est ce qui s'appelle un référendum populaire par défaut. Un sondage (*le Figaro*, 24 février 1997) révèle d'ailleurs que 61 % des Français condamnent les appels à la « désobéissance civique », 69 % approuvant le projet Debré — qui est voté définitivement le 27 février 1997.

Jamais, dans le domaine de l'immigration, le décalage n'est apparu si grand entre les aspirations du pays et l'opinion des intellectuels. Lesquels s'offrent la gloire d'une « résistance » sans risques et sans représailles, dont les représentations fantasmagoriques aboutissent aux pires amalgames. « Si, demain, la majorité vote le port de l'étoile jaune, je n'appliquerai pas cette loi », tonne Henri Emmanuelli (*Libération*, 18 février 1997). Pour la manifestation du 22 février, un appel avait été lancé par « 121 noms difficiles à prononcer ». Il fallait se rendre gare de l'Est, une valise à la main : un mime honteux de la déportation, la vraie. « Cela banalise ce qui s'est passé il y a plus de cinquante ans », regrette Serge Klarsfeld.

En juin 1997, la gauche remporte les élections législatives. Ministre de Lionel Jospin, Jean-Pierre Chevènement procède à une régularisation massive des clandestins, et fait adopter une nouvelle loi facilitant les modalités d'entrée en France. En 1998, la loi Guigou rétablit l'accès de plein droit à la nationalité, à leur majorité, pour les jeunes nés de parents étrangers.

Mais les dieux ont toujours soif. Au yeux de certains, Chevènement n'en fait pas encore assez. « Inquiétante continuité », se plaint *Libération* : « En matière d'immigration comme ailleurs, rien ne sert de changer d'orchestre si la chanson reste la même » (8 avril 1998). *Le Monde*, le 1er octobre 1999, recueille une interview d'Alain Juppé, où l'ancien Premier ministre se prononce pour une immigration plus ouverte : « Le regroupement familial est un droit et l'Europe aura sans doute besoin d'apports de main-d'œuvre étrangère. » Quinze jours plus tard, le quotidien du soir en profite pour tancer le gouvernement : « L'équipe Jospin se distingue par son inertie, au point de mettre Alain Juppé en situation de lui faire la leçon. [...] Le pouvoir semble rétif à toute mesure de promotion des jeunes d'origine étrangère. »

Cet article, titré « Cessez-le-feu sur l'immigration », paraît le 14 octobre 1999. Le même jour, *le Nouvel Observateur* publie les bonnes feuilles d'un livre de Michèle Tribalat [5]. Cette sociologue a enquêté à Dreux, ville-symbole du débat sur l'immigration, depuis 1983. Conclusion de ses travaux : la ville est devenue « le théâtre d'un morcellement du corps social sur base ethnique, où le racisme " antiarabe " et son double mimétique, le racisme " antifrançais ", organisent la vie sociale ».

En France, l'immigration ne pose aucune difficulté particulière...

De nos jours, être cambriolé ou se faire voler sa voiture est de la dernière banalité. Chauffeurs de bus agressés, voyageurs rackettés, professeurs tabassés, collégiens « dépouillés », pompiers caillassés : la routine. Tous les matins, la radio débite de telles nouvelles avant le bulletin météo. Mais contre ce type d'intempéries, qui chausse ses bottes ?

Ceux qui sont en première ligne, les défenseurs de la société, devraient en tirer plus d'égards. C'est l'inverse : dans les milieux branchés, le racisme antiflic est bien porté.

Le 3 janvier 1995, sur l'antenne de Skyrock, un animateur salue la mort d'un policier tué à Nice : « Un flic est mort, c'est plutôt une bonne nouvelle. » Le Conseil supérieur de l'audiovisuel suspend la station pour vingt-quatre heures. Une sanction « aussi stupéfiante que disproportionnée », s'indigne le P-DG de Skyrock.

---

5. Michèle Tribalat, *Dreux, voyage au cœur du malaise français*, Syros, 1999.

Le jury du festival de Cannes, cette année-là, prime *la Haine*. « J'ai voulu faire un film qui rentre dans le lard, un film contre les flics », explique Matthieu Kassovitz.

En mai 1996, le préfet du Var, Jean-Charles Marchiani, demande au Théâtre national de la danse et de l'image de Châteauvallon de déprogrammer les rappeurs du groupe NTM (nique ta mère...), invités pour le mois de juillet. « Raisons de morale républicaine », invoque Marchiani. Outre que niquer sa mère n'est pas (encore) entré dans les mœurs, les chanteurs de NTM ont été mis en examen, en 1995, à la suite d'un concert public qu'ils ont donné à La Seyne, à l'instigation de SOS-Racisme. 25 000 jeunes levaient le doigt (!) en hurlant « Nique la police ». Sur scène, les gracieux troubadours scandaient : « J'encule et je pisse sur la justice. La police, ce sont des fachos. C'est eux qui assassinent. » Comme dit *le Monde*, glosant sur NTM : « Le groupe a toujours insisté sur sa sincérité, portée par une indignation viscérale qui se soucie peu de formulation consensuelle » (10 juin 1996). Devant le tribunal, en novembre 1996, NTM est condamné. « Trois mois de prison ferme pour délit de grande gueule », commente *Libération*. Sollicité par Michel Field, le garde des Sceaux, Jacques Toubon, dialogue sur Canal Plus avec l'un des deux chanteurs inculpés. Se déclarant « frappé par la sévérité de la sentence », il avertit qu'il demande au parquet de faire appel. En juin 1997, NTM est exempté de prison ferme. Une victoire.

En 1998, un procès oppose Michèle Tribalat — citée plus haut — et Hervé Le Bras. Tous deux sont de gauche, et chercheurs à l'Institut national d'études démographiques. « La démographie française est en passe de devenir un moyen d'expression du racisme », proteste Le Bras. Objet du litige : Tribalat a introduit deux critères dans ses recherches : l'« appartenance ethnique », définie à partir de la langue maternelle, et l'« origine ethnique », fondée sur le lieu de naissance des individus et de leurs parents. Cette méthode porterait en germe le risque d'une dérive xénophobe, car elle conduit, selon Le Bras, à utiliser la catégorie « Français de souche », concept raciste. Tribalat rétorque que les beurs ont beau être français, ils ne sont pas toujours considérés comme tels ; donc, le critère juridique de la nationalité ne constitue pas un outil suffisant en analyse sociale.

Sur l'ensemble de la France, entre 1992 et 1998, le nombre de quartiers « sensibles » passe de 485 à 818. En région parisienne, entre 1994 et 1998, les actes de violence urbaine connaissent une augmentation de 420 %. Parmi le personnel de l'Education nationale, 7 % ressentaient un sentiment d'insécurité en 1995 ; ils sont 47 % en 1998.

Dans le domaine de l'insécurité, ceux qui suggèrent qu'il pourrait y avoir une corrélation avec la poussée de l'immigration sont aussitôt étiquetés. Mais le fait est là, même si pèse sur lui un non-dit médiatique de cent mégatonnes. Journaliste au *Point*, Christian Jelen a divulgué les chiffres suivants dans un livre courageux, qu'il n'a pas pu tenir en main, étant mort après avoir terminé son manuscrit. Sur les 511 542 personnes mises en cause par la police en 1997, 119 694 étaient étrangères, soit 23 %. Sur 53 845 détenus fin 1997, 13 180 (soit 24 %) étaient étrangers. Mais le plus délicat est ceci : en 1997, une estimation de la Direction centrale des Renseignements généraux identifiait, dans toute la France, un échantillon de 724 meneurs de violences urbaines, âgés de 16 à 25 ans. 60 étaient maghrébins, 15 africains et 406 français. Mais sur ces 406 Français, 48 seulement portaient un nom et un prénom de consonance européenne.

Jelen était juif. L'aurait-on accusé de racisme ? Avec beaucoup de justesse, ce transgresseur de tabous remarquait que « des jeunes ne deviennent pas délinquants à cause de leur origine, mais parce qu'ils sont culturellement mal assimilés et socialement mal intégrés, ce qui ne les réduit pas pour autant à l'état d'innocentes victimes. Reconnaître leur " surdélinquance ", ce n'est pas verser dans le racisme, mais au contraire le combattre. Car le racisme, pour se développer, a besoin d'immigrés qui refusent nos mœurs et nos lois [6] ».

L'hypocrisie est totale quand la radio ou le journal du matin évoquent des troubles provoqués par une bande de « jeunes ». Devant son petit déjeuner, tout le monde sourit : tant pis pour les antiracistes.

Mais les racistes se trompent tout autant. Dans les sociétés musulmanes traditionnelles, les chefs de famille exercent sur leurs enfants une autorité sans partage, et ne plaisantent pas avec les incartades. Si certains jeunes issus de l'immigration tournent mal, ce n'est pas en raison de leur ascendance. C'est qu'ils échappent à leur famille, et qu'ils ont rompu avec ses traditions. Non intégrés, ils sont à la fois étrangers à leur culture d'origine et à la culture française. Ils se raccrochent alors à la culture que leur délivrent le cinéma et la télévision, avec ces films américains où l'on vit dans la rue et où l'on dégaine plus vite que son ombre : culte de la force, violence, loi de la jungle.

Le chantier de l'immigration tient des travaux d'Hercule, mais sa réussite est un impératif catégorique pour la collectivité nationale. Maîtriser le flux des entrées sur le territoire (en coopération avec les Etats européens), restaurer l'autorité publique, soutenir la famille, retrouver la mission de l'école, réduire le chômage, et sans doute lutter contre les préjugés raciaux, telles sont les conditions préalables à l'intégration des nouveaux venus dans le destin collectif du pays. Mais une chose est sûre : on s'en sortira en faisant d'eux des citoyens français, et non des sans-patrie. Les chiens de garde de l'antiracisme devraient aboyer ailleurs.

*

---

6. Christian Jelen, *la Guerre des rues*, Plon, 1999.

En 1993, dans le milieu intellectuel, celui par qui le scandale arrive s'appelle Paul Yonnet. Ce sociologue, cependant, publie habituellement dans *le Débat*, et rédige ses travaux dans le style jargonnant de sa spécialité. Mais cette année-là, il fait paraître un essai dans lequel il s'adonne à une dissection du « néoantiracisme [7] ». L'antiracisme, explique-t-il, a remplacé la lutte des classes par la lutte des races. Professant un différentialisme destructeur de l'assimilation républicaine, cette idéologie provoque en retour une réaction identitaire. Bénéficiaire de cette réaction : le Front national. En conséquence, l'antiracisme nourrit le racisme.

Yonnet n'entretient pas le moindre lien avec l'extrême droite. Mais son livre prend de face les tabous du moment : aussi subit-il un tir de barrage immédiat. Avant même sa mise en librairie, *le Nouvel Observateur* (14 janvier 1993) dresse un réquisitoire contre l'ouvrage (« Quand l'intelligentsia soutient Le Pen »), en admonestant la maison Gallimard parce qu'elle édite un tel texte. « Des thèses proches de l'extrême droite », approuve *Libération* (4 février 1993). « Le poujadisme démocratique a trouvé son théoricien », renchérit *le Monde* (5 février 1993). « Apprenti-sorcier », tranche *le Point* (6 février 1993).

Derrière cette attitude se manifeste toujours le refus de considérer les mobiles de l'électorat du Front national. Dans les années 1990, celui-ci se maintient à un niveau élevé (15 % aux présidentielles de 1995). Pourtant, quelque consécration que lui apporte le suffrage universel, ce parti n'est jamais traité comme un autre. Le Parti communiste, les ligues d'Arlette Laguiller ou d'Alain Krivine, notoires parangons de la démocratie, font partie de l'univers civilisé. Pas le Front national. Contre lui, on a le droit de tout dire. « Les électeurs du Front national sont très cons : ce qui

---

7. Paul Yonnet, *Voyage au centre du malaise français*, Gallimard, 1993.

les caractérise, c'est leur idiotie totale, c'est leur inculture », assure Jean-François Kahn [8]. Ajoutant : le vote Front national est « un vote délinquant ». « Chaque matin dans ma tête, je tue Le Pen de toute ma force. Dès que je me réveille, je recommence à tuer. Je n'ai jamais regardé Le Pen sans avoir la mort dans les yeux », confie Marguerite Duras, dans *le Nouvel Observateur* du 24 mai 1990.

Banni, ostracisé, le mouvement de Le Pen constitue un repoussoir idéal : en s'opposant à lui, chacun se présente sous les traits de l'antifasciste vertueux. En 1990, après la profanation du cimetière juif de Carpentras, tous les partis, au cours d'une manifestation contre le racisme et l'antisémitisme, défilent derrière François Mitterrand et son Premier ministre, Michel Rocard. Le Front national est visé, alors que rien ne prouve l'identité des auteurs du forfait, qui semble l'œuvre de déséquilibrés mentaux. Cette manipulation politico-médiatique s'effectue au profit de la gauche, et permet à Le Pen de se poser en bouc émissaire. En 1995, le Front national ayant gagné les mairies de Toulon, Orange et Marignane, ces trois municipalités sont mises au ban de la nation. Télévision ou journaux multiplient les reportages sur place, dont le ton hésite entre le mépris et la commisération pour les ploucs du Midi, saisis par le démon du populisme.

Du 29 au 31 mars 1997, le Front national tient son congrès à Strasbourg. L'événement accapare les médias. Doit-on empêcher cette réunion ? Faut-il interdire le parti lepéniste ? De tout le pays, la gauche appelle à un rassemblement dans la capitale alsacienne : c'est « la révolte antifasciste », titre *l'Evénement du jeudi* (27 mars 1997). La ville est sur le pied de guerre. A l'appel de quatre-vingts partis de gauche, syndicats et associations antiracistes, un défilé réunit 30 000 personnes, pendant que les 3 000 militants du Front

---

8. *Que faire de l'extrême droite ?* Editions du Parti républicain, 1988.

national sont parqués dans le palais des Congrès. Toutes les télévisions, toutes les radios, tous les journaux consacrent l'essentiel de leurs informations à cette manifestation. Ebahie, pendant tout un week-end de Pâques, la France vit au rythme de cette marche sur Rome inversée, où ce sont les putschistes qui sont enfermés. « Le Pen est claquemuré dans son bunker, interdit de promenade dans les rues de Strasbourg, isolé, et ses idées fascistes et racistes rejetées », se réjouit *le Journal du Dimanche* (30 mars 1997). Moins de deux mois plus tard, aux législatives du 25 mai 1997, le Front national récolte 3 785 383 voix.

Dix fois, cent fois, mille fois, les leaders de la droite doivent répéter devant les micros qu'ils refusent tout accord avec Le Pen. Il n'est pas un débat, pas une interview — que ce soit d'un homme politique, d'un comédien ou d'un évêque — où le journaliste de service ne pose *la* question : comment combattre le Front national. Comme s'il n'y avait pas en France de nécessités plus graves, plus pressantes, plus épineuses, comme si le pays vivait sous la menace d'une organisation d'extrême droite toute-puissante, prête au coup d'Etat. Alors que les lepénistes ne bénéficient du soutien ni de la télévision, ni de la radio, ni de la grande presse, et ne comptent dans leurs rangs aucun intellectuel célèbre, ni écrivain de premier plan, le Front national est présenté comme s'il s'exprimait partout, par tous les canaux possibles. Si ce n'est pas un fantasme, cela y ressemble.

Après les régionales du 15 mars 1998, la France vit une nouvelle semaine de folie. Certains sont décidés à outrepasser les consignes des états-majors parisiens, qui excluent tout accord avec le FN. Pourquoi, se disent-ils, laisser des régions aux socialistes, alors que ceux-ci ne se privent pas de s'unir avec les communistes ? Le 19 mars, Lionel Jospin met en garde contre « ces combinaisons qui risquent de mettre en danger des valeurs essentielles et des droits fondamentaux de la République ». Le vendredi 20, cinq présidents de région (sur vingt-deux) sont élus avec l'aide du Front national. A écouter radio et télévision, la démocratie française est en danger de mort. « Honte », s'exclame *Libération*, avec la photo des cinq criminels à la une. « Défaite morale », grince *le Monde*. Quatre régions restent en suspens. Elus le lundi 23 avec le soutien du Front national, deux présidents démissionnent aussitôt, et deux régions passent à la gauche, bien que la droite y soit majoritaire. *L'Evénement du jeudi* dresse la liste des « collabos ». *L'Express* décrit « l'abomination collaborationniste d'une droite qui piétine et trahit l'esprit de la Résistance ». Dans la semaine, cédant aux sommations venues de partout, deux des cinq présidents soutenus par l'extrême droite renoncent à leur poste. Il ne reste plus que Charles Baur en Picardie, Jean-Pierre Soisson en Bourgogne et Charles Millon dans la région Rhône-Alpes. Ce dernier, ancien ministre, modéré de tradition chrétienne-démocrate, est propulsé dans la catégorie des extrémistes invétérés. Six mois durant, pour tous les médias, il porte les stigmates de la honte et du déshonneur : il n'est plus que « Charles Millon, élu avec les voix du Front national ». Invalidé, il cède la place, en janvier 1999, à une centriste soutenue par la gauche. Quand ils évoquent la présidente de la région Rhône-Alpes, les médias ne disent jamais « Mme Comparini, élue avec les voix du Parti communiste ».

*

Eté 1998. Menacé d'inéligibilité, Jean-Marie Le Pen envisage de présenter sa femme en tête de liste aux prochaines élections européennes. Bruno Mégret exprime son désaccord. A l'automne, leur conflit prend un tour aigu. Le Front national, qui vitupérait la bande des Quatre, devient la bande des Deux. Mais le divorce s'effectue sur la place publique : les coups volent bas. Ce mouvement se prétendait différent ; nœud d'ambitions rivales, de querelles de clans et de règlements de comptes, il n'était en fait qu'un parti comme un autre

— le culte du chef en plus. Découragement des militants, fuite des électeurs. Aux européennes de 1999, Le Pen récolte 5,7 % des voix, Mégret et sa formation dissidente 3,3 % des suffrages. Ses adversaires n'ont plus besoin de batailler contre le Front national : il s'est suicidé.

Dans la presse, on entend dès lors une curieuse chanson. « Ogre aux pieds d'argile, écrit *le Point,* le FN vient de révéler sa fragilité en s'effondrant. Et le parti lepéniste apparaît rétrospectivement pour ce qu'il est : un pastiche des années sombres pour société du spectacle en temps de crise ; un mauvais happening télévisuel, qui n'a guère pris racine dans la réalité sociale du pays » (3 avril 1999). « Le Pen, c'est fini ! » s'exclame *le Nouvel Observateur* (17 juin 1999) : « Le moment Le Pen, ce long quart d'heure de la haine, vit selon toutes probabilités ses dernières minutes. » Et de sourire de Mégret et de « son appareil-croupion, criblé de dettes ». Le même Mégret, quelques mois plus tôt, avait eu droit aux couvertures des grands magazines : « L'ascension d'un homme dangereux » (*l'Express*) ; « Cet homme est plus dangereux que Le Pen » (*l'Evénement du jeudi*).

Certains ne manquent pas d'aplomb. Qui décrivait le Front national comme une organisation monolithique, une mécanique bien huilée, prête à broyer la République ? Qui alertait sans cesse contre la pieuvre fasciste qui, jour après jour, étendait ses tentacules ? Aveu rétrospectif : s'il a suffi d'une guerre des chefs pour que cette organisation s'effondre, et d'un scrutin démocratique pour que cette pieuvre soit anéantie, c'est que le péril était imaginaire. Pendant quinze ans, la puissance du Front national a été surévaluée. A dessein. Dans quel but ? Crier au loup contrecarrait toute tentative d'écouter les 3 ou 4 millions de Français qui votaient Le Pen. Car comprendre leur motivation aurait supposé de remettre en cause les dogmes de l'époque.

Après les municipales de 1995, *l'Humanité,* renonçant à la langue de bois, enquête de Marseille à La

Courneuve. Objectif : visiter les communes où le Front national a percé, en comprendre les raisons. Cette série d'articles, honnêtes, expose le mal-vivre de « celui qui a perdu son travail, de celui qu'on a volé, qui a peur pour ses enfants, qui a peur en tournant le coin de la rue, qui en a ras-le-bol de se faire fracasser la bagnole ». Surprise, les journalistes de l'*Huma* découvrent des enfants d'immigrés — italiens, espagnols et même maghrébins — électeurs de Le Pen.

D'après un sondage Sofres du 30 juin 1995, 68 % des Français considèrent les idées du Front national dangereuses pour la démocratie. Mais 41 % sont d'accord avec lui en ce qui concerne les valeurs, 36 % sur l'insécurité, 28 % sur l'immigration.

Une vision politique large, intelligente et inventive ne saurait limiter son attention à ces sujets. Mais si partiels qu'ils soient, ils existent. Ils manifestent des réalités concrètes. Des soucis quotidiens. Ces domaines, à l'évidence, ne sont pas la propriété de Le Pen. Mais si personne ne les aborde, ils deviennent son capital. « Nous sommes la génération couilles-molles », confessait un ancien jeune responsable de la droite [9]. Dans les années 1990, le succès du Front national ne sanctionne-t-il pas un manque de courage généralisé ? Ne signe-t-il pas l'échec d'une classe politique enfermée dans les palais de la République, aussi bien que d'une classe dirigeante coupée de la réalité ? « L'élite radical-chic, remarque Alain Finkielkraut, met ses enfants dans des lycées ou des écoles privés, culturellement exigeants et ethniquement homogènes. Et elle abreuve d'injures le peuple des cités et des banlieues quand il vote pour le Front national » (*Libération*, 8 avril 1998).

Mais surtout, la capacité d'attraction de Le Pen ne s'est-elle pas nourrie de l'absence de tout discours sur la France ? La gauche est internationaliste, la droite ultralibérale, et les deux prêchent l'Europe : qui évoque

---

9   Hugues Dewavrin, *Génération Bidon*, Lattès, 1993.

encore la solidarité nationale, la patrie, le destin commun des Français ? « La montée en puissance idéologique de Bernard-Henri Lévy et de son antinationalisme précède celle de Jean-Marie Le Pen et du Front national, souligne Emmanuel Todd. La remise en question, par les élites françaises, de la France a provoqué l'apparition du national-populisme [10]. »

A une population angoissée par le chômage, l'élite assurait que, grâce à la construction européenne, cela irait mieux demain. A une population souffrant de l'insécurité, l'élite recommandait l'indulgence pour les délinquants. A une population ayant le sentiment que la morale fout le camp, l'élite vantait la tolérance. A une population voyant sans cesse arriver de nouveaux immigrés, l'élite assenait que rien n'est pire que l'exclusion. Le Pen pouvait bien être le bateleur, le démagogue et l'extrémiste décrit par tous les médias, comment une fraction de l'électorat n'aurait-elle pas été attirée par celui qui lui parlait France, sécurité, famille, respect des lois ?

Mais de tels soucis ne sont pas convenables. Les exprimer, c'est être contaminé. C'est ce que Robert Badinter appelle la « lepénisation des esprits » : l'argument suprême du terrorisme intellectuel. Le Pen érigé en mètre-étalon du mal, tout mal est mesuré à son aune. Tout ce qu'il a touché par la parole ou l'écrit est intouchable, et doit demeurer tabou. Le Pen exaltant la nation, toute personne invoquant la nation est considérée comme gagnée par la contagion. Par effet de contiguïté, Charles Pasqua, Philippe de Villiers, Jean-Louis Debré ou Jean-Pierre Chevènement ont pu aussi bien être taxés de lepénisme.

En l'occurrence, Le Pen est un leurre. Ce qui est visé à travers lui, ce sont les thèmes dont il s'est emparé. Puisque le Front national défend la souveraineté, les frontières, les racines, ces réalités sont décrétées fascistes, et diabolisées. « Le néo-antifascisme, en conclut

---

10. Emmanuel Todd, *l'Illusion économique*, Gallimard, 1997.

Pierre-André Taguieff, ne constitue pas une machine de guerre contre le Front national, dont l'existence-repoussoir lui est absolument nécessaire, mais bien plutôt le plus puissant moyen de légitimer l'effacement de la nation [11]. »

Tant d'énergie déployée contre un fascisme illusoire n'a pour fonction que de préserver l'héritage idéologique dont les élites sont dépositaires, leur utopie d'un univers sans contraintes et sans barrières. La génération au pouvoir, celle qui avait vingt ans en 1968, à quelque bord qu'elle appartienne, est imprégnée de la même mentalité. Dans sa traduction de gauche — internationaliste, antiraciste — les hommes sont des citoyens du monde, et la nation ressemble à un hall de gare : il suffit d'y pénétrer pour profiter des avantages mis à la disposition des usagers. Dans sa traduction de droite — mondialisée, libérale — les hommes sont producteurs ou consommateurs au sein d'un vaste marché. Dans les deux cas, le résultat est le même : la nation est niée, effacée, délégitimée, comme si elle incarnait un obstacle au progrès et à l'avenir. La France n'est plus une communauté de destin forgée par l'histoire, mais une société d'élection, fondée sur l'appartenance à un contrat social conclu autour des droits de l'homme, ou un espace marchand obéissant aux mêmes règles économiques.

Le malheur, pour la Rive gauche, c'est que les Français n'acquiescent pas docilement à cette idéologie. C'est souvent cela, le problème des élites : le peuple.

---

11. « Les écrans de la vigilance », *Panoramiques*, n° 35, 1998.

11

COMMUNISME-NAZISME :
LES BONS ET LES MAUVAIS ASSASSINS

21 octobre 1997. A l'Institut de France, séance publique annuelle des cinq académies. Devant ses pairs, Alain Besançon prend la parole. Historien, il a passé la majeure partie de sa carrière à étudier le communisme russe. Quai Conti, ce jour-là, son allocution dresse un parallèle entre le communisme et le nazisme. « Nazisme et communisme sont criminels. Egalement criminels ? Il faut répondre tout simplement et fermement : oui, également criminels. » Mais, poursuit l'orateur, pourquoi les crimes du communisme ont-ils été amnistiés ? Nulle part, à l'Est, il n'a été envisagé de « châtier les responsables qui avaient tué, privé de liberté, ruiné, abruti leurs sujets ». En regard, les atrocités du nazisme ont été jugées devant les tribunaux, et leur mémorial s'enrichit constamment de livres, de films, d'expositions. De 1990 à 1997, « un grand journal du soir » a traité 480 fois du nazisme et 7 fois du stalinisme, 105 fois d'Auschwitz et 3 fois du goulag. « L'amnésie du communisme, conclut Besançon, pousse à la très forte mémoire du nazisme et réciproquement, quand la simple et juste mémoire suffit à les condamner l'un et l'autre [1]. »

---

1. Alain Besançon, *le Malheur du siècle. Sur le communisme, le nazisme et l'unicité de la Shoah*, Fayard, 1998.

L'après-midi même, *le Monde* publie des extraits de ce discours (moins l'allusion au « grand journal du soir »...). L'affaire fait d'autant plus de bruit que le pays, à ce moment, vit au rythme du procès de Maurice Papon. Paradoxe de la France contemporaine : plus les années noires s'éloignent, plus elles s'imposent dans le débat des idées. Mais ces constantes références renvoient moins à une connaissance de l'histoire qu'à une trouble volonté de projeter artificiellement l'ombre du passé sur le présent.

Dans l'imaginaire culturel, la Seconde Guerre mondiale symbolise le combat du Bien et du Mal. Non sans raison : Hitler a été une prodigieuse figure du mal, et le nazisme, dans l'histoire de l'humanité, se signale comme une excroissance monstrueuse. Totalitaire, brutal, païen, ce système se caractérisa tragiquement par son hystérie raciste, dont l'antisémitisme fut la traduction la plus pathologique, et la plus massivement meurtrière.

Néanmoins, le national-socialisme n'est pas une catégorie métaphysique. C'était un régime politique, apparu en un lieu et à une époque donnés : en Allemagne, dans l'entre-deux-guerres. Hitler et ses séides ont poussé jusqu'au paroxysme les thèses du pangermanisme. C'est en épousant la cause du nationalisme allemand qu'ils se sont hissés au pouvoir. De 1939 à 1945 s'est jouée, dans l'ordre géopolitique, la seconde partie d'une bataille pour la maîtrise du continent, dont la première phase avait été livrée entre 1914 et 1918. Une bataille perdue par Berlin, écrasé sous les bombes, en 1945, en même temps que le nazisme.

Or, en France, d'après l'interprétation dominante, le second conflit mondial a constitué un affrontement entre la démocratie et le fascisme. La mémoire collective évacue le fait que Hitler fut en premier lieu un Allemand, un nationaliste allemand. Cette oblitération de la réalité est un effet de la réconciliation franco-allemande. Pour ne pas offusquer des voisins, amis et partenaires européens qui, eux-mêmes, éprouvent quelque difficulté à assumer cet antécédent, la nature intrinsèquement germanique du national-socialisme est gommée. Dès lors, détaché de son contexte, hypostasié, le nazisme représente l'horreur absolue, telle qu'elle peut surgir en n'importe quel lieu des tréfonds de l'âme humaine. Un spectre, mais un spectre susceptible de se réincarner.

Il reste que l'étude des faits enseigne que le nazisme fut une doctrine de la race allemande. Par définition, il ne peut exister de nazis français. Il a existé — c'est autre chose — des traîtres français à la solde de l'Allemagne nazie. Ils ont été jugés. Aujourd'hui traînent toujours des individus nourrissant des nostalgies de ce type. Le 23 avril 1990, l'acheteur de *Libération* est happé par le titre de la une : « Néo-nazis français : le sommet secret ». Page 27, il apprend que les membres d'un groupuscule dissous ont banqueté dans une brasserie parisienne. Est-ce un complot à prendre au sérieux ? Le péril nazi menace-t-il la France parce que deux douzaines de névrosés au front bas (sans doute infiltrés par la police) lampent leur bière en tendant le bras ?

L'antisémitisme, lui aussi, a disparu en tant que courant politique. Ce préjugé persiste de manière résiduelle (et pas seulement dans les jeux de mots de Le Pen), mais il ne s'enracine nulle part dans l'opinion. Au sein de la communauté juive, diverses sont les voix à le souligner. « Jamais, dans toute l'histoire de France, les juifs, individuellement et dans leur expression communautaire, n'ont connu pareille prospérité et surtout sécurité », remarquait Annie Kriegel (*le Figaro*, 3 avril 1990). Jean Daniel, évaluant l'hypothèse d'un réveil de l'antisémitisme, abonde dans le même sens : « Je trouve que cette question n'est nullement à l'ordre du jour, et qu'il est même plutôt indécent de la poser. S'il est une minorité qui, en France, peut se sentir en danger, ce n'est certes pas la minorité juive » (*le Nouvel Observateur*, 9 septembre 1999).

La connaissance du nazisme s'impose. Il est

nécessaire, pour tirer des leçons de l'histoire, de comprendre dans quelles circonstances, par quel mécanisme et par quelle filiation intellectuelle le peuple allemand, qui a donné Bach et Goethe au monde, a pu également engendrer Hitler. La mémoire de ses crimes ne saurait s'effacer. Pour les juifs, souligne Alain Besançon, ce devoir constitue « une obligation morale qui s'inscrit dans la longue mémoire des persécutions ; une obligation religieuse liée à la louange ou à l'interrogation passionnée, à la manière de Job, du Seigneur qui a promis de protéger son peuple et qui punit l'injustice et le crime [2] ».

Mais Hitler est mort. Or, dans un pays sans nazis, où le national-socialisme est unanimement condamné, où les juifs ne font l'objet d'aucun rejet significatif, certains s'évertuent à prôner la vigilance à l'encontre du nazisme. Une fois de plus, traquer cette chimère est un leurre. Un leurre lâché dans le paysage des idées par le terrorisme intellectuel. Car dans l'aventure dramatique du XXᵉ siècle, le totalitarisme a compté deux visages. Le nazisme a disparu en 1945, mais le communisme lui a survécu de quarante années en Europe. S'il s'est effondré en URSS, il se maintient à Cuba, en Chine, en Corée du Nord ou au Viêtnam. Et le communisme, dans lequel ont été impliqués tant d'intellectuels français, bénéficie de tabous qui n'ont pas encore été levés.

*

Le 6 novembre 1997, quinze jours après la conférence d'Alain Besançon, un volume de huit cents pages fait son apparition dans les librairies : *le Livre noir du communisme* [3]. Cet ouvrage collectif constitue la première synthèse globale sur les crimes commis par le communisme à travers le monde. Pays par pays, il

---

2. *Ibid.*
3. Stéphane Courtois, Nicolas Werth, Jean-Louis Panné, Andrzej Paczkowski, Karel Bartosek, Jean-Louis Margolin, *le Livre noir du communisme*, Robert Laffont, 1997.

recense les faits, les lieux, les dates, le nom des bourreaux, le nombre des victimes. Cette hallucinante descente aux enfers commence en Russie dès 1917. On voit Lénine surnommer le commissariat à la Justice « commissariat à l'extermination sociale », les bolcheviques gazer les paysans rebelles, affamer la région de la Volga (5 millions de morts), puis l'Ukraine (5 à 6 millions de victimes). Pendant que le peuple russe plonge dans la nuit du goulag, le communisme essaime : Europe, Afrique, Asie. Le Grand Bond en avant de Mao, c'est « la plus grande famine de l'histoire ». Au Cambodge, Pol Pot porte la barbarie à son sommet. Bilan général du communisme : 20 millions de morts en URSS, 65 millions en Chine, 6,5 millions en Asie, 1 million en Europe de l'Est, 1,7 million en Afrique, 150 000 en Amérique latine. Coordinateur du *Livre noir*, Stéphane Courtois conclut : « Le total approche la barre des cent millions de morts. »

Avec 200 000 exemplaires vendus, ce livre sera un best-seller. Déclenchant un torrent de polémiques, il suscite des dizaines d'articles, d'émissions de télévision ou de radio. La majorité des onze chercheurs qui ont œuvré à son élaboration sont de gauche — la plupart anciens communistes. Mais dès la préparation du volume, des désaccords se sont exprimés entre eux. Initialement, l'ouvrage devait s'intituler *le Livre des crimes communistes*. Peu avant la parution, un des auteurs a récusé le titre : trop anticommuniste. Pour Stéphane Courtois — il l'expose dans la préface — la violence criminelle est consubstantielle au communisme. Pour d'autres membres de l'équipe, ce symptôme découle de la perversion d'un idéal. Jean-Louis Margolin (qui a étudié les nations asiatiques) et Nicolas Werth (auteur de la partie concernant l'URSS) font grief à Courtois de considérer « la dimension criminelle comme l'une des dimensions propres à l'ensemble du système communiste » : « Veut-on faire de ce livre un travail d'historien, se plaint Margolin, ou s'agit-il d'un travail de militant politique, voire de procureur, qui retient des éléments à charge au service d'une cause, celle d'une condamnation globale du phénomène communiste comme phénomène d'essence criminelle ? » (*le Monde*, 9-10 novembre 1997).

Tant de restrictions — sous prétexte de méthodologie scientifique — en disent long sur l'époque. Il est assez extravagant de constater que le *Livre noir* passe pour une démolition radicale du communisme, quand plusieurs de ses coauteurs ne croient pas à la nature criminelle de celui-ci.

Par son caractère d'outil de synthèse, l'ouvrage est précieux, bien qu'il n'apprenne rien qu'on ne sache déjà. Néanmoins, il est présenté comme une révélation bouleversante. En 1997, huit ans après l'effondrement du régime soviétique, dix-neuf ans après la fuite des *boat people*, vingt ans après la révélation du génocide cambodgien, vingt et un ans après la disparition de Mao, vingt-trois ans après la parution de *l'Archipel du goulag*, la démonstration est à recommencer. Soljenitsyne, d'ailleurs, n'est plus à la mode : il n'est plus lu. Une génération a passé, qui a tout à apprendre. Mais une autre génération ne passe pas, qui ne veut pas comprendre. Dix fois, cent fois, mille fois, il faut répéter que la volonté de créer un homme nouveau — le grand rêve du communisme — ne peut déboucher que sur un totalitarisme sanglant. Mais le mythe a la peau dure. « Le Mur, déplore Jean-François Revel, est tombé à Berlin, mais pas dans les cerveaux. Décrire le communisme dans sa réalité reste un délit d'opinion » (*le Point*, 15 novembre 1997).

La préface de Stéphane Courtois suscite la polémique. Il y développe la comparaison entre communisme et nazisme. Pour beaucoup, cette analogie est intolérable. Dans la légende de la gauche, une filiation court des Lumières à la Révolution, puis du jacobinisme au socialisme. Or, le bolchevisme est un rameau du socialisme. Pour un socialiste, le communisme fait partie de la famille, même si ce cousin a mal tourné.

Cependant, l'étude de l'histoire conduit à un autre rapprochement. Le nazisme, en dépit de sa rhétorique antimarxiste, est un mouvement jacobin, égalitaire, plébéien. C'est un système révolutionnaire : on sait d'ailleurs la généalogie le rattachant à la philosophie des Lumières[4]. En d'autres termes, une parenté relie nazisme et communisme. « Personne, remarque François Furet, ne peut comprendre l'un des deux camps sans considérer aussi l'autre, tant ils sont interdépendants, dans les représentations, les passions et la réalité historique globale[5]. »

Pierre Chaunu qualifie les deux phénomènes de « jumeaux hétérozygotes ». Même si leurs desseins différèrent au départ (l'un prétendait vouloir le bien du peuple allemand, l'autre celui du genre humain), les deux régimes revendiquèrent un idéal. A ce titre, ils bénéficièrent d'un fort soutien populaire. Des traits fondamentaux appartiennent et au communisme et au nazisme : culte du chef, parti unique, fusion de l'Etat et du parti, dislocation de la société civile par cet appareil, obligation d'adhérer à l'idéologie du régime, assimilation de la politique à la guerre, mobilisation des masses, propagande permanente, surveillance des esprits, mécanique répressive, exacerbation de la violence, mépris du droit, élimination des élites traditionnelles, embrigadement de la jeunesse, haine des valeurs anciennes et de toute religion.

Faire ressortir ces traits communs a déjà été effectué, avec des nuances d'interprétation, par Elie Halévy (*Histoire du socialisme européen*, 1937), George Orwell (*1984*, 1949), Hannah Arendt (*les Origines du totalitarisme*, 1951), Raymond Aron (*Démocratie et Totalitarisme*, 1965), Jules Monnerot (*Sociologie de la Révolution*, 1969),

---

4. Nicole Parfait, *Une certaine idée de l'Allemagne*, Desjonquères, 1999.

5. François Furet, Ernst Nolte, *Fascisme et Communisme*, Plon, 1998.

Jean-François Revel (*la Tentation totalitaire*, 1976), François Furet (*le Passé d'une illusion*, 1995).

Pourtant, face à cette réalité, le même leitmotiv revient toujours. Le communisme, s'il a échoué çà et là, veut le bonheur de tous : il est universaliste. Tandis que le nazisme, qui supprime les êtres décrétés inférieurs, est fondé sur l'exclusion. Lors de la sortie du *Livre noir*, cet argument est brandi contre Stéphane Courtois : « Le communisme se veut d'abord une doctrine de libération de la majorité des humains, quand le nazisme est une doctrine raciste qui rejette dans les ténèbres la majorité des hommes » (Jean-Louis Margolin, *le Monde*, 31 octobre 1997) ; « Dire communisme égale nazisme, c'est oublier — quels que soient les avatars, les erreurs, les tragédies — que l'URSS n'a jamais organisé l'exclusion d'un groupe humain de la loi commune » (Madeleine Rebérioux, *le Journal du Dimanche*, 2 novembre 1997) ; « A l'origine du nazisme, il y a la haine des hommes. A l'origine du communisme, il y a l'amour des hommes » (Roland Leroy, « Bouillon de culture », 7 novembre 1997).

Confrontées aux faits, ces objections ne valent rien. Le bolchevisme postule l'élimination de la bourgeoisie. Or la dialectique marxiste étend cette classe à l'infini : fonctionnaire, officier ou artiste, mais encore ouvrier ou paysan, tout opposant peut être qualifié de bourgeois. « Staline, écrit François Furet, exterminera des millions d'hommes au nom de la lutte contre la bourgeoisie, Hitler des millions de juifs au nom de la pureté de la race [6]. » Parler de l'universalisme du communisme est une escroquerie : il fut dès l'origine, sous la houlette de Lénine, puis sous le joug de Staline, une doctrine d'exclusion. Et ce sans même évoquer les crimes commis hors de l'Empire soviétique. Mao ou Pol Pot ont-ils massacré quelques millions de leurs compatriotes au nom de « l'amour des hommes » ?

---

6. François Furet, *le Passé d'une illusion. Essai sur l'idée communiste au XXe siècle*, Robert Laffont, 1995.

Raymond Aron, en 1965, distinguait une « différence essentielle » entre communisme et nazisme [7]. En 1983, dans ses *Mémoires*, il revient sur cette distinction : « L'argument que j'employai plus d'une fois pour différencier le messianisme de la classe de celui de la race ne m'impressionne plus guère. L'apparent universalisme du premier est devenu, en dernière analyse, un trompe-l'œil [8]. »

Entre le nombre de morts, il n'y a pas à établir de balance : quand les victimes se comptent par millions, savoir qui a tué le plus ou le moins est obscène. Mais le fait est là : les deux systèmes sont également criminels.

Cela ne signifie pas, cependant, que comparer le communisme et le nazisme aboutisse à conclure à leur similitude totale. Chacun possède sa spécificité. Alain Besançon [9] rappelle que, selon Raul Hilberg [10], cinq phases ont été observées dans la persécution hitlérienne contre les juifs : l'expropriation, la concentration des victimes, les opérations mobiles de tuerie, la déportation, les centres de mise à mort. Pour supprimer ses ennemis, poursuit Besançon, le bolchevisme a utilisé les quatre premiers moyens, mais a omis le cinquième : des camps d'extermination industrielle analogues à Auschwitz n'existèrent pas en URSS. En revanche, le communisme a eu recours à deux autres moyens : l'exécution judiciaire de personnes arrêtées, étrangères au chef d'accusation (souvent pour atteindre un quota fixé à l'avance), et la famine organisée.

Le génocide juif marque une différence essentielle entre les deux systèmes : le communisme n'a pas tué les juifs en tant que tels. Sur l'unicité de ce martyre collectif, Besançon a écrit des pages d'une grande élévation. Mais les motivations des bourreaux ne changent rien au sort des victimes. Mourir dans un camp de

7. Raymond Aron, *Démocratie et Totalitarisme*, Gallimard, 1965,
8. Raymond Aron, *Mémoires*, Julliard, 1983.
9. Alain Besançon, *le Malheur du siècle, op. cit.*
10. Raul Hilberg, *la Destruction des juifs d'Europe*, Fayard, 1988.

concentration communiste parce qu'on est membre d'une classe sociale « irrécupérable », ou dans un camp nazi parce qu'on appartient à une « race inférieure », c'est toujours être condamné en raison de sa naissance. « Lénine et ses camarades, note Stéphane Courtois, se sont situés d'emblée dans le cadre d'une " guerre des classes " sans merci, où l'adversaire politique, idéologique, ou, même, la population récalcitrante étaient considérés — et traités — en ennemis et devaient être exterminés. Ici, le génocide " de classe " rejoint le génocide " de race " : la mort de faim d'un enfant de koulak ukrainien, délibérément acculé à la famine par le régime stalinien, " vaut " la mort d'un enfant juif du ghetto de Varsovie, acculé à la famine par le régime nazi [11]. »

Le prétendu universalisme du communisme, d'ailleurs, ne le rend que plus dangereux : il est exportable sur tous les continents. Tandis que le nazisme, forme exacerbée du racisme germanique, ne s'est appliqué qu'en Allemagne, ou dans des territoires occupés par les Allemands.

On ne flétrira jamais assez le nazisme. Mais Annie Kriegel ou François Furet ont expliqué comment, après la guerre, la description des horreurs nazies a été instrumentalisée par les communistes. Fustiger les crimes de Hitler, qui était mort, détournait l'attention des crimes de Staline, qui était vivant. L'antifascisme — érigé, selon Furet, en « critère essentiel permettant de distinguer les bons des méchants [12] » — a fait obstacle à la vérité : nazisme et communisme forment les deux faces de Janus du totalitarisme. Les deux phénomènes ne sont pas identiques, chacun s'enracine dans une histoire particulière, mais ils appartiennent fondamentalement à la même catégorie.

L'URSS, c'est vrai, a participé à l'écrasement de

---

11. Stéphane Courtois, *Le Livre noir du communisme, op. cit.*
12. François Furet, *le Passé d'une illusion, op. cit.*

l'Allemagne nazie — et les sacrifices du peuple russe ont été énormes. Les communistes, c'est vrai, se sont engagés dans la Résistance. Mais c'était après 1941. Avant, il y a eu le pacte germano-soviétique de 1939, docilement approuvé, à Paris, par le Parti communiste. Le 4 juillet 1940, la France vaincue depuis trois semaines, l'*Humanité* clandestine incitait ses lecteurs à fraterniser avec l'occupant : « Il est particulièrement réconfortant, en ces temps de malheur, de voir de nombreux travailleurs parisiens s'entretenir amicalement avec les soldats allemands, soit dans la rue, soit au bistrot du coin. Bravo, camarades, continuez [13] ! » Est-ce cela, l'inflexible antinazisme des communistes ? Et si la Seconde Guerre mondiale devait s'être résumée à l'affrontement de la démocratie et de la dictature, dans quel camp ranger l'URSS ? Certes, après 1941, la stratégie et la géopolitique imposaient l'alliance avec la Russie. Mais qui oserait affirmer que Staline était démocrate ?

En France, tous les efforts sont déployés pour expliquer l'histoire du nazisme. Mais cinquante années de culture marxiste font obstacle à la connaissance du communisme. Depuis l'après-guerre, le Parti communiste est tranquillement installé au cœur de la vie politique, légitimant l'idée communiste. Georges Marchais avait pu soutenir que le bilan de l'URSS était « globalement positif ». Aurait-on permis à un ancien collaborateur d'affirmer que le bilan de l'Allemagne nazie avait été globalement positif ?

Léon Blum qualifia jadis le Parti communiste de « parti nationaliste étranger ». Il savait, lui, que le PCF recevait ses ordres et son argent de Moscou. Depuis trente ans, la guerre froide étant terminée, la stratégie des socialistes passe par l'union avec les communistes — dignes de siéger au Conseil des ministres. Avec l'effondrement du régime soviétique, en 1991, le Parti a sans doute perdu sa maison mère. Mais remettre en

---

13. Thierry Wolton, *Rouge-brun, le mal du siècle*, Lattès, 1999.

cause son passé, ce serait détruire sa légitimité, et bouleverser tout l'équilibre politique. D'où la réaction de Lionel Jospin à la parution du *Livre noir*. Devant l'Assemblée nationale, le 12 novembre 1997, le Premier ministre socialiste refuse de mettre le « signe *égal* entre nazisme et communisme » : « Le Parti communiste français s'inscrit dans le Cartel des gauches (*sic*), dans le Front populaire, dans les combats de la Résistance, dans le gouvernement tripartite de la gauche en 1945. Il n'a lui-même jamais porté la main sur les libertés. Même s'il n'a pas pris ses distances assez tôt avec les phénomènes du stalinisme, il a tiré les leçons de son histoire. Il est représenté dans mon gouvernement et j'en suis fier. »

Le Parti communiste a tiré les leçons de son histoire ? Qu'il change donc de nom. Et que ses municipalités débaptisent les avenues Lénine qui, dans nos banlieues, insultent les morts de la Kolyma.

*

En 1991, les anciens combattants d'Indochine démasquent Georges Boudarel. Engagé au service du Viêt-minh, cet ancien communiste était, en 1953, commissaire politique au camp 113, dans la haute région du Tonkin, un mouroir où périrent 67 % des prisonniers français. Au bout de quelques mois, l'action en justice contre Boudarel est rejetée. Et ceux qui l'ont intentée, et qui ont souffert du communisme dans leur chair, se voient accusés, Rive gauche, d'être des « alliés objectifs du révisionnisme », et de contribuer à la « banalisation du nazisme ».

Mais si banalisation il y a, à notre époque, c'est celle des crimes communistes. Cela éclate lors de la sortie du *Livre noir*. *Le Monde* (9-10 novembre 1997) consacre deux pages à un compte rendu de l'ouvrage, et à un examen des premières réactions qu'il provoque. Ce dossier est surmonté d'un titre : « Nouvelle controverse sur le caractère criminel du communisme ».

Imaginerait-on une « nouvelle controverse sur le caractère criminel du nazisme » ? Dans *Libération* (11 novembre 1997), ce sont quatre pages qui sont publiées sur ce sujet. On y lit ce chef-d'œuvre d'euphémisme : « Le travail des historiens du *Livre noir du communisme* donne le droit de se poser la question de savoir si la désignation officielle de catégories entières de population à exterminer n'inscrit pas Lénine, Staline bien sûr et leurs épigones dans la catégorie des grands criminels du siècle. » Supposons la transposition suivante : « Le travail des historiens du *Livre noir du nazisme* donne le droit de se poser la question de savoir si la désignation officielle de catégories entières de population à exterminer n'inscrit pas Hitler, Himmler bien sûr et leurs épigones dans la catégorie des grands criminels du siècle. » Le journal qui aurait imprimé ces lignes aurait été, avec raison, déconsidéré à jamais.

Le 29 octobre 1999, le grand amphithéâtre de la Sorbonne reçoit Eric Hobsbawm. Le dernier livre de cet historien britannique, *l'Age des extrêmes*, vient d'être traduit en français. Hobsbawm, octogénaire, est marxiste. S'il a pris ses distances en 1956, lors de l'insurrection de Budapest, sa foi n'a pas vacillé : il reste communiste. Synthèse du XXe siècle, son ouvrage condamne Staline, mais pour mieux exonérer Lénine. Brossant une image flatteuse de la révolution bolchevique, il mentionne le goulag en quelques lignes. Le 28 octobre, *Libération* a fait paraître une interview de l'auteur : « Il faut évidemment dénoncer les catastrophes auxquelles a conduit la Russie soviétique, mais ne pas oublier que le goulag doit beaucoup à la décision d'industrialisation avec du travail forcé. Si on demande de construire une industrie du nickel en Arctique, il n'est pas possible de le faire sans le travail forcé. » Travail forcé ? Quelle différence avec le slogan *Arbeit macht frei*, arboré par les portiques d'entrée des camps nazis ? Mais Hobsbawm semble à peine regretter qu'en Union soviétique, plusieurs millions d'hommes aient été affectés à une tâche « d'industrialisation avec du travail forcé ».

Un ministre distrait avait dû signer le mauvais formulaire. De son côté, *Télérama* (15 décembre 1999) s'émeut bien légèrement : « Orphelin d'un idéal marxiste que ce siècle piétina, Eric Hobsbawm se console en prenant de la hauteur, pointant les crimes de Staline avec le détachement qu'il mettrait à décrire les exactions d'un pharaon. » Serait-il possible de pointer avec détachement les crimes de Hitler ?

Dans sa chronique consacrée au *Livre noir* (*le Point*, 15 novembre 1997), Jean-François Revel a posé une simple question : « Pourquoi le négationnisme, défini comme un délit quand il porte sur le nazisme, ne l'est-il pas quand il escamote les crimes communistes ? » Question aujourd'hui sans réponse.

12

LIBERTÉ, ÉGALITÉ, SEXUALITÉ

« Les jeunes, inquiets pour leur avenir, se radicalisent ». Ce titre du *Monde* (29 avril 1998) a tout pour alarmer le lecteur. De quelle radicalisation s'agit-il ? La génération montante plébiscite-elle la violence, la haine, la loi de la jungle ? Rien de cela. Les jeunes, explique l'article, s'avèrent « d'un conservatisme déroutant ». Rive gauche, il y a de quoi frémir. D'après un sondage réalisé pour l'association Jeunes en question, 58 % des 15-29 ans disent ne plus se sentir en sécurité, 87 % estiment que la famille doit rester la cellule de base de la société, et 4 % seulement que l'on ne devrait plus se marier. Mais le lecteur n'est pas au bout de ses peines. 59 % des jeunes considèrent que l'on doit lutter énergiquement contre la pornographie, 61 % qu'il faut respecter les convenances, et 15 % seulement que le haschisch devrait être en vente libre. Résultat « inquiétant », commente *le Monde*. C'est ça, les jeunes : ils ne respectent rien. Pas même le laxisme.

Trente ans après Mai 68, la roue de l'histoire a tourné. Les enfants ne raisonnent plus comme leurs parents : enquête après enquête, il est prouvé qu'ils croient à l'autorité, à la famille, à la tradition. Et ce, même s'ils sont nés dans une société de rupture, même si eux-mêmes reflètent cette fracture : issus de foyers souvent disloqués, ils ne se marient plus, ou tardivement. Mais dans leur idéal, la famille, le mariage ou la morale constituent des références.

De gauche ou de droite, les anciens de 68 ont cinquante ou soixante ans. Ils se sont gouvernés selon les principes de leurs vingt ans. Mais quand la jeunesse conteste leurs idées, ce sont eux, les conservateurs. Car ils s'accrochent à leurs vieux réflexes. En matière de valeurs morales, tout l'appareil intellectuel, culturel et médiatique ne sert qu'à maintenir l'héritage de Mai.

*

Gide est parmi nous. « Familles, je vous hais » : ce cri retentit chaque jour. Poussé non point par la société, mais par les élites. A la Libération, pourtant, régnait un consensus national à ce propos. La gauche se souvenait que le code de la famille, en 1939, avait été préparé par un socialiste, Alfred Sauvy. De Gaulle souhaitait « douze millions de beaux bébés ». Volontariste, nataliste, une politique familiale était mise en œuvre. Effet immédiat : ce fut le *baby boom*. Dans les milieux populaires, par rapport à la rudesse de l'usine, être mère au foyer représentait un progrès. Elever ses enfants constituait une fierté. Durant les années 1955-1965, relate Evelyne Sullerot, « apparaît un vocabulaire nouveau qui connaîtra un succès immense : le petit enfant doit être stimulé et, le plus tôt possible, socialisé [1] ». L'imaginaire se modifie : l'éducation est préférable par l'école, le travail émancipe la femme. Viennent les années 1970 : divorce facilité, pilule légalisée, libération sexuelle, féminisme, avortement. Le mariage dévalorisé, l'union libre se répand. La mentalité contraceptive se généralise : la natalité décroche.

La crise de la famille traduit sans doute une tendance lourde, manifestée dans toute l'Europe. Mais il

---

1. Evelyne Sullerot, *le Grand Remue-ménage, la crise de la famille*, Fayard, 1997.

existe une spécificité française : « La France fait partie des pays où le mariage est devenu le plus rare en Europe », claironne *le Monde* (9 décembre 1999). Le bilan des années 1980 et 1990 est là : baisse de la nuptialité, croissance des divorces, normalisation du concubinage, généralisation des naissances hors mariage, montée de la monoparentalité, multiplication des ménages recomposés, explosion du nombre de personnes seules. En l'an 2000, les familles de type traditionnel (un couple marié, avec un ou des enfants) semblent les derniers des Mohicans.

La question n'est pas de juger qui que ce soit. Chacun mène sa vie privée comme il l'entend, et navigue comme il le peut parmi les récifs de l'existence. Dans cet ordre, définir des normes appartient aux autorités morales ou religieuses. L'Etat et la société n'ont à considérer que ce qui entraîne une incidence sur l'avenir de la collectivité.

Mais nul ne peut certifier — parce que la durée de l'expérience fait défaut — que ce que les médias appellent « le nouveau visage de la famille française » ne porte pas à conséquence. Tout pousse même à présumer du contraire. Une famille, naguère, c'était un lieu de stabilité. Une cellule où l'enfant se structurait dans la relation avec un binôme masculin-féminin — ses parents — avec des frères et sœurs, avec des grands-parents. Aujourd'hui, un million de ménages comptent un seul adulte. Deux millions d'enfants grandissent sans la présence quotidienne de leur père. Deux millions d'enfants de ménages recomposés possèdent un père et un beau-père, une mère et une belle-mère (et parfois plus), des demi-frères et sœurs, des quasi-frères et sœurs, des grands-parents et des quasi-grands-parents. Quels que soient les arrangements, leur famille, leur véritable famille, est décomposée. L'épanouissement d'un enfant requiert une femme — *sa* mère — et un homme — *son* père. L'expérience des couples séparés, ou frappés par la mort prématurée d'un conjoint, montre que l'équilibre de l'enfant est plus délicat et plus long à assurer. Institutionnaliser le brouillage des repères naturels, c'est faire un saut dans l'inconnu.

« Le mariage a cessé d'être l'acte fondateur du couple », constate le dernier rapport annuel de l'Ined (décembre 1999). Dans cette évolution, l'air du temps n'est pas innocent. L'époque sacralise la quête du bonheur et la réalisation de soi. Elle cultive la liberté de choix, le goût du changement, la satisfaction de l'impulsion. Le mariage, engagement du long terme, est dès lors perçu comme un carcan insupportable. La famille devient une notion subjective : l'aspiration individuelle prime la pérennité du couple, l'entente du couple prime l'intérêt de l'enfant. La vie affective se scinde en tranches successives, ou juxtaposées. « L'individu a gagné contre la famille », remarque Evelyne Sullerot [2]. En 1996, les obsèques de François Mitterrand, en présence de ses deux foyers, consacrent la désintégration du symbole familial.

Pour la société, cependant, la famille stable constitue un facteur de cohésion sans équivalent. Le rapport remis au gouvernement par Hélène Gisserot, en 1997, la qualifie de « première école de vertus sociales ». Son éclatement amplifie les phénomènes de précarité, d'inadaptation à la vie professionnelle, de délinquance. « La criminalité des adolescents découle en grande partie de familles brisées ou conflictuelles », note le rapport Gisserot. En soulignant que la fragilité des unions favorise « la baisse de la fécondité et, par là même, le vieillissement de la population ». Or la croissance démographique représente « une condition nécessaire du dynamisme et de la prospérité économique ». La famille, observe enfin Hélène Gisserot, forme « la clé de voûte de notre système de sécurité sociale fondé sur la répartition : les enfants d'aujourd'hui sont les cotisants de demain ».

En 1997 également, le rapport parlementaire

---

2. Evelyne Sullerot, *Pour le meilleur et sans le pire*, Fayard, 1984.

présenté par Etienne Pinte et Christine Boutin, au nom de quatre-vingt-dix députés, définit la famille comme un « amortisseur de crise ». Quand le chômage des jeunes, phénomène douloureux, ne vire pas au drame, c'est parce que ceux-ci bénéficient du soutien financier et humain de leurs parents et grands-parents. « Face à la crise, face au chômage, la famille joue aujourd'hui un rôle essentiel : elle est la petite forteresse qui, même assiégée, permet de s'organiser, de voir venir et de tenir », conclut Henri Amouroux, au terme d'une grande enquête menée auprès des lecteurs du *Figaro Magazine* (8 avril 1995). Sans l'aide de leurs aînés, pour les jeunes couples, les contraintes de garde d'enfants seraient insolubles. Les exemples pourraient être multipliés. Ils illustrent une vérité première : la famille, c'est la plus solide des assurances sociales. Dans le domaine de l'immigration, la famille joue aussi un rôle capital. C'est par son biais, a montré Christian Jelen, que s'effectue ou non l'intégration [3]. La fracture sociale, réalité dont le pays a pris conscience en 1995, répercute la fracture familiale : un sans domicile fixe (SDF), c'est un sans domicile familial.

L'intérêt général voudrait que tout soit entrepris pour protéger la famille, l'encourager, la valoriser. Même si son modèle s'est transformé : la société ne reviendra pas sur le travail des femmes ou sur la maîtrise de la fécondité. Mais c'est l'inverse qui se produit. Pour la Rive gauche, fille de Mai 68, toute stabilité est une frustration. Toute permanence est une prison. Toute fidélité est une castration. La famille, c'est l'inhibition. La famille, c'est l'étouffement de l'individu. La famille, c'est une morale rétrograde. La famille — inusable argument du terrorisme intellectuel — c'est Vichy.

La classe politique agit sous l'emprise de ces interdits. Vis-à-vis de la famille, la droite, au mieux, est

---

3. Christian Jelen, *la Famille, secret de l'intégration*, Robert Laffont, 1993.

neutre : depuis trente ans, le libéralisme qui l'inspire est plus attentif à l'individu. La gauche, elle, tranche en fonction de ses préjugés idéologiques. Privilégiant l'aide aux situations d'exception (ménages éclatés ou monoparentaux), elle contribue à les encourager, et vitupère toute proposition en faveur de la famille traditionnelle comme passéiste ou nataliste. Contre les avocats de la stabilité familiale, la gauche brandit une menace imaginaire, en les accusant de vouloir « renvoyer les femmes dans leurs foyers ».

En 1995, dans le premier gouvernement Juppé, est institué un ministère de la Solidarité entre les générations. Cet intitulé, à lui seul, traduit le complexe entretenu par la droite. Ministère de la Famille, cela sonnerait rétro : on fait passer la chose avec le mot solidarité qui, lui, fait tendance. Le portefeuille est confié à Colette Codaccioni. En 1993, celle-ci a remis à Edouard Balladur, alors Premier ministre, un rapport sur la famille dans lequel elle lançait un avertissement : « La France se meurt, la France n'a plus d'enfants. » Un souci aussi suspect vaut à Mme Codaccioni, à peine nommée, de se retrouver dans le collimateur : « Elle aurait préféré être ministre de la Famille. Pourquoi pas du Travail et de la Patrie ! » persifle *le Nouvel Observateur* (20 juillet 1995). « Profil franchement vieille France. Catholique très pratiquante, mère de cinq enfants, sage-femme de profession, elle occupe un créneau en politique — à droite, naturellement — qui tourne autour de Dieu, la famille et la femme », s'indigne *Libération* (25 juillet 1995). En novembre 1995, le gouvernement est remanié. Cinq mois après son intronisation, Colette Codaccioni passe à la trappe. Et son ministère avec elle.

Pendant sa campagne présidentielle, Jacques Chirac avait promis l'instauration d'une allocation de libre choix, afin de permettre aux femmes d'interrompre leur activité professionnelle pour élever un enfant. Dès la rentrée 1995, cette mesure est reportée *sine die*. Cinq ans plus tard, elle attend encore.

En 1998, la gauche à Matignon, un tollé survient à la suite de la décision de la municipalité (Front national) de Vitrolles d'allouer une prime de naissance aux familles dont l'un des parents est français ou ressortissant de l'Union européenne. Le commissaire du gouvernement réclame (et obtient) l'annulation de cette mesure, au motif que « la discrimination fondée sur le critère de la nationalité est entachée d'illégalité ». La droite se tait, pour ne pas se faire taxer de lepénisme. Mais d'aucuns n'ont pas oublié qu'une disposition analogue existait à Paris, au début des années 1980, lorsque Jacques Chirac était maire de la capitale. Dans son *Dictionnaire de la réforme*, en 1992, Edouard Balladur proposait l'institution d'un salaire maternel pour les femmes souhaitant se consacrer exclusivement à leur famille. Précisant : « Ce salaire serait réservé aux mères de nationalité française, car c'est la croissance de la population française qu'il s'agit d'assurer [4]. » Six ans plus tard, cette nécessité n'est donc plus avérée ?

« L'objectif essentiel, ce n'est pas une politique nataliste », proclame Martine Aubry en 1997. Avoir ou non une descendance est un choix intime, dans lequel toute coercition est impossible : de toute façon, la liberté de chacun reste totale. Mais en quoi serait-il honteux d'inciter les Français à mettre des enfants au monde ? Il est vrai que chez certains, cette phobie n'est pas dénuée d'arrière-pensées. A l'heure où s'abaissent les frontières, la notion de natalité française n'a plus de sens : les flux migratoires qui traversent l'Europe se chargeront de peupler l'espace situé entre Lille et Marseille. Mais ce réflexe idéologique bute néanmoins sur une réalité scientifique : la natalité des immigrés tend à s'aligner sur le niveau des Français de filiation.

Alors que le seuil de renouvellement des générations est fixé à 2,1 naissances par femme, la natalité s'établit aujourd'hui à un taux de 1,6. Cependant, le désir

---

4. Edouard Balladur, *Dictionnaire de la réforme*, Fayard, 1992.

d'enfant est plus élevé : idéalement, les couples aime-
raient avoir 2,3 enfants. S'ils ne franchissent pas le pas,
c'est en raison d'obstacles matériels et financiers qui
pourraient être vaincus, si se manifestait une volonté
en ce sens. Bien sûr, le malthusianisme qui imprègne le
monde contemporain provient de causes sur lesquelles
l'Etat n'a pas de prise directe (hédonisme, peur de
l'avenir, doute philosophique). Mais il est prouvé que
les pouvoirs publics ont la faculté d'influer indirecte-
ment sur la natalité. Il y a l'exemple français de la
Libération, et celui, plus récent, de la Suède, remontée
un temps à un taux de 1,99 naissance, grâce à une série
de dispositions fortes. La question n'est pas d'imposer
tel ou tel mode de vie. Encore une fois, chacun est libre
de faire ce qu'il veut. Il s'agit seulement de soutenir les
couples disposés à avoir des enfants — et spécifiquement les familles nombreuses, puisque, statistique-
ment parlant, c'est la troisième naissance qui assure la
croissance démographique d'une société. Mais même
cela, pour les idéologues, c'est trop.

En janvier 1996, un appel est lancé par cinq sociologues et démographes — Evelyne Sullerot, Jean-
Claude Chesnais, Michel Godet, Jacques Dupâquier et
Philippe Rossillon — sous le titre *SOS-Jeunesse* :
« L'évolution démographique de la France et de la plupart des pays européens est dramatique. Personne n'est
là pour défendre les générations futures. Elles ne
votent pas et l'on peut donc continuer à tirer des traites
qu'elles seront censées régler un jour. [...] Il n'y aura
pas de reprise économique durable sans sursaut démographique. [...] L'intégration des flux migratoires à
venir sera d'autant plus difficile qu'il y aura de moins
en moins d'enfants autochtones dans les écoles. [...] A
l'heure actuelle, la politique familiale de la France ne
favorise plus le mariage et la constitution de familles
stables. Nous avons désormais le recul nécessaire pour
établir le lien qui existe entre fécondité et statut matri-
monial : après 35 ans, une femme mariée a déjà
2,3 enfants, une concubine 1,5, une célibataire seule

0,5. [...] Pourquoi ne pourrions-nous introduire en France le congé parental qu'a choisi de promouvoir le pays le plus progressiste et le plus féministe d'Europe, la Suède ? Le déclin de la fécondité n'est pas une fatalité. »

Ce texte cingle le confort de l'époque, en rappelant des vérités qui font mal. Il déclenche une tempête. Parmi ses signataires, on ne s'étonne pas de trouver les noms de Christine Boutin, Pierre Chaunu ou Philippe de Villiers, dont l'engagement pour la famille est connu. Mais la liste réunit également des personnalités comme Jean-Claude Barreau, Jean-Claude Casanova, Jean-Pierre Chevènement, Michel Crozier, Jean-Marie Domenach, Jean Mattéoli. « Un cocktail de réseaux où le clan anti-Maastricht croise le clan " catho ", où la nostalgie nationaliste exhale le fumet des valeurs familiales d'antan », estime *l'Express* (1er février 1996), poursuivant : « Derrière les chiffres avancés, l'engagement moralisant apparaît clairement : les signataires ont rédigé un couplet à la gloire du mariage. [...] Ils prônent un congé parental à la suédoise. Pourquoi pas ? Mais la finalité des lois suédoises est moins nataliste que féministe. On ne cherche pas, là-bas, à pousser en douce les femmes à déserter le marché du travail pour rentrer au foyer. » Deux des instigateurs de l'appel, Dupâquier et Chesnais, sont respectivement membre du conseil d'administration et chercheur à l'Institut national d'études démographiques. Mais Patrick Festy, le directeur de cet organisme public, condamne leur manifeste : « Le texte est tout sauf scientifique : voyez sa virulence, ses effets de dramatisation. Au nom de l'idéologie, ils oublient toute prudence. La dénatalité n'est pas le problème d'aujourd'hui, peut-être celui de demain, mais nul n'est sûr de son ampleur. »

Chevènement s'expliquera à *Libération* : « Je regrette que peu de femmes et d'hommes de gauche se saisissent de l'enjeu démographique, comme Alfred Sauvy et les gouvernements de la Libération avaient su le faire.

Sans doute le terrorisme intellectuel du politiquement correct y est-il pour beaucoup. »

*

En mars 1979, *Libération* passe devant la 17ᵉ chambre correctionnelle de Paris, pour « outrages aux bonnes mœurs et incitation à la débauche », à la suite d'une information ouverte contre les petites annonces « Chéri(e) je t'aime ».

Le 8 juillet 1999, *le Nouvel Observateur* consacre un dossier aux « folies du Paris branché ». Les lecteurs de cet excellent hebdomadaire, vendu dans tous les kiosques et auxquels deux professeurs sur trois sont abonnés, ont la chance d'y découvrir, sur une double page, un guide des clubs échangistes : « Un bar, une piste de danse, parfois un restaurant, et des alcôves ouvertes à tous et à chacun, où les gens font l'amour à deux, à quatre, à plus, à plus... »

En vingt ans, que de progrès contre l'obscurantisme. Finie la censure ! De nos jours, à quinze ans, rien n'empêche d'aller voir deux heures de porno au cinéma. A la télévision, on peut compatir en direct (et en famille) à la détresse de couples exposant leurs déboires sexuels. Au collège, on distribue des brochures où, de la fellation à la sodomie, on apprend à tout faire, dans toutes les positions. Mais d'abord à « se protéger » : *dura lex, sed latex*. Et en cas de négligence, miracle : l'infirmerie du lycée distribue la pilule du lendemain.

On vit une époque formidable : comme l'école et dès l'école, la sexualité est gratuite, laïque et obligatoire.

Le 8 mars 1993, le gratin du cinéma français attribue quatre Césars au film de Cyril Collard, *les Nuits fauves*. C'est l'histoire d'un séropositif contaminant sciemment une jeune femme. « Un hymne à la vie, à l'amour étourdissant et flamboyant », estime Jack Lang. L'œuvre est autobiographique. Tristement autobiographique : le 5 mars, trois jours avant la Nuit des Césars, Cyril Collard est mort du sida. Il avait trente-six ans.

Cette nouvelle maladie est révélée en 1981. Les premiers commentaires l'appellent « le cancer des homosexuels ». L'expression disparaît très vite. Geste magique : pour cacher la réalité, ne pas la nommer. Comme pour toute épidémie, la prévention consisterait d'abord à déterminer les groupes à risques, afin de les prémunir contre la contagion. Mais encore faudrait-il les désigner. Or les premiers individus atteints par le virus du sida sont homosexuels ou toxicomanes ; par ailleurs, un certain nombre d'entre eux est d'origine africaine. Au regard du climat idéologique, il est impossible de les citer sans avoir l'air de succomber à la discrimination, à l'exclusion, au racisme. Il est impossible, surtout, de remettre en cause le dogme de la liberté individuelle : afin de préserver leur entourage, l'époque ne conçoit pas d'inciter les malades à changer de comportement. Sur le plan sanitaire, les milieux à risques sont ainsi victimes des tabous du moment. Mais la société également : l'épidémie progresse, débordant les groupes d'origine. Ce refus de « l'exclusion » pèsera lourdement dans le drame du sang contaminé.

La prévention du sida, dès lors, repose tout entière sur l'apologie du préservatif. Tous les médecins savent que ce n'est pas un moyen fiable à 100 %. Mais il ne faut pas le dire : faire l'amour à n'importe quel âge, quand on veut et avec qui on veut est un droit de l'homme. Le professeur Henri Lestradet, membre de l'Académie de médecine, fait campagne pour expliquer que le préservatif aggravera la catastrophe : il est accusé de tenir un discours mortifère.

Le cancer ou les maladies cardio-vasculaires concernent un nombre de Français bien supérieur à celui du sida. A suivre les médias, pourtant, il semble que tout un chacun soit menacé par le virus. Au début des années 1990, télévisions, radios et journaux ne parlent que de cela. C'est que la lutte contre ce mal relève moins de la science que de l'idéologie. Dans l'ordre des symboles, le ruban rouge antisida remplit la même fonction que la petite main jaune de l'antiracisme. Mais porte-t-on un insigne pour combattre le cancer ou l'infarctus ? Personnellement touchés, les cercles intellectuels et culturels font caisse de résonance. Ce qui est en jeu, pour eux, c'est la liberté sexuelle, c'est la liberté de disposer de son corps, acquis sacré de Mai 68. Le 7 avril 1994, toutes les chaînes de télévision, pendant six heures d'affilée, sans une coupure de publicité, diffusent la soirée « Tous contre le sida ». Vedettes du cinéma ou du show-biz, médecins, pharmaciens, infirmières, malades viennent témoigner, et présenter le préservatif comme la seule parade au virus. L'abbé Pierre évoque la faculté de se préserver par la fidélité : il est hué, tout comme les pharmaciens qui refusent de vendre des préservatifs aux adolescents trop jeunes, ou les proviseurs hostiles à l'installation de distributeurs dans leur établissement. Injonction : « Ne pas exclure. »

Quelques jours plus tard, dans sa chronique du *Point* (16 avril 1994), Jean-François Revel dénonce « la croisade contre l'exclusion, ce concept fourre-tout, asile de la non-pensée ».

Le sida est un malheur qui frappe des êtres jeunes. Comme tous les malades, ils doivent être soignés, considérés, réconfortés. Comme pour toute maladie, il est à souhaiter que la recherche progresse vite, afin de lui trouver des remèdes. Cela, nul ne le conteste. Ce qui est contestable, c'est la façon dont cette épidémie est expliquée. Tout se passe comme si elle relevait de la fatalité, et comme si, à aucun moment, la responsabilité personnelle de qui que ce soit n'était jamais engagée. Il est pourtant évident qu'à partir du moment où la maladie est connue (en mettant à part le cas tragique des transfusés), jouer avec le sexe, c'est jouer avec le danger. Il est tout autant certain que les dispositifs visant à faciliter la sexualité, du préservatif à la pilule du lendemain, ne font que démultiplier les risques d'un rapport fatal.

Mais cela, la génération 68 ne veut pas l'accepter.

Arc-boutée au dogme de la liberté sexuelle, elle continue de penser que vivre, c'est « jouir sans entraves ».
Et pour les jeunes, la seule éducation à l'amour qu'elle
envisage, c'est l'apprentissage de la contraception,
conçue comme le sésame du bonheur. Toute réserve à
cet égard lui paraît coupable, toute résistance est stig-
matisée. « On a du mal à faire des campagnes parce
qu'elles impliquent un message de vraie liberté sexuelle
et, pour certains, c'est encore de l'incitation à la
débauche », se plaint une gynécologue interviewée par
Elle. Libération fustige « les réticences des pharmaciens
pour la mise en vente libre de la pilule du lendemain ».

Certains osent rappeler qu'en matière de sexualité,
la démolition des barrières morales, des conventions
culturelles et des conceptions religieuses ne constitue
pas un progrès. Que les entraves d'autrefois n'étaient
pas arbitraires. Qu'elles correspondaient à un besoin
humain autant que social. Que l'homme, esprit et
corps, forme un ensemble. Qu'il se grandit par l'exercice de la responsabilité. Que l'amour est lié au respect.
Que conférer un sens à l'acte de chair est un signe de
civilisation. Que la fidélité est une vertu. Que la reconstruction de la famille est une nécessité.

Minoritaires, peu écoutées et peu suivies, ces voix
sont cependant considérées comme gênantes. Contre
elles, le terrorisme intellectuel invente un nouveau
concept : le danger du retour à l'ordre moral. Cette
fausse allusion historique à Mac-Mahon dissimule, une
fois de plus, un péril fantomatique. Alors que le sexe
est partout — école, télévision, cinéma, magazines,
romans, théâtre, publicité — on cherche les bataillons
de puritains et de dames d'œuvres prêts à étrangler le
droit de ceux qui rêvent de faire l'amour « à deux, à
quatre, à plus, à plus... ». Mais ce fantasme — un antifascisme appliqué aux mœurs — fonctionne comme les
autres : c'est une arme destinée à intimider, à paralyser,
à déconsidérer. L'amalgame, ici encore, est de rigueur.
Les tenants de « l'ordre moral » sont chargés de tous
les maux : exclusion, discrimination, racisme.

En 1994, après avoir reçu des milliers de lettres de parents, le Conseil supérieur de l'audiovisuel demande à l'émission « Love in fun » (Fun Radio) de cesser le direct, au nom de « la protection de l'enfance et de l'adolescence » (loi du 30 septembre 1986 sur l'audiovisuel). Chaque soir, Doc et Difool, deux animateurs, dialoguent avec leurs jeunes auditeurs. Les sujets se succèdent : chômage, échec scolaire, racisme. Et le sexe. Là, on peut tout dire. L'émission n'est pas sans intérêt. On comprend en effet les soucis d'un tel qui a le pénis trop grand, d'un tel qui l'a trop petit, ou d'une telle que les accouplements avec son chien laisse insatisfaite.

Fun Radio, en guise de protestation, diffuse le communiqué du CSA. C'est une levée de boucliers. On mobilise contre la censure. Doc et Difool sont invités sur toutes les télévisions. Ils organisent une pétition de soutien, et annoncent avoir recueilli 400 000 signatures. Chiffre invérifiable, invérifié. « Il ne faut pas se laisser intimider par les tenants de l'ordre moral », proclame Jack Lang. En signe de solidarité, Alain Carignon, le ministre de la Communication, se rend au siège de Fun Radio : « Personne ne peut définir brutalement et unilatéralement ce qui est bon ou mauvais. » Devant un tel vacarme, et une telle alliance des puissants, le Conseil supérieur de l'audiovisuel renonce à ses exigences.

Les adversaires de l'ordre moral n'oublient qu'une précision : son contraire est-il le désordre moral ou l'ordre immoral ?

Plus de codes, plus de règles, plus d'interdits. L'essentiel, c'est de s'accomplir. Telle est la philosophie dominante. Son effet le plus abrupt regarde l'homosexualité. En une quinzaine d'années, la société française (et occidentale) a vécu ce bouleversement considérable : il n'est plus tolérable d'affirmer que l'homosexualité et l'hétérosexualité ne sont pas équivalentes. Pour les héritiers de 68, toutes les sexualités sont égales, puisqu'elles visent à la satisfaction de l'individu. La portée de ce relativisme ne peut être prise qu'à l'échelle de l'histoire de la civilisation. En ruinant tous les repères anthropologiques, l'époque est saisie par un vertige suicidaire. Car il est évident que la société n'existe que par la continuité des êtres, par la chaîne des générations. Or, le fait est là, l'homosexualité est inapte à transmettre la vie. Pour le discours intellectuel, culturel et médiatique, ce n'est qu'un détail. Rien d'étonnant à cela : dans l'univers de l'éphémère, la durée n'a d'autre unité de mesure que l'individu. Peu importe qu'un choix sexuel ne soit générateur de rien d'autre que son plaisir : l'essentiel, c'est d'être bien dans sa peau.

Bien dans sa peau ? L'homosexualité a toujours existé, elle existera toujours. Les homosexuels sont des citoyens comme les autres, pourvus des mêmes droits et des mêmes devoirs. Souvent, artistes et créateurs, ils incarnent une sensibilité dont la richesse bénéficie à toute la collectivité. Il reste que l'homosexualité est une singularité dont l'apport n'est pas du même ordre que les relations hommes-femmes : la pérennité du genre humain ne lui doit rien. Cette différence ne peut donc être érigée en modèle, sauf à éliminer des principes fondateurs de la société la dimension de l'avenir.

D'autant que s'il est des homosexuels heureux, il en est qui subissent leur disposition comme un tourment. Les psychologues savent qu'au moment où cette tendance se manifeste, il est possible d'y échapper. Encore faut-il que cette perspective soit envisagée. Normaliser l'homosexualité, c'est condamner certains à la souffrance à vie. Et la désintégration de la famille ne fera que multiplier les victimes : l'oblitération de la figure du père comme de la mère nourrit la confusion des genres. Le syndrome de culpabilisation qui domine notre temps retourne l'explication : si les homosexuels étaient naguère malheureux, c'est qu'ils étaient empêchés de s'épanouir en tant que tels. Mais l'exhibitionnisme de la Gay Pride respire-t-il la sérénité et l'harmonie ? Il est des milliers d'homosexuels que cette parade obscène répugne — comme tout le militantisme gay. Vivant leur spécificité dans la discrétion, ils ne croient pas appartenir à une « communauté » à qui une législation particulière devrait être réservée. Mais ceux-là, par définition, ne s'expriment jamais à la télévision.

Contre le Pacs, le 31 janvier 1999, 100 000 personnes défilent dans les rues de Paris, répondant à l'appel de Christine Boutin. Une foule familiale, jeune, joyeuse. Et naïve : persuadée que ses bons sentiments sont capables de faire reculer la machine. « Une France moisie », dit Philippe Sollers, deux jours avant la manifestation. Aux informations, les comptes rendus se partagent entre le sarcasme, l'ironie, le mépris ou l'amalgame. Les slogans du rassemblement ne comportaient aucune allusion à l'homosexualité, *a fortiori* aucune agression contre les homosexuels — la presse quotidienne du lendemain en témoigne : « Le discours des uns et des autres s'en tient à la stricte défense des valeurs familiales, évitant les dérapages homophobes », écrit *Libération*, le 1er février 1999. Trois jours après, cette réalité est occultée. Et depuis, dans les médias, il passe pour acquis que, le 31 janvier 1999, 100 000 Français ont marché en scandant des cris de haine (« Les pédés au bûcher ») contre les homosexuels. C'est un mensonge, mais ce mensonge est calculé.

« Cette France de l'ordre moral nous menace », met en garde *l'Evénement* (4 février 1999) : « Cent mille manifestants pour dire leur haine des pédés, des anormaux, des atypiques, de l'autre, de tout ce qui n'est pas conforme. [...] L'enjeu de cette croisade ? Tout simplement le contrôle de nos vies privées, l'installation d'un ordre moral très ancien, qui régenterait nos âmes et nos rêves, le bon et le mauvais goût, la vie et le corps des femmes. » C'est une pure divagation : les réseaux de Mme Boutin (au sein desquels, par parenthèse, le souci des « anormaux », en la personne des enfants handicapés et notamment trisomiques, est sans doute supérieur à celui qui se démontre ailleurs), ces réseaux, le voudraient-ils, ne disposeraient d'aucun moyen pour imposer quelque comportement que ce soit à qui que ce soit. Mais battre le rappel contre ce péril imaginaire remplit une fonction : mieux faire passer la métamorphose des symboles sociaux imposée par les élites.

La prochaine étape sera l'entrée dans la loi du droit à l'adoption pour les homosexuels. La campagne d'opinion a déjà commencé. En couverture de *l'Express*, le 7 octobre 1999, un couple de jeunes femmes et leur (?!) bébé : « Si l'on peut avoir trois pères aujourd'hui — un père biologique, un père généalogique (nom et filiation), un père éducatif (le mari de la mère) — pourquoi l'un de ces parents ne pourrait-il pas être gay ? » Pourquoi pas, en effet, puisque tout se vaut.

L'activisme des extrémistes ne connaît pas de bornes. Leur dernière revendication en date : la création d'un « délit de provocation à la haine homophobe ». *Libération*, le 3 décembre 1999, publie un « Manifeste pour une stratégie contre l'homophobie » : « Là où l'Etat use de sa force symbolique pour tracer la frontière de l'inexcusable entre ceux qui tiennent des discours de haine antiétrangers ou antijuifs, sa jurisprudence semble donner raison à ceux qui promettent les homosexuels au bûcher. »

La bataille des mots a déjà été gagnée, puisque le terme d'homophobie s'est imposé : ce mot piégé confond (volontairement) le refus de la normalisation symbolique et sociale de l'homosexualité avec l'animosité à l'égard de la personne des homosexuels. L'homophobe, c'est le fasciste d'aujourd'hui. *Libération*, le 26 juin 1999, dans un cahier spécial consacré à la Gay Pride qui se tient ce jour-là, établit ce rapprochement idéologique : « L'homophobie, rejeton de la bête immonde qui accouche régulièrement des nouvelles formes de racisme, exige un nécessaire devoir de vigilance. » Dans les rangs de la manifestation, une banderole porte cette formule : « Homophobie, haine, racisme, antisémitisme, même combat. »

Accuser de racisme et d'antisémitisme ceux qui critiquent le prosélytisme homosexuel, c'est leur ôter le droit à la parole. Mais à l'ignominie, les spécialistes de l'amalgame ajoutent d'étranges contradictions. Car Joseph Sitruk, interrogé par Karl Zéro sur Europe 1, ne s'embarrasse pas de circonlocutions : « — Que dit la religion juive des homosexuels ? — Elle pense que c'est un travers moral. Je pense qu'il ne faut pas les rejeter, qu'il faut les aider dès lors qu'ils sont eux-mêmes d'accord pour diagnostiquer qu'ils sont malades » (*Paris Match*, 27 mai 1999). Demain, le grand rabbin de France tombera-t-il sous le coup de la loi ?

*

« Voilà quatorze siècles que le christianisme a fait de la sexualité un champ clos barré d'interdits », accuse *le Point* (30 mars 1996). Cette idée (fausse) donne la clé d'un autre changement idéologique survenu depuis une dizaine d'années. De la date de son accession au pontificat jusqu'à la chute du communisme, Jean-Paul II était perçu comme une figure positive. Ce Polonais ami de Solidarnosc était l'homme qui luttait contre le totalitarisme. Au cours de la décennie 1990, l'attitude des médias vire de bord. Face à l'épreuve du sida, l'Eglise catholique — comme les autres religions — met en valeur la fidélité, la finalité de l'amour charnel, la puissance de l'engagement à travers la famille. Comme les autres religions, le catholicisme condamne l'avortement, au nom de l'indivisibilité du principe de la vie. Comme les autres religions, il considère l'homosexualité comme un désordre, tout en exigeant « respect, compassion et délicatesse » pour les homosexuels.

Aux yeux des intégristes de la liberté sexuelle, ce discours est insupportable. Ils imputent donc au catholicisme toutes les résistances exprimées dans la société à l'encontre de leur philosophie.

Dans les faits, la déchristianisation du pays ne va que s'accélérant. 81 % des Français se disaient catholiques en 1986. En 1994, ils n'étaient plus que 67 %. Le nombre de pratiquants réguliers s'établit autour de 5 % de la population. La mémoire chrétienne s'efface. Ceux qui ne sont pas gagnés par l'indifférentisme religieux comblent leur quête du merveilleux au sein des sectes qui prolifèrent. Le protestantisme se portant mal, le judaïsme connaissant un renouveau et l'islam recrutant, le catholicisme tend à être ravalé au même rang que les confessions minoritaires. Mais la France étant de tradition catholique, cette minorité sert de bouc émissaire.

Non seulement le pape devient un objet de dérision médiatique, mais les attaques contre l'Eglise se multiplient, en des termes qui ne seraient autorisés contre aucun autre culte. Ces agressions ne portent jamais sur le fond. Nulle question, dans ces slogans ou ces caricatures, de théologie. Un seul sujet intéresse les nouveaux anticléricaux : la morale sexuelle et familiale du catholicisme.

En 1992 paraît le nouveau *Catéchisme de l'Eglise catholique*. C'est un livre de sept cents pages. Sept paragraphes concernent la sexualité. Ce sont les seuls qui passionnent les médias. En 1995, Jean-Paul II publie l'encyclique *Evangelium vitæ*, dans laquelle il développe les raisons de l'hostilité de l'Eglise à l'avortement, en affirmant que la loi morale peut être supérieure à la loi civile. Rive gauche, c'est un tollé : le pape est accusé de menacer les fondements de la République. Le 16 novembre 1995, France 2 diffuse une émission sur les « Croisés de l'ordre moral ». Jean-Paul II y est présenté comme l'inspirateur d'un fanatisme rétrograde, manœuvrant des troupes occultes prêtes à étouffer la liberté d'expression. En 1997, séjournant à Paris pour les Journées mondiales de la Jeunesse, Jean-Paul II, en compagnie de la famille du professeur Jérôme Lejeune, se recueille sur la tombe de son ami généticien engagé contre l'avortement. Cet acte de piété privée est stigmatisé comme un attentat. « Provocation », s'indigne le Planning familial. « Mépris du Vatican pour les femmes et les jeunes », fulmine Gisèle Halimi. « La signification d'une telle démarche ne peut que susciter un malaise et risque d'encourager dans notre pays la détermination de ceux qui mènent un combat marqué du sceau de l'intolérance », proteste le Parti socialiste. Intolérance ? Mais à l'heure où le refus de l'avortement est catalogué comme un délit d'opinion, qui sont les intolérants ?

Le phénomène a culminé en 1996, pendant l'année Clovis. Célébrer le 1 500ᵉ anniversaire du baptême de Clovis, c'était rappeler que la France possède des racines très anciennes, et que le christianisme est une veine qui a irrigué son histoire. Mais cette commémoration provoque un renouveau de la querelle laïque. Une querelle totalement artificielle : le catholicisme français ne possède nulle intention de remettre en cause la laïcité. En janvier 1996, une visite d'Etat de Jacques Chirac au Vatican commence par faire scandale. « Dans la discrétion générale, la France est en train d'abandonner l'un des principes majeurs de sa tradition républicaine, celui de la laïcité », assène Odon Vallet dans une tribune du *Monde* (11 mai 1996). Le prétexte de cette campagne d'opinion, c'est la venue de Jean-Paul II, prévue pour l'automne. La vraie raison est autre, et se révèle pendant la mobilisation contre la visite pontificale : les arguments tournent toujours autour de la résistance à l'idéologie de la liberté sexuelle incarnée par le catholicisme. Devant la cathédrale de Reims, le 22 de chaque mois (le Souverain Pontife doit célébrer une messe à Reims le 22 septembre), une banderole est déployée : « Avorter la venue du pape ». Le 15 septembre, la messe télévisée du dimanche matin est perturbée par un commando qui brandit une pancarte : « Le pape l'interdit, la capote c'est la vie ». Le 18 septembre, *Charlie Hebdo* publie un numéro spécial rempli d'injures à l'égard de Jean-Paul II : les trois quarts sont à connotation sexuelle.

Le 19 septembre, le Souverain Pontife arrive pour trois jours en France. Sainte-Anne-d'Auray, Tours, Reims : il est acclamé par 500 000 personnes. La coordination anti-pape, avec un considérable relais médiatique, a appelé à un rassemblement, à Paris, le dimanche 22 : on compte 5 000 manifestants. Y compris les organisations antiracistes, dont on cherche en vain la motivation. Anticonformiste de gauche, Delfeil de Ton les interpelle : « Quant à l'avortement, condamné par toutes les religions et pas seulement par celle du pape, pourquoi les laïques eux-mêmes n'auraient-ils pas le droit de s'interroger en conscience sur sa légitimité, sans se trouver du même coup en opposition avec les mouvements antiracistes ? » (*le Nouvel Observateur*, 10 octobre 1996).

Un an plus tard, en 1997, les Journées mondiales de la Jeunesse se déroulent à Paris. Les nouveaux anticléricaux tentent une nouvelle offensive, sans succès. Les médias, eux non plus, n'embrayent pas. Ils préfèrent le silence. Le 15 août, *le Monde* titre sur « la difficulté de l'épiscopat français à mobiliser les catholiques ». Mais le 21 août, leur surprise est immense : au Champ-de-Mars, 500 000 jeunes venus du monde entier accueillent Jean-Paul II. Le 24, pour la messe de clôture à Longchamp, ils sont 1 250 000, dont 500 000 Français.

Dans les rédactions, on s'étonne. Pourquoi des jeunes viennent-ils écouter un vieillard qui leur parle un langage d'un autre temps ? Mais dans les rédactions, on ne comprend pas que le pape ne tient pas un langage du passé : il parle un langage éternel. Il parle de ce qui élève l'homme. Il parle de ce qui nourrit l'âme.

Un bel hommage sera rendu à Jean-Paul II, dans *le Point* (21 septembre 1996) : « Qu'il y ait un lieu en ce monde où continue d'être dit que la condition humaine ne peut faire l'impasse sur la question du mal, du péché, de l'interdit, qu'il s'y trouve un pape pour rappeler que l'espèce ne fera jamais complètement l'économie de sa part noire ou maudite est peut-être difficile à entendre — ce n'en est pas moins une bonne nouvelle parce que c'est un gage de civilisation et un rempart contre la barbarie. Merci au pape d'exister. »

Ces lignes sont de Bernard-Henri Lévy.

Trente ans après mai 68, la roue de l'histoire a bel et bien tourné. La génération au pouvoir passera. Il restera à redécouvrir le sens de la vie. A reconstruire la morale. A rebâtir la famille. Tout peut l'être, si jeunesse le veut.

13

LES DON QUICHOTTE DE LA NATION

9 novembre 1989, 19 heures. A Berlin, les autorités est-allemandes annoncent que, désormais, les candidats à l'émigration peuvent franchir « tous les postes frontaliers entre la RDA et la RFA, sans que les conditions mises auparavant aient besoin d'être réunies ». L'incroyable nouvelle fait le tour de la ville. A 21 h 30, un jeune couple tente sa chance : les Vopos les laissent passer. Jusqu'à l'aube, une marée humaine se rue à travers la brèche. Le Mur est tombé.

Le 18 juin précédent, en Pologne, les premières élections libres organisées depuis 1945 ont plébiscité les candidats de Solidarnosc ; le 24 août, un non-communiste est devenu Premier ministre. Le 10 septembre, afin de permettre aux réfugiés d'Allemagne de l'Est de passer à l'Ouest, la Hongrie a ouvert ses frontières. Le 10 novembre, Jivkov, vieux stalinien maître de la Bulgarie depuis trente-cinq ans, est chassé de son palais. Le 17 novembre, en Tchécoslovaquie, commence la Révolution de velours ; le 29 novembre, Václav Havel, hier chef des dissidents, devient chef de l'Etat. Le 16 décembre, la Roumanie est à son tour balayée par le vent de la liberté ; le 26 décembre, au terme d'un procès sommaire, le couple Ceauşescu est exécuté.

Le Pacte de Varsovie se désagrège. Et le cœur de l'empire est touché : à Moscou, depuis 1985, Mikhaïl Gorbatchev a introduit des réformes — glasnost, perestroïka — dont le seul résultat a été de disloquer de l'intérieur le régime soviétique. Son rival, Boris Eltsine, est élu président de la fédération de Russie en 1990. En août 1991, pour reprendre la situation en main, la vieille garde communiste tente un putsch. En vain. A l'automne, le Parti communiste d'Union soviétique se saborde. Le 25 décembre 1991, Gorbatchev démissionne de son poste de président de l'Union. Le même jour, la dissolution de l'URSS est prononcée.

A l'Est, les communistes n'ont pas disparu — çà et là, ils reviendront même au gouvernement — mais le communisme est mort. C'est un basculement historique considérable, un des quatre ou cinq événements majeurs du siècle. Miné par ses échecs, le système marxiste a implosé. Pour les peuples opprimés depuis quarante ou soixante-dix ans, cette délivrance n'a pas de prix. Plus tard viendront les désillusions.

Pour ceux à qui l'anticommunisme fournissait une explication du monde, c'est aussi un bouleversement : leur grille d'analyse n'est plus valide. A quoi peuvent-ils se raccrocher ? Dans l'écroulement du collectivisme, ils voient la revanche de son apparent contraire, le capitalisme. Selon eux s'ouvre une ère nouvelle : le libéralisme n'a plus d'adversaire.

A l'université de Chicago, au cours de l'hiver 1988-1989, un spécialiste en relations internationales a prononcé une conférence appelée à faire date. Américain d'origine japonaise, Francis Fukuyama posait la question suivante : la guerre froide se terminera-t-elle par la victoire de l'Amérique et de la démocratie ? Oui, répondait-il. Nous assistons « non pas à la fin des idéologies ou à une convergence entre capitalisme et socialisme, comme on l'avait prédit antérieurement, mais à une victoire éclatante du libéralisme économique et politique ». Mais Fukuyama allait plus loin : « Il se peut bien que ce à quoi nous assistons, ce ne soit pas seulement la fin de la guerre froide ou bien d'une phase particulière de l'après-guerre, mais la fin de l'histoire en tant que telle, le point final de l'évolution idéologique de l'humanité, et l'universalisation de la démocratie libérale occidentale comme forme finale de gouvernement humain [1]. » La fin de l'histoire, à travers un modèle socio-politique uniforme, c'est l'homogénéisation de la planète. Les conflits nationaux, idéologiques et religieux n'ont plus lieu d'être. Généraux ou hommes d'Etat sont superfétatoires. Place à l'activité économique.

La thèse de Fukuyama, saint-simonisme mâtiné d'hégélianisme, traverse l'Atlantique à l'été 1989. Début septembre, André Fontaine lui consacre un éditorial dans *le Monde*, et *Commentaire* son numéro de rentrée. Deux mois après, l'effondrement du système soviétique conforte la conviction de ceux pour qui l'histoire est finie, et la paix universelle assurée.

Leur euphorie est de courte durée. Contrairement à la prédiction de Fukuyama, ce qui s'annonce n'est pas l'homogénéisation du monde, mais sa balkanisation. En disséquant les causes réelles de la fin du communisme, on s'aperçoit que les peuples de l'Est, en dépit de la pression idéologique qu'ils ont subie, se sont maintenus par la conscience de leur personnalité historique. L'historien polonais Bronislaw Geremek le souligne : « L'idée nationale a été la seule capable, avec l'Eglise, de souder des communautés simples, naturelles, qui allaient devenir autant de forces de résistances » (*Commentaire*, printemps 1992). Conclusion : la chute du communisme fut la victoire de la société civile sur l'Etat totalitaire, mais aussi de la nation sur l'empire.

Le monde bipolaire créé à Yalta a vécu. Lui succède un univers multipolaire. Sur le territoire de l'ex-URSS, la dissociation de la fédération révèle des identités nationales et des revendications ethniques et religieuses oubliées. Elles déclencheront parfois des conflits

---

1. Francis Fukuyama, *la Fin de l'histoire et le dernier homme*, Flammarion, 1992.

armés. En Europe centrale ou balkanique ressurgissent des tensions enfouies sous la chape de plomb du communisme. Des minorités nationales se manifestent — ainsi les Hongrois en Roumanie. Des Etats fondés en 1918 et reconstitués en 1945 sont ébranlés. La Yougoslavie se disloque, la Tchécoslovaquie se scinde. L'intangibilité des frontières européennes n'est plus taboue.

La césure Est-Ouest a disparu, mais elle est remplacée par le clivage Nord-Sud : pays riches contre pays pauvres. En Europe, les flux migratoires, traversant l'Allemagne, l'Italie ou l'Espagne, revêtent un enjeu géopolitique. Des ondes de choc économiques et démographiques zèbrent le continent. En 1990, homme d'influence du tout-Paris et filtre de l'air du temps, Alain Minc dresse ce constat : « La nation, cette étrange figure, est de retour. C'est tout notre imaginaire qui risque de se transformer. Depuis un demi-siècle, il s'était articulé autour d'une double conviction : le dynamisme économique rapproche les pays, et la construction européenne en était la projection naturelle. Cette utopie est en voie de dissolution [2]. »

Au cœur de l'Europe, la chute du Mur a entraîné les retrouvailles allemandes. A ce sujet, les experts français se sont surpassés. Intoxiqués par des années de propagande, tous étaient persuadés que l'Allemagne de l'Est allait continuer son cours, mais avec un gouvernement socialiste, le communiste Honecker ayant dû quitter le pouvoir. Dans la semaine qui suit l'ouverture du mur de Berlin, Alfred Grosser — consacré par tous les médias infaillible connaisseur de l'Allemagne — rend son oracle : « Personne ne demande l'unité étatique » (*la Croix*, 14 novembre 1989) ; la chute du Mur ne débouchera « sûrement pas sur la réunification, dont ne veulent ni les Allemands de l'Ouest, ni les Allemands de l'Est » (*la Vie*, 16 novembre 1989). Quatre mois plus tard, en mars 1990, les Allemands de

---

2. Alain Minc, *la Vengeance des nations*, Grasset, 1990.

l'Est votent massivement à droite. Et Helmut Kohl boucle la fusion des deux Etats avant la fin de l'année.

L'Allemagne est un géant économique. Très vite, en dépit du coût énorme de la réunification, elle pèse de toute son influence. D'abord au sein de la Communauté européenne. Ensuite en Europe centrale et balkanique, là où, depuis la destruction de l'Autriche-Hongrie, en 1918, elle ne rencontre ni contrepoids ni obstacle. La question allemande, de nouveau, est à l'ordre du jour.

*

Le 2 août 1990, l'Irak envahit le Koweït. L'Onu et la Ligue arabe condamnent cette agression. Les Etats-Unis aussi. Mais cette invasion ne les a pas surpris : les Américains étaient avertis des préparatifs irakiens. Voulant prendre Saddam Hussein au piège, ils l'ont laissé faire. L'Irak, pays qui échappait à leur influence, commençait à être trop puissant dans une région trop sensible. Amérique en tête, une coalition telle qu'on n'en a plus vu depuis la Seconde Guerre mondiale se mobilise dans le golfe Persique. Les Japonais et les Allemands, obligés des Américains depuis 1945, aident à financer l'opération.

En droit international, l'annexion du Koweït, Etat indépendant, est inacceptable. Est-ce la vraie raison d'une réaction aussi vigoureuse ? Bien des souveraine-tés ont été violées sans que Washington ne bouge. La sécurité d'Israël, sans doute, pouvait être menacée par l'Irak. Mais ce n'est pas l'essentiel. Les frontières des Etats arabes, au XXᵉ siècle, ont été dessinées en fonc-tion des intérêts britanniques ou américains. Très exac-tement en fonction de leurs intérêts pétroliers. Or l'Irak, au nom d'un droit théorique hérité de l'Empire ottoman, revendique le Koweït depuis les années 1930. Avec d'autant plus de ténacité que le sous-sol de l'émi-rat recèle une fabuleuse réserve de brut. En fait de défense du droit des peuples, le conflit qui s'amorce constitue d'abord une affaire de pétrole.

Cette vérité est trop nue pour être avouée. Afin de l'habiller, une préparation psychologique s'impose. Dès lors, le Koweït est présenté comme une démocratie modèle, et Saddam Hussein comme un monstre abominable, un nouvel Hitler. Le président syrien, Hafez el-Assad, dont les mœurs politiques égalent celles de Saddam Hussein (voir son attitude au Liban et vis-à-vis de ses opposants), n'est plus un dictateur infréquentable : il a rejoint l'alliance anti-Irak. Si affrontement il y a, claironne-t-on, ce sera contre « la quatrième armée du monde ». Plusieurs semaines durant, différentes tentatives de médiation ont lieu où s'illustre la diplomatie vaticane. Mais toutes les demandes de Saddam Hussein sont repoussées (entre août 1990 et février 1991, il émettra six propositions de paix).

Le 29 novembre 1990, le Conseil de sécurité de l'Onu fixe un ultimatum à l'Irak : le Koweït doit être évacué avant le 15 janvier 1991. Le 17 janvier, Bagdad n'ayant pas obtempéré, George Bush, le président américain, décrète la « guerre du droit ». L'offensive aérienne s'engage aussitôt. Des milliers d'objectifs sont pilonnés. Pour désigner les bombardements, le langage médiatique invente une expression · les frappes chirurgicales. Un euphémisme conçu par une époque qui se bat par procuration — *via* des avions « bourrés d'électronique » et *via* les images télévisées de CNN —, mais en refusant de voir la mort de près. Au sol, l'atroce réalité est pourtant là : les victimes civiles se comptent par milliers. Le 24 février, l'attaque terrestre est déclenchée. La « quatrième armée du monde » succombe en quatre jours. Le 28 février, Bagdad demande le cessez-le-feu. En mars, les Irakiens se retirent du Koweït. Leur pays est en ruine. Usines bombardées, installations industrielles détruites, embargo allié sur les médicaments et la nourriture : parmi la population irakienne, la guerre du Golfe et ses suites auront fait un million de morts. Et Saddam Hussein est toujours en place.

En France, l'opinion a massivement soutenu le conflit. Dans un climat d'unanimité politique et médiatique, les grands mots ont été ressortis contre les (rares) opposants à la participation française à la coalition : « abaissement honteux », « esprit de Munich ». Des anathèmes fondés sur une comparaison incongrue, éludant toute réflexion sur la possibilité d'une politique française pour aider au dénouement de la crise. Quand Jean-Pierre Chevènement, en désaccord avec la guerre, quitte son poste de ministre de la Défense (en 1992, dans *Une certaine idée de la République m'amène à...*, il exposera pourquoi, selon lui, cette affaire a été manipulée de bout en bout par les Etats-Unis), Simone Veil demande qu'on le traduise en Haute Cour. Pour trahison.

Après sa victoire, George Bush déclare qu'il faut instaurer « un nouvel ordre mondial fondé sur le droit ». Intention louable. Mais le droit de qui ? Qui définira ce droit ? Et qui garantira son application ?

Pendant la guerre du Golfe, les Kurdes se sont soulevés dans le nord de l'Irak, profitant de l'affaiblissement du régime, de même que les chiites au sud. En mars 1991, après la fin du conflit, Bagdad entreprend de réprimer ces insurrections. Le succès des Kurdes pourrait amener la création d'un Etat indépendant, susceptible d'attirer les Kurdes de Turquie, pays ami des Etats-Unis. L'Onu met en place une zone de protection humanitaire, et de nouvelles menaces de bombardement contraignent Saddam Hussein à interrompre ses opérations au nord. En revanche, au sud, on le laisse écraser la rébellion chiite. Le triomphe de cette dernière aurait représenté l'instauration d'un Etat islamiste à Bagdad. Deux poids, une mesure : les intérêts américains. Le nouvel ordre mondial, c'est un ordre américain. « Nous ne sommes pas là pour le prix du pétrole, mais pour redessiner la carte du monde », déclarait en janvier 1991 George Bush. L'âme tranquille : *in God we trust.*

Pour voler au secours des Kurdes, les Occidentaux ont invoqué le « droit d'ingérence ». Au XIXᵉ siècle, la

France, l'Angleterre et la Russie s'étaient engagées à protéger les Grecs contre les Turcs ; c'est également pour venir en aide aux chrétiens persécutés que les Français avaient débarqué au Liban ou en Indochine. Mais depuis la fondation de la Société des Nations, en 1920, le droit international prohibait toute ingérence dans les affaires intérieures des Etats, principe repris, en 1945, par la Charte des Nations unies. Au début des années 1990, sous la pression des organisations non gouvernementales (ONG), s'installe l'idée d'organiser des interventions humanitaires internationales. Un effet de l'ère médiatique : quand les reportages télévisés diffusent les images tragiques de peuples qui souffrent, l'opinion s'émeut. Dès 1987, Bernard Kouchner et le juriste italien Mario Bettati avaient défini ce devoir d'ingérence, en énumérant les conditions justifiant son application : morale de l'extrême urgence, loi de l'oppression minimale, modalités de libre accès aux victimes [3]. Le 5 avril 1991, le Conseil de sécurité des Nations unies admet l'existence d'un droit d'ingérence quand « la violation des droits de l'homme à l'intérieur d'un Etat constitue une menace à la paix et à la sécurité internationale ». Là encore, louable intention. Mais qui arrête les critères de la violation des droits de l'homme ? Qui décide s'il y a menace contre la sécurité internationale ? Et qui se fait l'exécutant de cette politique ?

Il y a quarante ans, le colonialisme européen a été décrété coupable. Mais le devoir d'ingérence, par sa définition élastique, n'ouvre-t-il pas la voie à un autre colonialisme, au profit de la seule puissance mondiale restée en lice depuis la fin de l'URSS ? Les Etats-Unis, reconnaissait Raymond Aron (peu susceptible d'anti-américanisme) sont une république impériale. Leur credo idéologique — la morale universelle, les droits de l'homme — constitue un paravent respectable ; mais il

---

3. Bernard Kouchner et Mario Bettati, *Le devoir d'ingérence. Peut-on les laisser mourir ?* Denoël, 1987.

dissimule le fait que leurs interventions extérieures s'effectuent en réalité quand leurs intérêts vitaux sont en jeu. Pour les Américains, il y a des bonnes et des mauvaises causes. En 1992, mandatés par l'Onu, ils débarquent en Somalie. Deux ans plus tard, ayant échoué à pacifier le pays, ils l'abandonnent à ses problèmes.

Depuis 1983, la population du Sud-Soudan, chrétienne et animiste, est victime d'un nettoyage ethnique organisé par le régime islamiste installé à Khartoum. Mais l'incidence géopolitique de cette tragédie est nulle. Et les équipes de télévision ne se précipitent pas au Soudan. Alors, aucun droit d'ingérence ne vient au secours de ce peuple du bout du monde, pauvre parmi les pauvres. Quand l'armée russe combat en Tchétchénie, la population civile est victime de la guerre. Mais pour la secourir, personne ne prendra le risque de provoquer Moscou. Le devoir d'ingérence est un droit à éclipses.

Que l'Amérique soit l'arbitre du bien et du mal ne dérange guère les élites parisiennes. Leurs univers, c'est la planète. Habituées à brandir hors de propos des arguments moraux (tirés d'une morale abstraite), elles confondent l'éthique, le droit et la politique. S'interdisant de comprendre que la morale, c'est parfois la morale du plus fort.

*

A force de se comporter comme si les puissances d'enracinement et de mémoire ne comptaient pour rien, à force de tenir la nation pour quantité négligeable, à force de considérer les sociétés sous le seul angle de l'activité économique, les milieux qui donnent le ton sont désarçonnés quand la guerre éclate en Europe. Le conflit yougoslave (« à deux heures d'avion de Paris » et « à six ans de l'an 2000 », formules d'une rare stupidité mais ressassées sur les ondes) a pris tout le monde de court. La dislocation de la Yougoslavie était pourtant prévisible. Mais la pressentir et lui imaginer des remèdes auraient supposé de savoir un peu d'histoire.

Les Balkans sont une terre de la complexité. Cent lignes de fracture s'y croisent, héritées d'un passé proche ou lointain. Jusqu'au XIXe siècle, sujets des Habsbourg contre vassaux des Ottomans. Catholiques contre orthodoxes. Chrétiens contre musulmans. Jusqu'en 1918, Slovènes et Croates austro-hongrois contre Serbes indépendants. Dans les années 1920 (Slovènes, Croates et Serbes réunis au sein de la Yougoslavie), Croates nationalistes contre Serbes fédéralistes. En 1941 (le pays occupé et dépecé), Yougoslaves résistants contre Yougoslaves collaborateurs ; fascistes croates contre royalistes serbes ; Serbes résistants contre Serbes collaborateurs ; résistants royalistes (Mihailovic) contre résistants communistes (Tito). A partir de 1945, communistes contre opposants à Tito. Après la mort du dictateur (1980), indépendantistes slovènes et croates contre fédéralistes yougoslaves ; au Kosovo, autonomistes albanais contre centralistes serbes.

Ces subtilités nationales, religieuses et historiques déroutent des intellectuels dont l'idéologie évacue la nation, la religion, l'histoire. Au lieu de penser la complexité, ils la réduisent à des explications simples. C'est-à-dire fausses. Dès lors, les différentes phases du conflit yougoslave (Croatie, 1991-1995 ; Bosnie, 1992-1995 ; Kosovo, 1999) sont analysées selon les critères de rigueur : manichéisme, antifascisme, antiracisme.

D'emblée, au nom du droit des peuples à disposer d'eux-mêmes (autre droit à éclipses), la volonté d'indépendance des Slovènes et des Croates a été saluée. Cette indépendance était inéluctable : construction artificielle de 1918, la Yougoslavie n'avait jamais trouvé sa cohérence, et ne s'était maintenue que par la dictature de la dynastie serbe puis de Tito. Mais encore aurait-il fallu envisager les conséquences de sa dissociation, en garantissant le statut des minorités nationales (spécialement serbes) : le souvenir des massacres commis pendant la Seconde Guerre mondiale brûlait encore. A partir du moment où, chez ces minorités, la peur s'est installée, le pire est redevenu possible : le sang a commencé à couler.

Face à cette guerre civile, les intellectuels et les médias quasiment unanimes ont choisi leur camp : les bons sont les Croates et les Musulmans, les mauvais sont les Serbes. Que la mystique pan-serbe porte les passions à l'incandescence, ce n'est pas douteux. Que les extrémistes serbes et les exactions serbes existent, c'est certain. Mais tous les Serbes sont-ils à mettre dans le même sac ? Quand sévissent des milices croates non moins sauvages, on fait silence sur elles. Quand les Serbes de Croatie ou de Bosnie sont chassés de leurs villages, cette purification ethnique laisse de marbre. Quand Sarajevo est assiégé par les Serbes, la confusion intellectuelle culmine : il se construit une véritable légende, celle d'une Bosnie tolérante et multi-ethnique. Le fondamentalisme musulman de certains Bosniaques est étrangement tu. Quand les Croates et les Musulmans de Bosnie se battent entre eux, plus personne ne dit rien, car les cartes sont brouillées : on ne sait plus qui sont les méchants.

Début 1993, des affiches de 4 x 3 mètres comparent le président serbe, Milosevic, à Hitler : « La purification ethnique, ça ne vous rappelle rien ? » « L'histoire, accuse Jacques Julliard, dira demain que, cinquante ans après Hitler, l'Europe a connu sa première grande guerre raciste. Si nous ne faisons rien, la guerre s'élargira, la haine gagnera, le fascisme renaîtra [4]. » Meetings, pétitions, listes pour les élections européennes de 1994 : les intellectuels jaugent les événements comme une séquence de la résistance éternelle contre le fascisme. Mais ce raisonnement par analogie ne vaut rien : en Yougoslavie, pays dirigé trente-cinq

---

4. Jacques Julliard, *Ce fascisme qui vient*, Seuil, 1994.

ans par le Parti communiste, se déroule une lutte entre Yougoslaves, où le fascisme n'a rien à voir.

Le corollaire de ce prêt-à-penser, c'est la diabolisation de quiconque tient un discours différent. Rappeler que, dans les Balkans, tout est toujours compliqué, que tout le mal n'est pas d'un côté et le bien de l'autre, que les partisans de la dictature ne sont pas tous d'un côté et les défenseurs de la liberté de l'autre, c'est se voir injurier. Quant au petit groupe des intellectuels français pro-serbes (Patrick Besson, Jean Dutourd, Vladimir Volkoff), il est pratiquement accusé de complicité de crime contre l'humanité.

La même mécanique se met en branle au printemps 1999. Tout comme ils ont protégé les Musulmans bosniaques, les Etats-Unis soutiennent les autonomistes albanais (musulmans) du Kosovo, dans une logique de bons échanges avec les émirats pétroliers. Vis-à-vis de l'opinion américaine, Bill Clinton éprouve en outre le besoin de reprendre l'initiative, après les ennuis que lui ont valu ses frasques extra-conjugales. La première puissance du monde va donc faire la guerre à un pays de 10 millions d'habitants. Afin de contraindre Belgrade à évacuer le Kosovo, les Américains prennent la décision de bombarder la Serbie. L'affaire s'effectue sous le couvert de l'Otan, mais sans mandat de l'Onu. L'Amérique s'arroge le rôle de gendarme de l'Europe.

En France, des voix s'élèvent pour protester. Ces voix réclament qu'on ne confonde pas le communiste Milosevic et le peuple serbe ; qu'on n'oublie pas les victimes civiles serbes ; qu'on n'attribue pas tous les crimes commis au Kosovo aux Serbes et jamais aux Albanais de l'UCK. Ces voix, d'ailleurs, s'interrogent sur la réalité du génocide kosovar dont tous les médias soutiennent la réalité. Ces voix, enfin, estiment que la France ferait bien de réfléchir avant d'emboîter aveuglément le pas aux Américains, dans une cause qui n'est pas si claire.

Contre ces voix, le terrorisme intellectuel fait jouer les mécanismes rodés de l'antifascisme. Le 13 mai

1999, de retour du Kosovo et de Serbie, Régis Debray publie dans *le Monde* une « Lettre d'un voyageur au président de la République ». L'article contient des erreurs et des naïvetés. Mais il met le doigt sur la distorsion de l'information concernant cette guerre, et conteste l'alignement inconditionnel de la France sur la politique américaine. Une mini-tempête médiatique éclate à Paris. « Adieu Régis Debray », proclame Bernard-Henri Lévy dans *le Monde* : « Debray n'est pas Drieu. Ni Belgrade, Berlin. Mais enfin... D'une certaine façon, nous y sommes. » *Libération* fulmine : « Debray ou le révisionnisme au présent ».

Après le conflit, Bernard Kouchner est nommé administrateur de l'Onu au Kosovo. En août 1999, il cite le chiffre de 11 000 cadavres albanais retrouvés dans les charniers. Au même moment, le Tribunal pénal international en recense 340. A l'automne, un rapport du Conseil de l'Europe révèle finalement que l'exode massif de la population albanaise avait été surtout dû aux bombardements de l'Otan, et que le nombre de victimes s'élevait à un millier des deux côtés. Mille morts dans les deux camps, ce sont mille morts de trop. Mais si les mots ont un sens, ce n'est pas un génocide : ce sont les horreurs de la guerre civile. Au profit de quelle manipulation de l'opinion l'emphase a-t-elle été ainsi maniée ? Dans les mois suivants, les Serbes restés au Kosovo subissent à leur tour une chasse à l'homme. Certes, on le réprouve, mais la réprobation est tardive, et discrète.

*

Retour des nations en Europe de l'Est. Affirmation de la nation américaine comme gendarme du monde. En France, quelle réponse donne l'époque à ces défis géopolitiques ? L'Europe, l'Europe, l'Europe. « La France, c'est notre patrie, l'Europe, c'est notre avenir », déclarait François Mitterrand en 1992. Il est loin le temps où de Gaulle qualifiait les fonctionnaires européens de

« technocrates apatrides ». Apatride, aujourd'hui, rendrait un son scandaleux.

L'Europe, mais quelle Europe ? Qui serait capable de ne pas espérer une concorde accrue entre des peuples liés par une longue histoire (même quand celle-ci a été conflictuelle), héritiers de valeurs communes, partageant un certain nombre d'intérêts ? Qui pourrait ne pas souhaiter un contrepoids à l'hégémonie américaine ? Vues de New York ou de Tokyo, des villes comme Madrid, Paris ou Berlin se ressemblent. Et pourtant, Madrid n'est pas Paris, Paris n'est pas Berlin. Ce sont des capitales. La nation, cette « étrange figure » comme dit Alain Minc, existe. En Europe, chacune possède sa personnalité, sa spécificité, son caractère. Entre elles, tous les accords binationaux ou multinationaux sont imaginables, et même fructueux : Ariane ou Airbus constituent d'exemplaires réussites européennes. Afin d'organiser la coexistence, la coopération et le dialogue de ces nations, des institutions sont nécessaires. L'Europe, il faut la faire. Mais il ne faut pas faire comme si elle était faite : il n'y pas pas de peuple européen, il n'y a pas de nation européenne. Toute construction qui procède comme si les anciennes nations avaient disparu est artificielle. Elle nie le réel.

Aujourd'hui, tout se déroule comme si l'Europe, plus qu'un dessein politique graduel, représentait une foi dont les dogmes ont force d'obligation. Depuis la signature du traité de Rome, en 1957, la construction communautaire n'a fait que se resserrer. Jean Monnet, son concepteur, était un libéral de culture anglo-saxonne. Il était persuadé que la nation était dépassée, qu'elle incarnait une « forme ancienne de pensée ». A l'ère de l'interdépendance économique, pensait-il, l'Etat souverain est inutile. Transposant ses idées au niveau institutionnel, croyant au rôle unificateur de l'économie, Monnet imaginait l'Europe comme le meilleur moyen d'abaisser les frontières, afin d'élargir les marchés. S'il admettait des paliers vers l'unité, cette logique, d'après lui, était irrépressible : l'Europe naîtrait d'une suite de cercles forcément amenés à s'agrandir.

Dans cette perspective, l'Europe n'est pas un attribut au service de la nation. C'est un mécanisme dont chaque cran lui ôte un peu plus de sa souveraineté. En France, cette conception devient dominante au cours des années 1970. Au nom du tout-économique, droite et gauche confondues, la classe politique se range à l'idée que le pays ne peut s'adapter à la modernité que par la fusion dans l'ensemble européen. L'esprit du compromis de Luxembourg (en 1966, celui-ci dispensait un Etat d'appliquer une décision communautaire allant contre ses intérêts essentiels) est totalement oublié.

Vers 1985, la machine s'emballe. L'accord de Schengen supprime les contrôles aux frontières. En 1986, l'Acte unique européen vise à créer, en 1993, un marché intérieur unifié. En 1989, Jacques Delors, le président de la Commission européenne, repousse un projet de monnaie commune (qui se serait ajoutée aux monnaies nationales) et préconise la monnaie unique (qui abolit la monnaie de chaque pays). La même année, le Conseil d'Etat (arrêt Nicolo) confirme la primauté du droit communautaire sur la loi nationale, même postérieure. En février 1992, le traité de Maastricht est signé. Transformation de la Communauté économique européenne en Union européenne ; création d'une citoyenneté européenne ; renforcement des pouvoirs du Parlement et du Conseil (généralisant, au sein de ce dernier, le vote à majorité qualifiée) ; orientation de la Commission vers un rôle de gouvernement communautaire ; institution d'une Banque centrale européenne, indépendante des Etats ; mise en place d'une monnaie unique : la communauté quitte la voie confédérale. Elle s'engage dans le fédéralisme, mais un fédéralisme qui recèle le centralisme le plus bureaucratique.

Le traité représente un volume de 129 pages. Pour un agrégé de droit, il s'avère d'une lecture difficile. Pour le quidam, il est illisible. Le peuple français, cependant, va être invité à se prononcer sur ce texte obscur, dans un climat qui augure mal de sa liberté de choix. Pour ratifier l'accord — comme doivent le faire tous les Etats contractants —, Mitterrand a opté pour le référendum. La consultation, annoncée le 3 juin 1992, aura lieu le 20 septembre. Ce seront quatre mois de lavage de cerveau. Quatre mois pendant lesquels l'Europe selon Maastricht sera présentée comme la seule possible. Quatre mois pendant lesquels les adversaires du traité seront dépeints comme des esprits faux, mal informés, ou comme des rétrogrades, furieusement nationalistes.

Dans la classe politique, pour le oui au référendum, c'est la quasi-unanimité. Jacques Chirac, devant qui il ne faut plus évoquer l'Appel de Cochin qu'il signa en 1978, milite pour la ratification du traité. Elisabeth Guigou et Valéry Giscard d'Estaing, François Léotard et Pierre Bérégovoy participent en commun à des meetings pour le oui. De droite ou de gauche, au sein de leur parti, les opposants sont marginalisés. La totalité des médias, ou peu s'en faut, prônent le oui. A la radio ou à la télévision, les débats opposent les partisans du oui aux partisans du oui. Quand Philippe de Villiers est invité sur Europe 1, Jean-Pierre Elkabbach lui coupe la parole « pour éviter de ne dire que des slogans ». Le Conseil supérieur de l'audiovisuel révélera que, pendant la campagne, le temps de parole du oui a disposé d'un temps d'antenne supérieur au non : 46 % de plus sur TF1, 53 % sur Antenne 2, 91 % sur FR3.

En dépit de cette pression, le pourcentage du non ne cesse de grimper dans les sondages. Chez les adeptes du oui, le ton monte. « J'espère qu'on va pouvoir expliquer au peuple français, qui est souverain, qu'il se trompe », affirme le centriste Bernard Bosson (France Inter, 27 août 1992). Aux avocats du non, le socialiste Jacques Delors donne un conseil : « Messieurs, ou vous changez d'attitude, ou vous abandonnez la politique. Il n'y a pas de place pour un tel discours, de tels comportements, dans une vraie démocratie qui respecte l'intelligence et le bon sens des citoyens » (meeting à Quimper, le 28 août 1992). La démocratie selon Maastricht, serait-ce la démocratie avec scrutins à bulletin de vote unique ?

Le 3 septembre, au terme d'une émission de propagande de trois heures, un débat sur TF1 oppose François Mitterrand à Philippe Séguin. Mais ce dernier semble inhibé par la fonction présidentielle de son interlocuteur.

La veille du scrutin, les lecteurs du *Monde* sont avertis par les bons soins de son directeur, Jacques Lesourne : « Un non au référendum serait pour la France et l'Europe la plus grande catastrophe depuis les désastres engendrés par l'arrivée d'Hitler au pouvoir » (19 septembre 1992).

Le 20 septembre, malgré ce bourrage de crâne, le non atteint 48,95 % des suffrages exprimés, contre 51,04 % pour le oui. Si le non l'avait emporté, on aurait peut-être fait voter les Français une seconde fois : c'est ce qui est arrivé aux Danois.

Presque la moitié du corps électoral a dit non. Pourquoi ce refus ? 48,95 % des électeurs veulent-ils fermer les frontières, vivre en autarcie, emboucher la trompette de Déroulède ? Sont-ils xénophobes ? Ces Français-là, comme les autres, sont confondus par la beauté de la Toscane ou par les temples d'Angkor. Ces Français-là, comme les autres, lisent Cervantès ou Shakespeare. Ces Français-là, comme les autres, aiment Mozart ou les danses irlandaises. Ces Français-là, comme les autres, ont été amoureux d'Ava Gardner et jugent admirables les films de Kurosawa. Ces Français-là, comme les autres, savent que la prospérité du pays dépend de ses échanges extérieurs. Ces Français-là, comme les autres, n'ont envie de faire la guerre à personne — leurs grands-pères, leurs pères ou eux-mêmes ont déjà donné. Comme tous les autres Français, ils étaient majoritairement pro-européens jusqu'à la fin des années 1980. Mais ils ont découvert que l'Europe peut jouer contre la France, quand les diktats de Bruxelles interfèrent sur leur vie quotidienne. Ils ont compris que la machine européenne, avec ses autorités non élues supérieures aux autorités nationales élues, commence à échapper à tout contrôle. Ces Français-là ne sont pas d'accord pour abdiquer leur destin entre des mains anonymes.

En 1997, le traité d'Amsterdam, qui prolonge Maastricht, limite la politique internationale de la France, et l'engage encore plus dans la logique communautaire. Mais ce coup-ci, pour ratifier le traité, on ne consulte pas l'opinion. En 1999, avec une débauche de moyens publicitaires, l'euro est instauré. La machine est lancée, rien ne l'arrête. L'Europe — cette Europe-là — est vantée comme un développement continu de l'Histoire. Mensonge : c'est une rupture.

*

Mondialisation. C'est le mot à la mode. Les problèmes se résolvent à l'échelle de la planète. Tout est question d'ensembles, de grands ensembles. La Russie, empêtrée dans ses affaires intérieures, est hors course. Restent le bloc américain, l'Union européenne, et la zone Japon-Asie-Pacifique. La partie de cartes se déroule entre ces trois joueurs. Aux autres de s'adapter, ou de s'écraser. Malheur aux petits : *big is beautiful.*

Le libéralisme économique est la religion dominante. Même si libéralisme est un mot fourre-tout, englobant des courants divers, il correspond à l'idée que le progrès résiderait dans la suppression des barrières, dans une inexorable marche en avant vers toujours plus d'échanges, toujours plus de mouvement, toujours plus de changement. Le monde est un vaste marché. En ébullition permanente.

Mais ce marché est une centrifugeuse. Il broie ce qui l'entrave : les Etats, les nations, les familles, les religions, tout ce qui résiste à l'atomisation généralisée. C'est la défaite de la volonté, c'est la négation de la politique : si le marché décide, à quoi bon la politique ? Et que faire, puisque cette évolution est inéluctable ?

L'inéluctabilité : autre vocable clé de l'univers contemporain. Tout s'agence pour fabriquer de l'inéluctable. La mondialisation est inéluctable. Les lois du marché sont inéluctables. L'effacement des frontières est inéluctable. Mais si tout est inéluctable, où réside la liberté de l'homme ? Dans ce déterminisme, Michel Schooyans diagnostique « la dérive totalitaire du libéralisme [5] ». Et Benjamin Barber, qui dénonce le « totalitarisme économique planétaire » de la civilisation McWorld, pose une question cruciale : « Qui donc va défendre l'intérêt public, nos biens communs, dans ce monde darwinien [6] ? »

La mondialisation est une idéologie conçue à l'image des Etats-Unis. Une théorie faite pour une société marchande, transparente, mobile, sans racines, sans frontières, où l'argent est roi et l'Etat lointain. Quand les capitaux des firmes multinationales et les fonds de pension des fermiers du Middle West sont les maîtres, l'Amérique s'élargit aux dimensions du globe.

*

Mais tout conformisme suscite des insoumis. Toute dictature fait naître des révoltés. Contre le terrorisme intellectuel qui passe la nation par pertes et profits, et ne voit comme exigence que de s'abandonner à la mondialisation, des esprits libres s'insurgent. Ils rappellent que l'homme, avant d'être un consommateur, est un citoyen. Que la citoyenneté, l'étymologie l'indique, s'exerce non aux quatre vents, mais dans une cité. Que la cité, l'étymologie le dit également, est un cadre politique. Ils rappellent que la nation n'est pas enterrée. Qu'elle constitue une communauté vivante, la plus large que l'histoire ait éprouvée. Qu'elle représente un héritage, mais d'abord un atout pour l'avenir.

---

5. Michel Schooyans, *la Dérive totalitaire du libéralisme*, Editions universitaires, 1991.

6. Benjamin R. Barber, *Djihad versus McWorld. Mondialisation et intégrisme contre la démocratie*, Desclée de Brouwer, 1996.

Ces rebelles croient à une politique française. Ils ne rêvent pas de s'enfermer dans leurs frontières : le grand large ne leur fait pas peur. Sans doute, depuis l'*étrange défaite* de 1940, la France n'est plus une puissance mondiale. Nation moyenne, elle reste cependant la première dans certains domaines : atout considérable. La France possède des amitiés, des alliances, un réseau de solidarités qui, au-delà de la nécessaire Europe, passe par la francophonie, la latinité, la Méditerranée. Tout cela pourrait être revivifié si les élites ne succombaient pas au culte de l'inéluctable mondialisation américanisée et de l'obligatoire fédéralisme européen. L'exemple du Japon montre comment une société moderne, ouverte sur le monde, peut conserver son identité. La Suisse, Israël ou Singapour, Etats plus petits encore, prouvent que là où existe une volonté, il est possible de compter sur la scène internationale.

Pour partager, il faut d'abord exister. Pour échanger, il faut d'abord avoir quelque chose à offrir. La souveraineté, expliquent les avocats de la nation, c'est la liberté.

« La question nationale remplace la question sociale au centre de la vie politique », constate Alain Touraine à l'orée de la décennie 1990. Puisqu'il n'y a plus de débat sur le modèle économique — droite et gauche communiant dans le libéralisme social ou le social-libéralisme —, l'enjeu idéologique se déplace. La ligne de partage passe entre ceux qui estiment que la nation a vécu, et ceux qui pensent qu'elle constitue un facteur d'avenir. Mais, ajoute Touraine, « ce nouveau clivage n'a pas remplacé l'ancien, de nature sociale : droite et gauche ne disparaissent pas, sont simplement scindées en deux » (*le Monde*, 18 septembre 1990).

Il serait vain, en effet, de chercher à réduire à l'unité ceux qui tiennent un nouveau discours sur la nation. Nationaux-républicains ou souverainistes, ils incarnent des trajectoires et des mouvances intellectuelles, politiques et morales différentes. Il reste qu'ils parlent d'un même objet : la France.

Dans les années 1980, le Front national était le seul à se réclamer du patriotisme — concept décrété ringard ou fasciste. A partir de la campagne pour le référendum sur le traité de Maastricht, en 1992, changement de ton. Dans l'espace public, des voix évoquent à nouveau la France, la communauté nationale, l'intérêt national. A droite, de Philippe Séguin à Marie-France Garaud, de Charles Pasqua à Philippe de Villiers, des figures engagent le combat dans ce sens. Dans leur sillage, nombre d'élus, de hauts fonctionnaires, de juristes, d'universitaires, d'historiens ou d'écrivains développent une réflexion sur la notion de souveraineté, et une critique de l'Europe fédérale : Jean Foyer, Pierre-Marie Gallois, Alain Griotteray, Philippe de Saint Robert, Alain Cotta, Jean-Jacques Rosa, Georges Berthu, Patrice de Plunkett, Henri Guaino, Jean-Claude Barreau, Nicolas Baverez, Jean-Marc Varaut, Roland Hureaux, Jean-Paul Bled. De Pierre Béhar à Paul-Marie Coûteaux, des essayistes relisent Jacques Bainville, et redécouvrent que la vie des peuples et les relations internationales sont conditionnées par l'histoire et la géographie[7]. Gaullistes, libéraux ou tenants d'une révolution capétienne, ils ont entre eux plus que des nuances : des divergences. Mais une certaine idée de la France les réunit. Livres, articles, colloques : ils se multiplient. Toutefois, pour la Rive gauche, ce ne sont pas des intellectuels. La preuve : on ne les voit pas à la télévision.

Cependant, ce qui est encore plus neuf, et d'une certaine manière plus courageux, c'est que des esprits de gauche — et parfois très à gauche — redécouvrent eux aussi la nation. Rompant, sur ce plan-là au moins, avec l'idéologie qui, depuis trente ans et plus, dominait leur famille politique. Après avoir pris parti contre l'engagement français dans la guerre du Golfe,

---

7. Pierre Béhar, *Une géopolitique pour l'Europe*, Desjonquères, 1992 ; Paul-Marie Coûteaux, *l'Europe vers la guerre*, Michalon, 1997.

Jean-Pierre Chevènement se singularise en refusant le traité de Maastricht. « J'estime, déclare-t-il, qu'à prendre à rebrousse-poil l'attachement des peuples à leurs spécificités historiques, on s'expose à des retours de bâton propres à retarder la conscience européenne qu'on prétend créer » (*Valeurs actuelles*, 23 décembre 1991). En 1992, il quitte le Parti socialiste et fonde son propre mouvement, réactivant la tradition du patriotisme jacobin.

Max Gallo, ancien communiste, ancien socialiste, en écrivant des sagas sur de grands personnages de l'histoire de France (Napoléon, de Gaulle), a rencontré la réalité de la nation : « Je crois que la question de la nation et du devenir de notre pays en tant que nation est une question centrale. [...] La nation est, dans des périodes difficiles, quelque chose qui rassemble ou devrait rassembler les gens qui sont à gauche comme ceux qui sont à droite. [...] J'ai été amené à réfléchir et à modifier l'idée qui a pu être la mienne, à savoir que la nation a commencé en 1789 » (*l'Evénement du jeudi*, 2 juillet 1998).

Régis Debray lance la distinction entre les démocrates et les républicains (*Que vive la République*, 1989). Puis l'ancien guérillero marxiste explique son « gaullisme » : « Ce sont les Indiens Guarani qui m'ont convaincu que l'immatériel d'une nation, d'une culture, d'une mémoire, constitue l'axe ultime d'une action historique. La nation à la française — héritage de 89 et de 93 — n'est ni fin en soi ni valeur suprême. Mais le premier degré de l'universel, qui ouvre le patriote à l'humanité entière au lieu de l'enfermer dans son petit territoire animal [8]. » De son côté, le sociologue Emmanuel Todd invente le terme de « nationisme », et plaide contre l'idéologie mondialiste : « L'idée d'une contrainte économique agissant de l'extérieur sur les Etats-Unis, le Japon, l'Allemagne ou la France, baptisée mondialisation, n'est qu'une illusion. Le sentiment d'impuissance des gouvernements sera

---

8. Régis Debray, *A demain de Gaulle*, Gallimard, 1990.

surmonté si renaît l'idée de nation [9]. » Le géographe Yves Lacoste, directeur de la revue de géopolitique *Hérodote*, naguère tiers-mondiste, distingue dans la nation un outil d'analyse essentiel : « La nation est en vérité une idée géopolitique, et c'est même, selon moi, le concept géopolitique fondamental [10]. »

Dans le paysage intellectuel, c'est un tournant considérable. Il y a vingt ans, on comptait sur les doigts de la main les livres exposant une théorie de la nation. Aujourd'hui, il y en a cent de disponibles.

Rive gauche, on flaire le danger. Et les censeurs puisent dans leur arsenal habituel : dénigrement, amalgame, diabolisation. Contre la droite, c'est simple. Vitupérant « les pleureurs de la nation », *Libération* (26 mai 1999) ressort l'épouvantail fasciste : « Orphelins de la " grandeur " de la France, ces don Quichotte voisinent parfois avec l'extrême droite : bonapartistes, gaullistes, pétainistes ou frontistes, on trouve de tout dans la galaxie souverainiste. » Avec les patriotes de gauche, c'est plus délicat : ce sont des amis. Alors, on y met plus de formes. A propos de Chevènement, Gallo ou Debray, Jacques Julliard soupire : « On est accablé d'avance du débat fastidieux qu'il va falloir mener contre d'anciens familiers de l'actuel président pour dire que la nation, certes... » (*le Nouvel Observateur*, 27 septembre 1990).

Au cours de la décennie, ce thème ne fait que monter. Lors des élections européennes de 1999 — consécutives à la guerre contre la Serbie — il monopolise le débat. *Libération* (25 juin 1999) déplore « la capacité du souverainisme à polariser le débat politique sur la nation, en rupture avec le classique clivage gauche-droite ». « Faut-il être réac de gauche ? » se demande *le Nouvel Observateur* (1er avril 1999) : « A écouter beaucoup de " républicains ", l'impératif national l'emporterait sur tout le reste. Comme on y ajoute

---

9. Emmanuel Todd, *l'Illusion économique*, Gallimard, 1997.
10. Yves Lacoste, *Vive la nation*, Fayard, 1997.

l'autorité, l'identité, la tradition et tout un fourbi barrésien, on n'est pas loin de la réaction tout court. »

Parce qu'il est membre du gouvernement de la gauche plurielle, Jean-Pierre Chevènement est particulièrement visé. Et là, certains n'y mettent pas les formes. Daniel Cohn-Bendit l'invitant à prendre une retraite anticipée, le ministre réplique en le traitant de « représentant des élites mondialisées ». Lors de la guerre du Kosovo, Chevènement fait savoir son désaccord. Bernard-Henri Lévy donne une consigne : « Chasser le Chevènement de nos têtes ». Explication : « Chevènement-Le Pen, même combat ? Je ne dis pas cela. Mais qu'il y ait entre tous ces gens une identité de réflexes, qu'ils partagent une même vision torve non seulement de la France, mais de l'Europe et la morale, voilà qui n'est pas douteux » (*le Monde*, 8 avril 1999). Réponse du berger à la bergère : dans un essai où il s'en prend à la « pensée BHLisée », Jean-Pierre Chevènement dresse un hymne républicain à la nation : « La volonté politique d'autonomie quand elle est partagée par tout un peuple — cela s'appelle patriotisme — peut encore modeler le cours de l'histoire [11]. »

Ce débat est le grand débat de notre temps. La question de la nation, certes, est politique. Mais le terme est à entendre dans son sens le plus élevé. Ce qui est en jeu, dans la poursuite de la multiséculaire aventure française, c'est la capacité de l'homme à influer sur son destin. Contre les déterminismes de la race, de l'idéologie ou de l'argent, la nation offre un outil collectif de maîtrise de l'avenir. Dans l'univers de la mondialisation, « l'homme est désormais un chaînon manquant », écrit joliment Jean-François Kahn [12]. Sauver la nation, c'est sauver l'homme. Cette croisade est peut-être celle de don Quichotte. Mais c'est peut-être aussi celle de l'honneur.

---

11. Jean-Pierre Chevènement, *la République contre les bien-pensants*, Plon, 1999.
12. Jean-François Kahn, *De la révolution*, Flammarion, 1999.

Conclusion

LES DEUX FRANCE

En l'an 2000, le paysage des idées n'est plus tout à fait immobile. Depuis la guerre jusqu'à la fin des années 1970, il avait été écrasé par le marxisme. Puis, pendant vingt saisons, il s'était figé. La génération de 1968 gouvernait. L'esprit de Mai triomphait. Cet esprit, il ne faut pas le croire propriété de la gauche : la droite, elle aussi, est fille de Mai 68. L'époque faisait de l'individu la mesure de toute chose. Elle pensait que les barrières sont faites pour être abaissées, les hiérarchies pour être bousculées, les tabous pour être transgressés. L'air du temps considérait les nations, les traditions et les religions comme autant d'archaïsmes. L'aurore se levait sur un univers enfin dégagé du passé. S'annonçait une société fluide, ouverte, émancipée. Libéraux et libertaires confondus, droite et gauche avaient noué des noces étranges.

Mais leurs certitudes sont désormais contestées par des dissidents qui les défendaient naguère — et parfois au premier rang. C'est un retournement. Il en prélude d'autres.

Il était entendu que la mondialisation figurait un mouvement inéluctable auquel il fallait s'abandonner. Une intuition revient maintenant : réalité vivante, la nation constitue un atout pour l'avenir. « Par-delà la coupure gauche-droite, il y a la fracture entre ceux qui croient que la République, que la nation peuvent trouver en elles-mêmes les moyens de se redresser, et ceux qui estiment que la France est impuissante. » Ces lignes sont de Max Gallo, jadis porte-parole du gouvernement socialiste. Il était convenu que l'homme était un citoyen du monde. Mais une évidence apparaît à nouveau : le globe n'est pas une patrie. « Je crois qu'un citoyen a besoin de frontières », affirme Régis Debray, un ex-révolutionnaire.

Il était admis que la France, foyer d'asile, se devait d'accueillir à bras ouverts la terre entière, et que si difficulté cela suscitait, c'était à cause des Français. Cependant, il commence à se dire que les nouveaux arrivés ont aussi des devoirs à remplir. « Ce qui inquiète les citoyens, ce sont les ghettos », reconnaît Malek Boutih, le président de SOS-Racisme.

Il était répété que la délinquance naissait de l'injustice sociale, et que prôner des mesures d'ordre relevait d'un fantasme sécuritaire. Mais Jean-Pierre Chevènement, ministre de gauche, met en cause « les sauvageons », et Julien Dray, député socialiste, soutient que « la tolérance zéro a un sens ».

Il était professé que l'école devait favoriser l'épanouissement des élèves. Il s'avère désormais qu'elle doit assumer en priorité la transmission des connaissances, et que cela passe par la réhabilitation de la contrainte. « Les pédagogues, dont je fais partie, ont commis des erreurs. Dans la mouvance de Bourdieu, dans celle du marxisme, j'ai vraiment cru à certaines expériences pédagogiques. Je me suis trompé. » Cet aveu est de Philippe Meirieu, gourou du ministère de l'Education nationale.

Il était ressassé que la famille représentait un carcan à abolir. De nos jours, d'aucuns récusent ce présupposé individualiste : « La famille redevient un môle d'humanisation et de résistance à la barbarie solipsiste. Elle figure le dernier endroit où domine encore une représentation minimale de l'avenir. »

Cette proposition est de Jean-Claude Guillebaud, un ancien de Mai 68 [1].

Il était réputé indispensable d'affranchir l'être humain du legs d'antan. « Il n'y a pas de honte à être des héritiers », réplique Régis Debray. Et Alain Finkielkraut, philosophe de la Rive gauche, dénonce « l'ingratitude » contemporaine, la négation de toute dette à l'égard du passé, le rêve de se débarrasser de tout héritage, l'utopie d'un monde sans ancêtres, sans patrie, sans langue propre, sans repères [2].

De 1950 à nos jours, l'engagement des intellectuels a vu bien des reniements ou des conversions : anciens communistes, anciens tiers-mondistes, anciens soixante-huitards, anciens marxistes, anciens libertaires, anciens internationalistes : en cinquante ans, la liste des ex n'a fait que s'allonger. En sourire serait vain, même si l'on éprouve quelque agacement devant certains qui soutiennent avec suffisance l'inverse de ce qu'ils affirmaient dix ou vingt ans plus tôt — ou parfois six mois auparavant. Le droit à l'erreur existe, et l'ouvrier de la onzième heure n'est pas de trop sur le chantier.

L'essentiel, c'est que les idéologies passent. D'autres les remplaceront sans doute, car dans un monde désacralisé, la foi politique ou philosophique constitue un substitut au besoin d'absolu qui repose au cœur de l'homme. Mais fût-il provisoire, tout triomphe de la raison est bon à prendre.

Un second motif interdit de négliger les néophytes. Au regard de la loi de continuité des sociétés, comme des spécificités du milieu intellectuel, ce sont souvent eux qui font avancer les choses. On a vu, par exemple, que les nouveaux philosophes, anciens gauchistes, ont obtenu plus de résultats dans l'anéantissement de la puissance d'attraction du marxisme que le libéral Raymond Aron, ou que François Furet, ancien

---

1. Jean-Claude Guillebaud, *la Tyrannie du plaisir*, Seuil, 1998.
2. Alain Finkielkraut, *l'Ingratitude*, Gallimard, 1999.

communiste, a plus œuvré à la destruction du mythe révolutionnaire que ne l'auraient fait dix historiens royalistes.

C'est une leçon intellectuelle, c'est aussi une leçon politique. Après toutes les fractures majeures de l'histoire de France, le pouvoir — au-delà des apparences — associe les deux camps, les vainqueurs et les vaincus. Cela rend d'autant plus vaine la volonté d'épuration totale de l'ennemi manifestée dans les guerres civiles : car l'adversaire d'aujourd'hui sera le compagnon de demain.

Contre ce principe de réconciliation, le terrorisme intellectuel entretient un réflexe d'ostracisme. La mentalité de nos censeurs contemporains relève de la Terreur — dans l'acception historique du terme. « Y a-t-il guillotine aujourd'hui ? Oui, car il y a toujours trahison », disait un sans-culotte. « Ce qui constitue une République, c'est la destruction totale de ce qui lui est opposé », soutenait Saint-Just. Cette logique a été celle du communisme, elle a été celle du nazisme. C'est l'utopie folle d'une société habitée par des purs, délivrée de tout opposant, de tout contradicteur. Ce système est totalitaire. Il attise une haine perpétuelle : puisqu'il y aura toujours des rebelles à l'ordre établi, il y aura toujours des individus à éliminer.

Sans doute, dans le cas du terrorisme intellectuel, l'épuration s'opère-t-elle par les mots et l'image, mais l'effet reste le même. Il aboutit à considérer celui qui tient un discours autre comme un citoyen indigne de ce nom. Alors que la citoyenneté consiste à admettre que ceux qui ne partagent pas ses idées sont néanmoins des citoyens.

Le redécouvrir est une impérieuse exigence. La France est un pays dont l'héritage intellectuel et culturel est traversé de dissemblances léguées par sa longue aventure. Vouloir que tous les Français soient bâtis sur un modèle uniforme, c'est travailler contre la paix civile. Car l'uniformité est le contraire de l'unité. L'uniformité divise, l'unité rassemble. La politique, ce n'est pas la guerre civile. C'est l'art de faire cohabiter différentes familles de pensée autour d'un dénominateur commun. Dans un pays divisé de croyances, la nation constitue le lieu géométrique où se résout — sur le plan civique — la dialectique de l'universel, de l'identité et du particulier. Encore faut-il rétablir la conscience que les Français, par-delà leurs divisions, appartiennent à la même communauté de destin — et pas seulement un soir de victoire au Mondial de football. Encore faut-il rétablir la notion d'intérêt général. Encore faut-il que l'Etat assure l'arbitrage des contradictions du corps social.

La nation, à cet égard, représente le seul moyen de dépasser les conflits de mémoire. Pour se diriger, la mémoire est nécessaire : un amnésique est perdu dans l'espace et le temps. La mémoire collective de la nation est constituée de mémoires particulières. Chacune est légitime, chacune est précieuse : après l'effondrement de l'utopie révolutionnaire qui rêvait de faire du passé table rase, on a redécouvert le prix des valeurs permanentes et transmises. Cependant, le culte de la mémoire n'est pas un but en soi : le souvenir ne doit pas faire obstacle à l'avenir. Dès lors, il faut être vigilant à préférer ce qui unit à ce qui divise : la mémoire nationale, c'est la mémoire de tous les Français.

Ils sont compatriotes : fils de conventionnels ou fils de chouans, fils de laïcs ou fils de dévots, fils de la Chambre bleu horizon ou fils du Front populaire, fils de paysans bourguignons ou fils d'ouvriers maghrébins, fils de juifs polonais ou fils d'aristocrates versaillais. Qui apprendra à tous ces Français à vivre ensemble ? Ceux qui n'auront pas oublié le conseil de Renan : « Ne vous brouillez jamais avec la France. »

Bibliographie

La matière de ce livre provient, en premier lieu, d'une recherche systématique effectuée dans la presse quotidienne, hebdomadaire et mensuelle correspondant à chaque période examinée.

Les ouvrages suivants apportent un éclairage décisif sur tout ou partie de cinquante années de la vie des idées en France, et sur certains thèmes particulièrement visés par le terrorisme intellectuel.

Tony Anatrella, *Non à la société dépressive*, Flammarion, 1993.

Raymond Aron, *L'Opium des intellectuels*, Calmann-Lévy, 1955.

Raymond Aron, *Mémoires*, Julliard, 1983.

Jean-Claude Barreau, *La France va-t-elle disparaître ?* Grasset, 1997.

Nicolas Baverez, *Les Trente piteuses*, Flammarion, 1998.

André Béjin et Julien Freund, *Racismes, antiracismes*, Méridiens/Klincksieck, 1986.

Georges Berthu, *A chaque peuple sa monnaie*, François-Xavier de Guibert, 1998.

Alain Besançon, *Une génération*, Julliard, 1987.

Alain Besançon, *Le Malheur du siècle*, Fayard, 1998.

Le Bêtisier de Maastricht, Arléa, 1997.

Georges Bortoli, *Une si longue bienveillance. Les Français et l'URSS, 1944-1991*, Plon, 1994.

François Bourricaud, *Le Bricolage idéologique*, PUF, 1980.

Christophe Bourseiller, *Les Maoïstes*, Plon, 1996.

Pascal Bruckner, *Le Sanglot de l'homme blanc*, Seuil, 1983.

Jean Cau, *Lettre ouverte à tout le Monde*, Albin Michel, 1976.

Jean-Pierre Chevènement, *La République contre les bien-pensants*, Plon, 1999.

Philippe Cohen, *Protéger ou disparaître*, Gallimard, 1999.

François David, *Les Réseaux de l'anticléricalisme en France*, Bartillat, 1997.

David Caute, *Les Compagnons de route, 1917-1968*, Robert Laffont, 1979.

Jean-Marc Chardon et Denis Lensel, *La Pensée unique : le vrai procès*, Economica, 1998.

Ariane Chebel d'Appollonia, *Histoire politique des intellectuels en France, 1944-1954*, Complexe, 1991.

Paul-Marie Coûteaux, *L'Europe vers la guerre*, Michalon, 1997.

Marc Crapez, *Naissance de la gauche* suivi de *Précis d'une droite dominée*, Michalon, 1998.

Pierre Daix, *J'ai cru au matin*, Robert Laffont, 1976.

Guy Debord, *La Société du spectacle*, Buchet-Chastel, 1967.

Régis Debray, *Le Pouvoir intellectuel en France*, Ramsay, 1979.

Régis Debray, *Le Code et le glaive*, Albin Michel, 1999.

Dominique Desanti, *Les Staliniens, une expérience politique, 1944-1956*, Fayard, 1975.

Luc Ferry et Alain Renaut, *La Pensée 68*, Gallimard, 1985.

Marc Fumaroli, *L'Etat culturel*, Fallois, 1991.

François Furet, *Le Passé d'une illusion*, Robert Laffont/Calmann-Lévy, 1995.

Pierre M. Gallois, *La France sort-elle de l'histoire ?*, L'Age d'Homme, 1998.

Raoul Girardet, *L'Idée coloniale en France*, La Table Ronde, 1972.

Henri Guaino, *L'Etrange renoncement*, Albin Michel, 1998.

Jean-Marie Guéhenno, *L'Avenir de la liberté*, Flammarion, 1999.

Jean-Claude Guillebaud, *Les Années orphelines, 1968-1978*, Seuil, 1978.

Hervé Hamon et Patrick Rotman, *Les Porteurs de valise*, Albin Michel, 1979.

Hervé Hamon et Patrick Rotman, *Génération*, Seuil, 1987.

Jean-Louis Harouel, *Culture et contre-cultures*, PUF, 1994.

Guy Hocquenghem, *Lettre ouverte à ceux qui sont passés du col Mao au Rotary*, Albin Michel, 1986.

Roland Hureaux, *Les Hauteurs béantes de l'Europe*, François-Xavier de Guibert, 1999.

François-Bernard Huyghe et Pierre Barbès, *La Soft-idéologie*, Robert Laffont, 1987.

Christian Jelen, *Les Casseurs de la République*, Plon, 1997.

Tony Judt, *Un passé imparfait. Les intellectuels en France, 1944-1956*, Fayard, 1992.

Jacques Julliard et Michel Winock, *Dictionnaire des intellectuels français*, Seuil, 1996.

Annie Kriegel, *Ce que j'ai cru comprendre*, Robert Laffont, 1991.

Yves Lacoste, *Vive la nation*, Fayard, 1997.

Yves-Marie Laulan, *Les Nations suicidaires*, François-Xavier de Guibert, 1998.

Bernard Legendre, *Le Stalinisme français. Qui a dit quoi ? 1944-1956*, Seuil, 1980.

Jean-Pierre Le Goff, *Mai 1968, l'héritage impossible*, La Découverte, 1998.

Michel Legris, *Le Monde tel qu'il est*, Plon, 1976.

« Le Lynchage médiatique », *Panoramiques*, n° 35, 4ᵉ trimestre 1998.

Pierre Millan, *Le Refus de l'exclusion*, Lettres du monde, 1995.

Pascal Ory, *Histoire des intellectuels en France, de l'Affaire Dreyfus à nos jours*, Armand Colin, 1992.

Patrice de Plunkett, *Ça donne envie de faire la révolution !* Plon, 1998.

Le Procès Kravchenko, Albin Michel, 1949.

Serge Quaddruppani, *Les Infortunes de la vérité. Erreurs et mensonges des intellectuels de 1934 à nos jours*, Balland, 1981.

Ignacio Ramonet, *La Tyrannie de la communication*, Galilée, 1999.

Jean-François Revel, *La Tentation totalitaire*, Robert Laffont, 1976.

Jean-François Revel, *La Nouvelle Censure*, Robert Laffont, 1977.

Jean-François Revel, *La Connaissance inutile*, Grasset, 1988.

Jean-François Revel, *Le Voleur dans la maison vide. Mémoires*, Plon, 1997.

Rémy Rieffel, *La Tribu des clercs. Les Intellectuels sous la Ve République*, Calmann-Lévy, 1993.

Pierre Rigoulot, *Les Paupières lourdes. Les Français face au goulag*, Editions universitaires, 1991.

Pierre Rigoulot et Ilios Yannakakis, *Un pavé dans l'Histoire. Le débat français sur* Le Livre noir du communisme, Robert Laffont, 1998.

Jean-Pierre Rioux et Jean-François Sirinelli, *La Guerre d'Algérie et les intellectuels français*, Complexe, 1991.

Jean-Jacques Rosa, *L'Erreur européenne*, Grasset, 1998.

Philippe de Saint-Robert, *Le Secret des jours*, Lattès, 1995.

Michel Schooyans, *La Dérive totalitaire du libéralisme*, Editions universitaires, 1991

Jean-François Sirinelli, *Intellectuels et passions françaises. Manifestes et pétitions au XXe siècle*, Fayard, 1990.

Alain-Gérard Slama, *L'Angélisme exterminateur*, Grasset, 1993.

Pierre-André Taguieff, *La Force du préjugé*, La Découverte, 1987.

Emmanuel Todd, *L'Illusion économique*, Gallimard, 1998.

Daniel Trinquet, *Une presse sous influence*, Albin Michel, 1992.

Une idée certaine de la France, présenté par Alain Griotteray, France-Empire, 1998.

Jean-Marc Varaut, *Pour la nation*, Plon, 1999.

Jeannine Verdès-Leroux, *Au service du parti. Le parti communiste, les intellectuels et la culture, 1944-1956*, Fayard/Minuit, 1983.

Michel Villey, *Le Droit et les droits de l'homme*, PUF, 1983.

François-Henri de Virieu, *La Médiacratie*, Flammarion, 1990.

Vladimir Volkoff, *Petite histoire de la désinformation*, Le Rocher, 1999.

Michel Winock, *Le Siècle des intellectuels*, Seuil, 1997.

Thierry Wolton, *L'Histoire interdite*, Lattès, 1998.

Thierry Wolton, *Rouge-brun. Le mal du siècle*, Lattès, 1999.

Paul Yonnet, *Voyage au centre du malaise français*, Gallimard, 1993.

Table

*Cet ouvrage a été composé par Graphic Hainaut
et imprimé par la Société Nouvelle Firmin-Didot
Mesnil-sur-l'Estrée
pour le compte des Éditions Perrin
en février 2000*

Imprimé en France
Dépôt légal : février 2000
N° d'édition : 1500 - N° d'impression : 50061